AF338253

Kanji leicht gemacht!

BAND 2

Lernen Sie Japanisch lesen, schreiben
und sprechen mit JLPT N4 Kanji

*Ein Lehrbuch und integriertes
Arbeitsbuch für Anfänger*

Daniel Akiyama

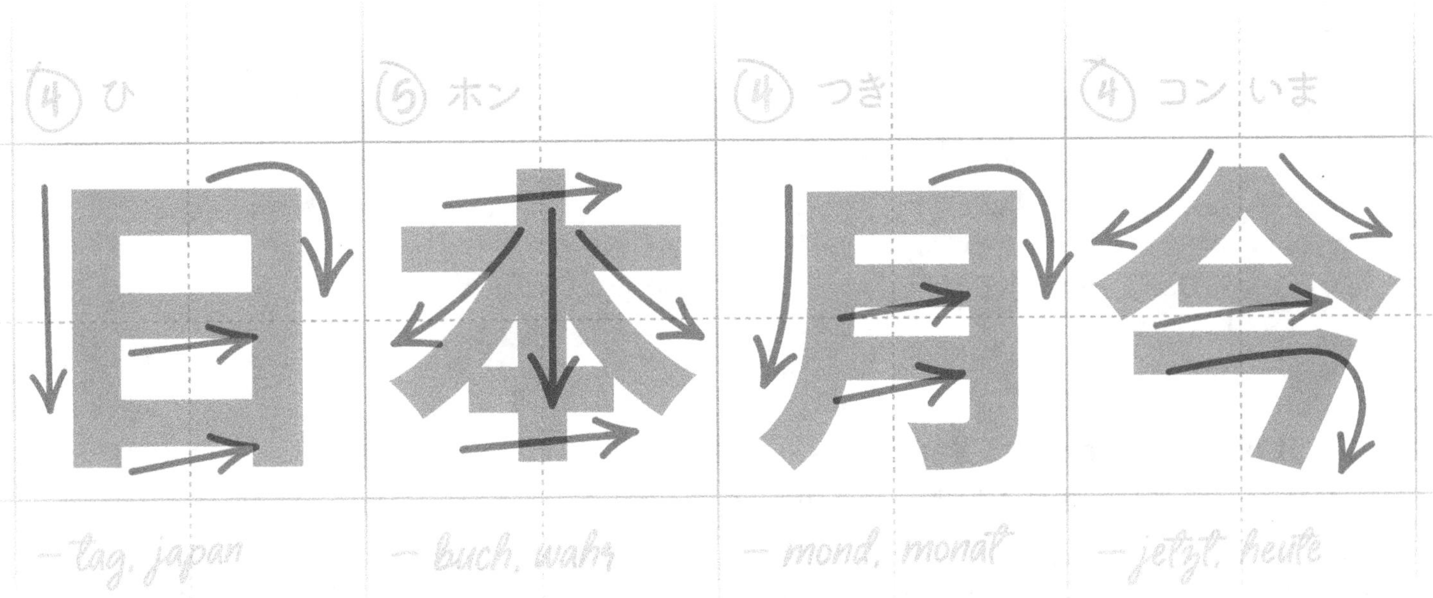

KANJI

FÜR ANFÄNGER
BAND 2

JLPT

N4

KANJI

ひらがな

カタカナ

漢字

Detaillierte Lernblätter für 145 neue Kanji!

Hunderte von nützlichen Begriffen und Vokabeln

Schreibanweisungen mit Diagrammen zur Strichfolge

Zusätzliche Hilfsmittel für Ihr Japanisch-Kanji-Lernen

JAPANISCH LEICHT GEMACHT®

LEITFÄDEN FÜR EINSTEIGER + INTEGRIERTE ARBEITSBÜCHER

//////////////////////

DANIEL AKIYAMA

Kanji leicht gemacht! Band 2

Lernen Sie Japanisch lesen, schreiben und sprechen
mit Kanji (JLPT N4)

Ein Lehrbuch und integriertes Arbeitsbuch für Anfänger
von Daniel Akiyama

ISBN: Print 978-1-7393427-3-9 (Hardcover)
Erste Ausgabe

Inhalt

//////////////////////////////////// **TEIL 1**

Einführung

Willkommen zum zweiten Band meiner Kanji-Arbeitsbücher für Anfänger, Teil der Reihe Japanisch leicht gemacht. Es richtet sich an diejenigen, die bereits mein Arbeitsbuch für das Niveau N5 abgeschlossen haben, ist aber für jeden geeignet, der die Kana-Schriften auswendig gelernt und mit dem Studium der Kanji begonnen hat. Es soll Ihnen helfen, 145 weitere japanische Kanji zu lesen, zu schreiben und auszusprechen - jene, die normalerweise für den zweiten Japanese Language Proficiency Test, den JLPT N4, benötigt werden.

Diejenigen, die ihre Reise in die japanische Sprache gerade erst beginnen, sollten mit einem früheren Band der Reihe beginnen, in dem Sie Einführungen in verschiedene Schriften, Informationen über die Funktionsweise der Sprache und einige Grundlagen der japanischen Grammatik finden.

Dieses Buch konzentriert sich auf die einzelnen N4-Kanji-Schriftzeichen - die anspruchsvolleren grammatikalischen Anforderungen des JLPT N4 müssen separat behandelt werden. Am Ende dieses Arbeitsbuchs werden Sie 145 neue Kanji lesen, schreiben und aussprechen können, darunter viele nützliche Vokabeln auf N4-Niveau - eine Hilfe für alle, die sich auf die N4-Prüfung vorbereiten, und für alle anderen, die ihr Japanisch auf die nächste Stufe heben wollen!

Über dieses Buch

Schreiben und räumliche Wiederholung sind nach wie vor eines der effektivsten Mittel, um sich etwas einzuprägen, daher bietet dieses Arbeitsbuch Platz zum Üben Ihrer Handschrift. Diese Technik trägt dazu bei, das Muskelgedächtnis zu trainieren und die Informationen zu behalten.

Beim Erlernen anderer Fremdsprachen wie Französisch oder Spanisch spielt die Handschrift eine untergeordnete Rolle und ist eine Fähigkeit, die wir im Alltag immer seltener verwenden. Beim Erlernen der japanischen Sprache spielt sie eine ganz andere Rolle: Achten Sie auf die richtige Strichfolge und üben Sie häufig, indem Sie Lesungen und Vokabeln laut aussprechen. Ein sauberes schriftliches Japanisch zu entwickeln, ist eine wichtige Fähigkeit, die Sie im Laufe dieses Prozesses ganz natürlich erreichen werden - ein kleiner Bonus für Ihre harte Arbeit und Ihre Entschlossenheit!

Schreiben in diesem Buch

Dieses Arbeitsheft ist zum Beschreiben gedacht! Das Papier ist von relativ guter Qualität, aber Sie sollten versuchen, keine Marker oder Stifte mit besonders feuchter Tinte zu verwenden - die Seiten sind besser für Kugelschreiber, Bleistifte oder Gelstifte geeignet, die nicht auf die folgenden Blätter übertragen werden sollten. Prüfen Sie hier die Eignung Ihrer Schreibgeräte, um zu sehen, wie sie sich auf die folgenden Seiten auswirken:

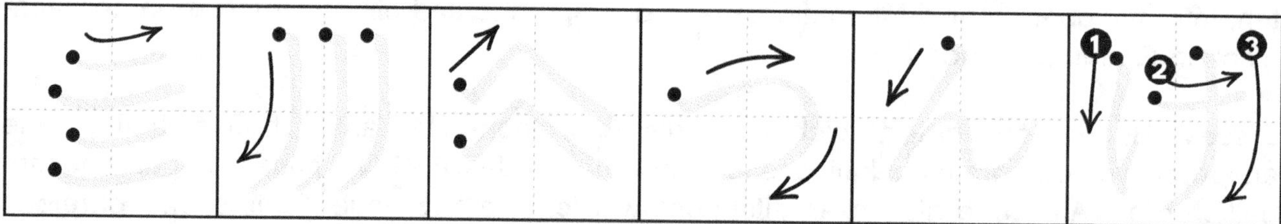

Hinweis: Ein traditioneller Pinselstift kann Ihre japanische Schrift natürlicher aussehen lassen, erfordert aber spezielleres Papier.

Das Buch ist in Abschnitte unterteilt, um das Lernen effektiv zu strukturieren:

ABSCHNITT 1

Dieses Kapitel enthält einen Überblick über dieses Buch und einige Referenzinformationen für diejenigen, die Kanji studieren. Sie sollten bereits wissen, wie die japanische Sprache strukturiert ist, welche Unterschiede zwischen den einzelnen Schriften bestehen und wie Texte im Allgemeinen geschrieben werden. Frühere Bücher der Reihe behandeln diese Themen ausführlicher.

ABSCHNITT 2

Nach einem kurzen Blick auf die Kanji-Zeichen, die in diesem Buch behandelt werden, beginnt die Arbeit. Lernen Sie neue Kanji-Zeichen auf 145 speziellen Lernseiten kennen, die sich mit der Reihenfolge der Striche, den Lesungen, den Vokabeln und vielem mehr beschäftigen.

ABSCHNITT 3

Der letzte Teil des Buches enthält zusätzliche Lernhilfen, darunter ein kleiner Abschnitt mit zusätzlichen leeren Schreibrastern. Ein separater Notizblock wird immer empfohlen, um die japanische Schrift zu üben, aber diese Blätter können nützlich sein, um Zeichen zu wiederholen, die Ihnen besonders schwer gefallen sind. Meine Schreibblöcke sind dafür ideal, und sie lassen sich gut mit Lernkarten kombinieren, um zu überprüfen, ob Sie sich an die Reihenfolge der Zeichen erinnern, oder um einfach nur wichtige Vokabeln aufzuschreiben.

Ich habe auch eine Vorlage für das Studium anderer unbekannter Kanji beigefügt, die Ihnen begegnet, mit einem ähnlichen Layout wie die N4-Kanji-Lernseiten. Hier ist Platz, um wichtige Informationen zu notieren, und diese können in allen Phasen des Studiums verwendet werden.

Schließlich gibt es noch einen Abschnitt mit doppelseitigen Seiten, die als Karteikarten gedacht sind - zum Ausschneiden und als Stapel mit hilfreichen Gedächtnisstützen. Sie können Kopien anfertigen, wenn Sie die Seiten nicht herausnehmen möchten. Sie sind vielleicht nicht so groß oder haltbar wie Karten, aber sie sind trotzdem praktisch und sparen weitere Kosten.

Schlaganfall-Reihenfolge

Lernende aller Stufen sollten sich Zeit für das Üben des Kanji-Schreibens nehmen. Die Reihenfolge der Striche spielt eine entscheidende Rolle bei der Bildung korrekter und lesbarer Zeichen, genau wie beim Kana. Allerdings kann es sehr zeitaufwändig sein, sich die Strichfolge für so viele Kanji einzuprägen, vor allem, wenn man zu den komplexesten Zeichen mit *mehr als 20 Strichen* übergeht.

Die meisten Online-Ressourcen und Wörterbücher für japanische Schriftzeichen zeigen oft die Strichfolge der Kanji an und enthalten möglicherweise Animationen. Wenn Sie diese Informationen nicht finden können oder nicht die Zeit haben, die Zeichen einzeln zu lernen, können Sie einige allgemeine Regeln für die Strichfolge auf fast alle Kanji anwenden. Wie bei allen Aspekten der japanischen Sprache wird es immer Ausnahmen von den Regeln geben.

Diese Regeln funktionieren vielleicht nicht immer perfekt, aber sie sollten über 90 % der Kanji abdecken, die Sie verwenden werden:

Arbeiten Sie von oben nach unten und von links nach rechts.

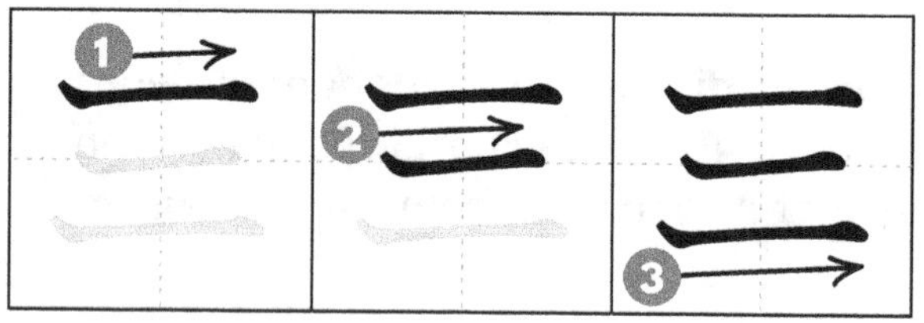 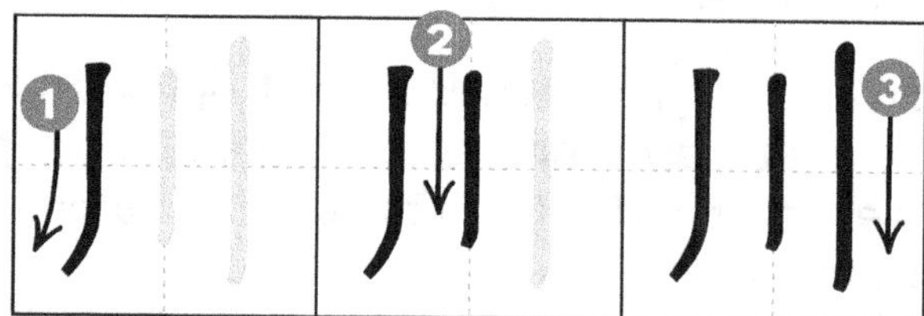

Zuerst horizontale Linien, dann vertikale.

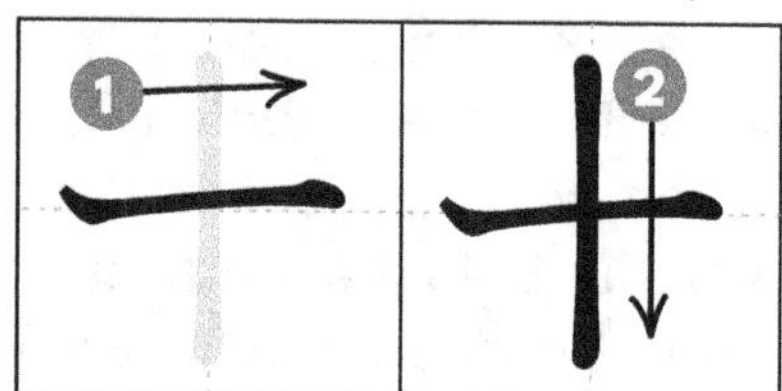 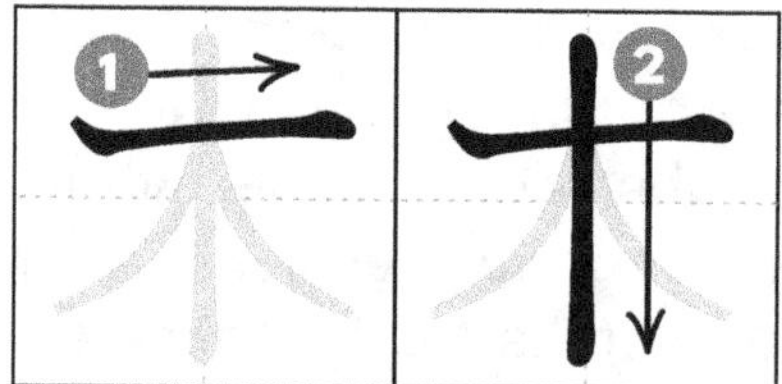

Vertikale Linien in der Mitte, davor Striche links und rechts.

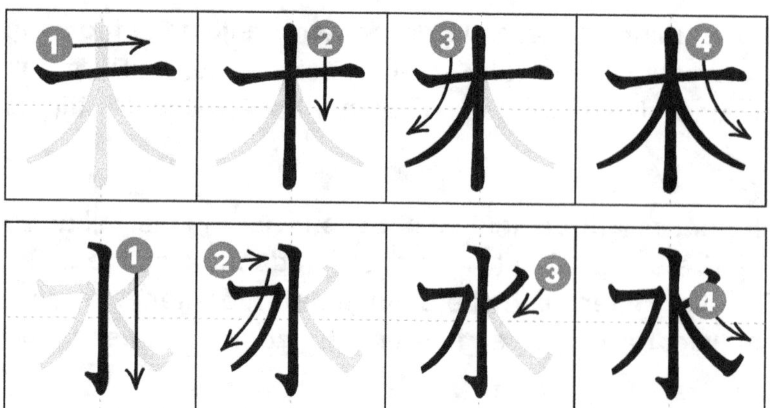

Boxen sind drei Striche, nicht vier.

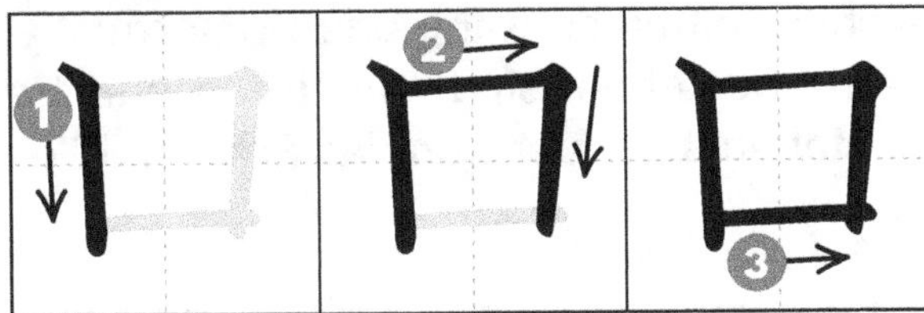

Außen und dann innen (Boxen), bevor sie sich schließen - aber keine C-Formen.

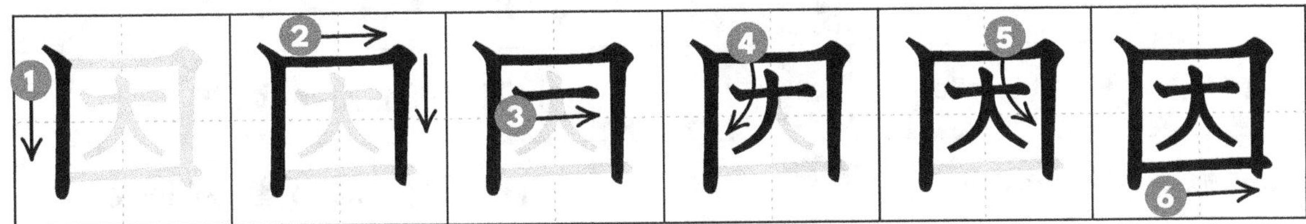

Zeilen, die sich mit vielen anderen überschneiden, kommen zuletzt (oder später).

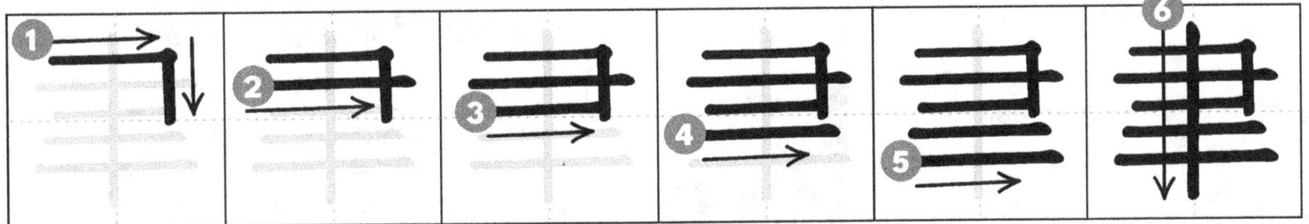

X-Formen, rechts > links diagonale Linien vor links > rechts (von oben nach unten).

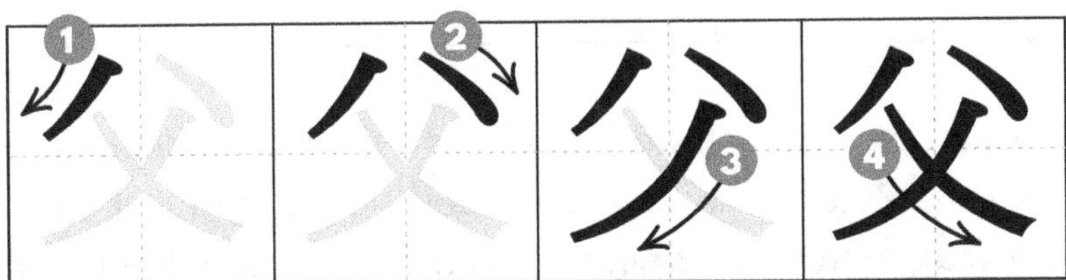

Punkte und Striche oben werden zuerst geschrieben.

Teile unterstreichen, letzte.

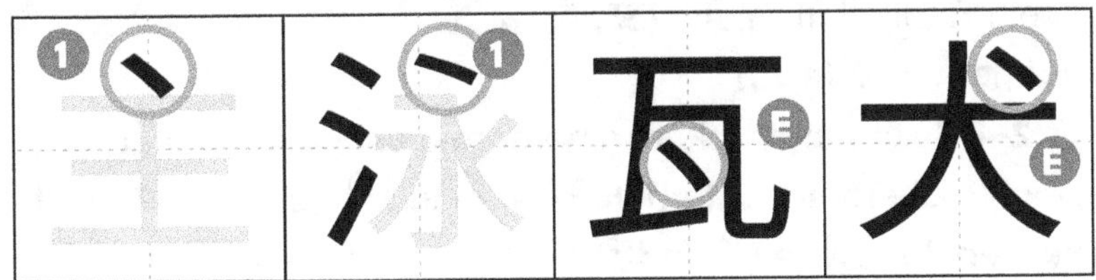

Die gleichen Regeln gelten auch für die komplexesten Kanji. Gehen Sie bei Zeichen, die mehrere Kanji zu haben scheinen, wie oben beschrieben vor, Komponente für Komponente. Beginnen Sie mit dem Radikal oder dem Kanji, das sich in der oberen linken Ecke oder auf der linken Seite befindet, und arbeiten Sie sich zur unteren rechten Ecke vor. Mit etwas Übung wird das Muskelgedächtnis bald übernehmen, und die Reihenfolge der Kanji-Striche wird zu einem einfacheren Aspekt des Kanji-Studiums.

Platzierung

In der Regel müssen Sie zunächst feststellen, welcher Teil eines Kanji das Primärradikal *(bushu)* ist. Kanji, die aus einer einzigen Komponente bestehen, sind selbst das primäre Radikal. Wenn Kanji aus mehreren Komponenten bestehen, befindet sich das Primärradikal in einer von sieben Positionen:

#	Name	Platzierung	Position	Beispiele
1	Hen 偏	Linke Seite		言 (言) in 記, 扌 (手) in 指
2	Tsukuri 旁	Rechte Seite		刂(刀) in 利, 力 in 助, 欠 in 歌
3	Kanmuri 冠	Obere Seite		艹 (艸) in 花, 雨 in 雪, 穴 in 空
4	Ashi 脚	Untere		心 in 恋, 灬(火) in 点, 儿 in 免
5	Tare 垂	Nordwest		厂 in 原, 尸 in 局, 广 in 店
6	Nyō 繞	Südwest		辶(辵) in 近, 走 in 起, 廴 in 建
7	Kamae 構	Anhänge *(verschiedene)*		門 in 開, 囗 in 国, 勹 in 包

Die meisten Kanji enthalten mehrere Komponenten aus der Liste der KangXi-Radikale, so dass es schwierig ist, festzustellen, wo die Zeichen in einem Wörterbuch aufgeführt sind. Die zwölf Schritte, die im Folgenden zusammengefasst sind, führen Sie in der Regel zum richtigen Teil:

1. *Ganzes* — Ist das gesamte Kanji ein Radikal für sich? (文, 長, & 黍)
2. *Einzeln* — Es darf nur ein Radikal geben (丿 in 乃)
3. *Gehäuse* — Formen, die sich über 2-4 Seiten erstrecken, sind normalerweise Radikale (匚)
4. *Links* — Auf der linken Seite, nichts oberhalb, unterhalb oder sich schneidend (木 in 板)
5. *Rechts* — Wie oben, aber auf der rechten Seite (彡 in 形)
6. *Oben* — Gibt es ein klares oberes Radikal? (大 in 奈)
7. *Unten* — Oben gibt es vielleicht 2+, aber möglicherweise auch einen unten (刀 in 劈)
8. *Oben links* — Wenn die Schritte 1-7 nicht eindeutig sind, prüfen Sie oben links(土 in 報)
9. *Oben rechts* — Prüfen Sie die obere rechte Seite (口 in 呉)
10. *Unten rechts* — Wenn immer noch kein Radikal vorhanden ist, prüfe unten-rechts (口 in 君)
11. *Unten links* — Links unten (虫 in 虱). Auch wenn alle Ecken radikal sind.
12. *Innen* — Letzter Schritt, manchmal am Anfang offensichtlich (大 in 夾, oder 女 in 嬲)

Gemeinsame Komponenten und Varianten

Diese Listen enthalten häufig verwendete *KangXi-Radikale* und -Komponenten. Einige Radikale ändern ihre Form und ihr Aussehen, wenn sie verschiedene Positionen in einem Kanji einnehmen, um in den entsprechenden Raum zu passen. Diese alternativen Versionen werden als Varianten bezeichnet und können manchmal ganz anders aussehen als ihre ursprüngliche Form *(siehe nebenstehend)*.

Radikale Spitznamen können von einer Liste zur anderen variieren - denken Sie daran, dass die Namen lediglich eine Gedächtnisstütze sind und nicht unbedingt eine Bedeutung haben. Varianten haben denselben Spitznamen wie die regulären Versionen der Zeichen, können aber umbenannt werden:

Radikal	Striche	Position	Bedeutung/Name
亠	2		Deckel, oben
亻 (人)	2		Person
𠆢 (人)	2		Person
儿	2		Beine
冖	2		Deckel, Krone
刂 (刀)	2		Messer, Schwert
厂	2		Klippe
口 (口)	3		Mund
囗	3		Grenze
土 (土)	3		Erde
女 (女)	3		Frau
子 (子)	3		Kind, Sohn
⺌ (小)	3		klein
⺍ (小)	3		klein
宀	3		Dach, Haus
广	3		schräges Dach
彳	3		Stufe, Straße
⺾ (艸)	3		Gras
辶 (辵)	3		Straße, Weg
阝 (邑)	3		Dorf, Land
阝 (阜)	3		Hügel, Anhöhe
忄 (心)	3		Herz, Geist
扌 (手)	3		Hand
氵 (水)	3		Wasser
犭 (犬)	3		Biest
攵 (攴)	4		Tätigkeit, Schlag
日 (日)	4		Sonne, Tag, Zeit

Radikal	Striche	Position	Bedeutung/Name
月 (肉)	4		fleisch, fleisch
木 (木)	4		Baum, Holz
火 (火)	4		Feuer
灬 (火)	4		Feuer (kochen)
王 (玉)	4		Juwel, Jade
礻 (示)	4		Altar, Fest
疒	5		Krankheit
目 (目)	5		Auge
禾	5		Getreide
穴 (穴)	5		Loch, Höhle
衤 (衣)	5		Kleidung
⺮ (竹)	6		Bambus
米 (米)	6		Reis
糸 (糸)	6		Faden
虫 (虫)	6		Wurm, Insekt
行	6		zu gehen
言 (言)	7		Worte, sagen
貝 (貝)	7		Muschel, Eigentum
走 (走)	7		laufen
足 (足)	7		Fuß, Bein
車 (車)	7		Fahrzeug, Rad
金 (金)	8		Metall, Gold
門	8		Tor, Tür
雨 (雨)	8		Regen
頁	9		Kopf, Seite
魚 (魚)	11		Fisch

Erkennen von Kanji

Jeder muss früher oder später die Bedeutung eines unbekannten Kanji nachschlagen. Unabhängig davon, wie fortgeschritten Ihr Studium ist, bleiben die Möglichkeiten, unbekannte Kanji zu überprüfen, dieselben.

Die beste Methode hängt davon ab, welches Medium Sie zum Lernen verwenden, aber die einfachste Lösung ist in der Regel die Online-Suche. Wenn Sie einen Computer, ein Smartphone oder ein ähnliches Gerät verwenden, ist das Verfahren einfach. Viele Online-Kanji-Wörterbücher wie **[jisho.org]** erleichtern die Suche nach Bedeutungen und Aussprachen, und Sie können einfach ein Kanji in die Suchleiste *kopieren und einfügen*, um loszulegen.

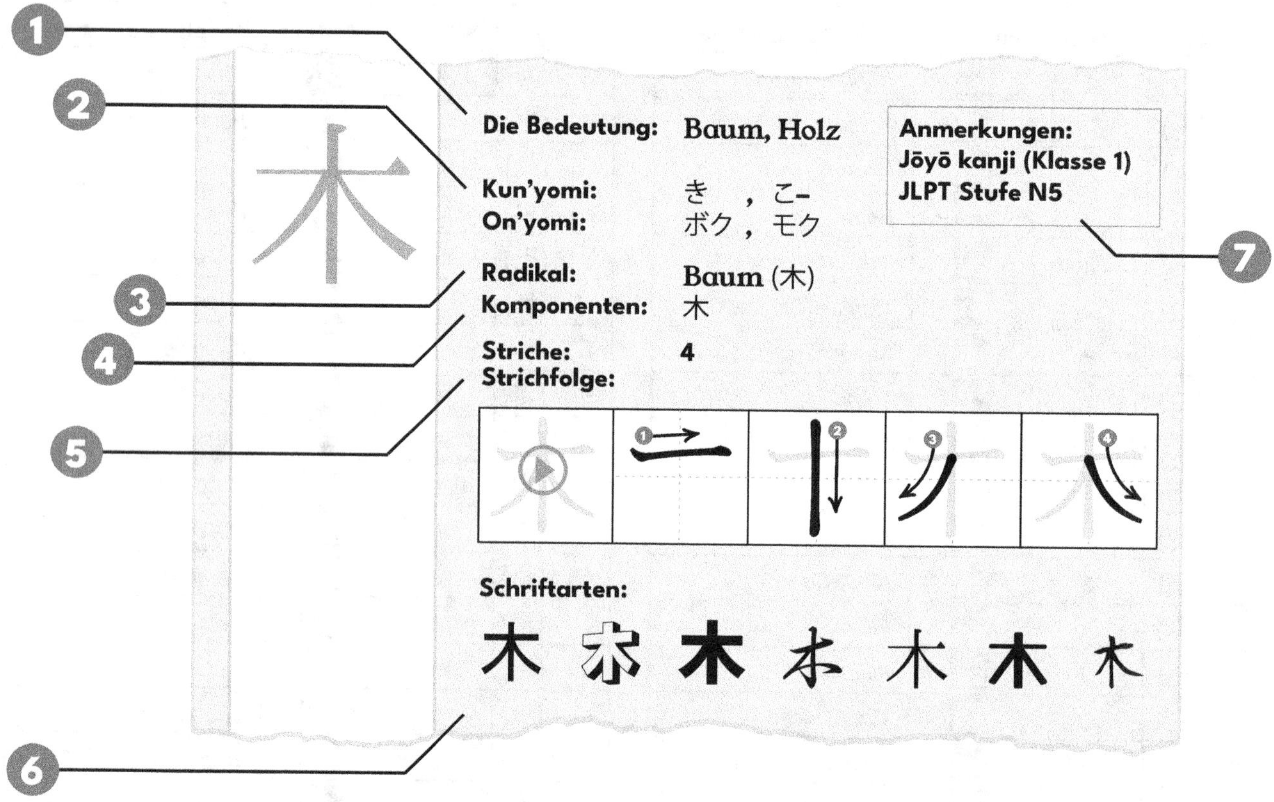

Oben: die grundlegenden Informationen, die typischerweise in Online-Wörterbüchern zu finden sind (siehe auch Tabelle rechts).

Unabhängig von der gewählten Methode erhalten Sie in der Regel ähnliche Informationen, wenn Sie das gewünschte Kanji gefunden haben. Einige Wörterbücher enthalten nur ein Minimum an Informationen, während andere sehr viel mehr bieten können. Die Informationen variieren von Publikation zu Publikation, so dass Sie die Rezensionen anderer Lernender konsultieren sollten, wenn Sie sich nicht sicher sind, ob ein bestimmtes Wörterbuch für Ihren Kenntnisstand geeignet ist. Wörterbücher mit zusätzlichen Informationen über die Verwendung eines Kanji, mit Beispielsätzen oder Listen von zusammengesetzten Wörtern, die mit diesem Zeichen gebildet werden, sind nützlich, enthalten aber weniger einzigartige Einträge.

1	Bedeutung	Es gibt viele, aber dies wird die häufigste sein.
2	Lesungen	Die meisten haben mehrere Aussprachen, mit 2 Typen: (a) Kun'yomi, die *japanische Aussprache* (b) On'yomi, so genannte *chinesische Aussprache*
3	Hauptradikal	Zur Indexierung von Kanji in Wörterbüchern.
4	Komponenten	Sie bilden Wörter (Kanji) wie Buchstaben. Die Grundbausteine aller Kanji, genannt bushu.
5	Striche/Bestellung	Wie viele Federstriche und in welcher Reihenfolge.
6	Schriftstile *(manchmal)*	Eine Vielzahl von Schriftarten mit handschriftlichen und modernen Stilen.
7	Andere Daten *(manchmal)*	Andere nützliche Attribute für Anfänger, wie z. B. spezifische Wörterbuchindizes usw.

Oben: Schlüssel zur Veranschaulichung typischer Wörterbucheinträge (siehe linke Seite).

Angenommen, Sie müssen ein gedrucktes oder handgeschriebenes Kanji nachschlagen: In diesem Fall können Sie auf diesen Websites die Kanji auch nach den Komponenten durchsuchen und filtern, die Sie erkennen - sogar nach einem einzelnen Radikal. Das erfordert zwar etwas Übung, vor allem, wenn man sich nicht sicher ist, welche Formen Radikale sind, aber diese Systeme sind im Allgemeinen intuitiv, so dass es sich lohnt, sie einmal auszuprobieren.

Eine weitere mögliche Lösung ist die Verwendung von Software, die Kanji erkennen kann, die in sie hineingeschrieben wurden. Sie können entweder einen Touchscreen und Ihren Finger verwenden oder die Kanji mit Ihrer Computermaus grob zeichnen, und schon werden mögliche Übereinstimmungen sichtbar. Auch hier bietet [jisho.org] eine alternative Funktion für den Fall, dass Sie ein Zeichen nicht in eine Suchmaschine kopieren und einfügen können.

Traditionelle japanische Zeichenwörterbücher sind immer eine gute, langfristige Investition. Viele Publikationen klassifizieren Kanji nach ihrem primären Radikal, oft aus der KangXi-Liste, aber einige verwenden auch modifizierte oder alternative Radikallisten. Andere Wörterbücher gruppieren die Kanji nach den Positionen, an denen die primären Radikale vorkommen, oder ordnen die Einträge nach der Anzahl der Federstriche, die man braucht, um sie zu schreiben.

Wörterbücher, die sich an Lernende mit fortgeschrittenen Kanji-Kenntnissen richten, sind langlebig, können aber in der Anfangsphase schwierig zu benutzen sein. Diejenigen, die sich an Anfänger richten, sind einfacher zu benutzen, müssen aber mit der Zeit ersetzt werden.

Lernen der Kanji

Der folgende Abschnitt des Arbeitsbuchs enthält eine Reihe von Studienseiten für jedes der Kanji der Stufe N4. Ein Beispiel für deren Layout und wichtige Merkmale finden Sie unten:

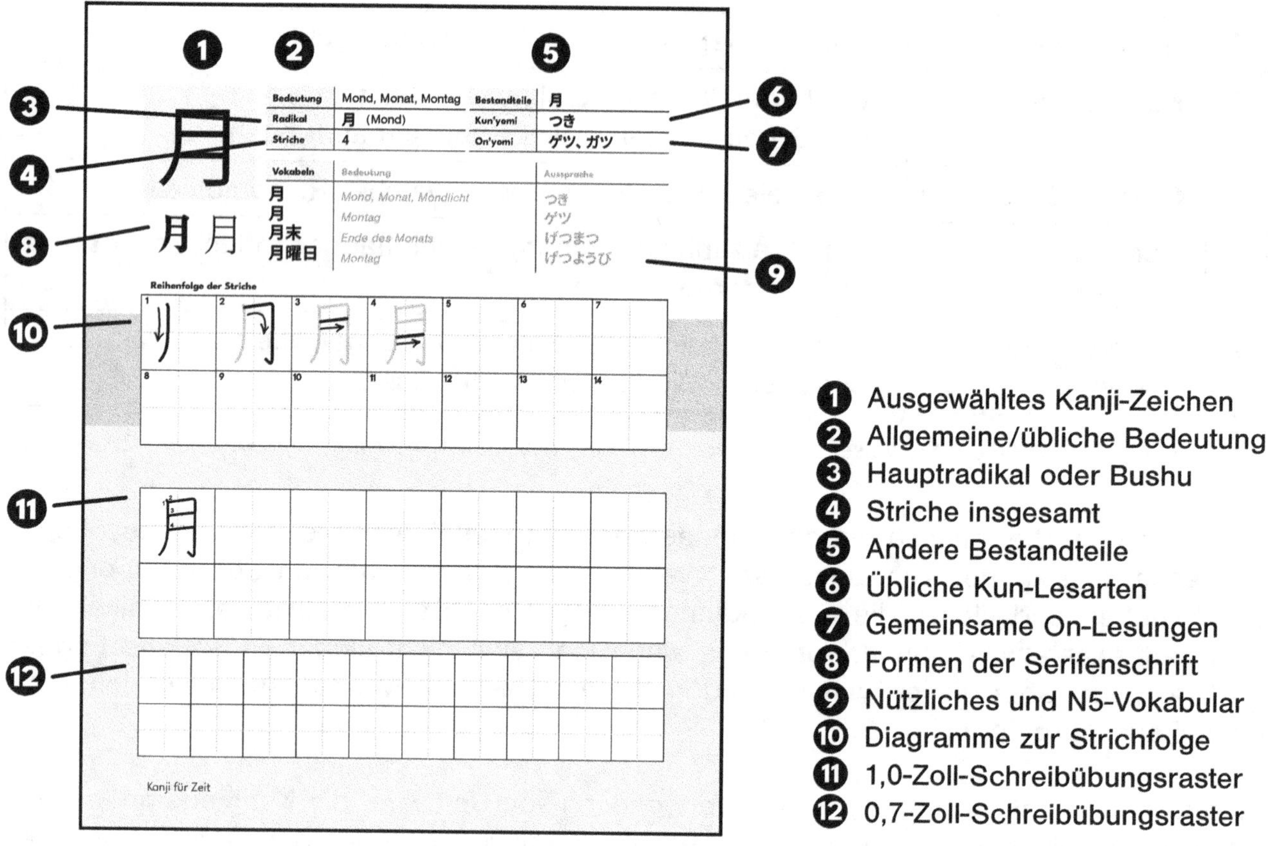

1. Ausgewähltes Kanji-Zeichen
2. Allgemeine/übliche Bedeutung
3. Hauptradikal oder Bushu
4. Striche insgesamt
5. Andere Bestandteile
6. Übliche Kun-Lesarten
7. Gemeinsame On-Lesungen
8. Formen der Serifenschrift
9. Nützliches und N5-Vokabular
10. Diagramme zur Strichfolge
11. 1,0-Zoll-Schreibübungsraster
12. 0,7-Zoll-Schreibübungsraster

Wenn Sie sich einem neuen Kanji nähern, üben Sie seine Aussprache und schauen Sie sich an, für welche Art von Vokabeln es steht. Während Sie lernen, werden Sie feststellen, dass Sie das neue Kanji oft mit dem Kanji, das Sie gerade lernen, in Verbindung bringen können. Die sich wiederholenden Formen und Muster werden mit der Zeit immer deutlicher - der Aufbau von Kanji-Kenntnissen braucht Zeit - es gibt einfach mehr Dinge, die man sich für jedes Kanji merken muss.

Eine Lerntaktik, die sich meiner Meinung nach bewährt hat, ist das Aufschreiben oder Übertragen der Details für jedes Kanji in ein separates, leeres Lernbuch. Zu diesem Zweck habe ich den Kanji Study Companion erstellt und am Ende des Buches einige Vorlagen beigefügt, die Sie für den persönlichen Gebrauch kopieren können - aber praktisch jede Art von Notizbuch ist geeignet. Denken Sie daran: Strukturiertes, organisiertes Lernen ist effektiver!

TEIL 2

N4-Stufe Kanji

Der nächste Abschnitt enthält detaillierte Lernseiten für die folgenden 145 japanischen Kanji:

N4 Kanji	Grundbedeutung	Radikal
同	gleich, zustimmen, gleich	口
事	Angelegenheit, Sache, Tatsache, Geschäft	亅
自	sich	自
発	Abfahrt, Entlassung, Start von	癶
者	jemand, Person	老 (耂)
地	Boden, Erde	土
業	Beruf, Kunst, Leistung	木
方	Richtung, Person, Alternative	方
場	Standort, Ort	土
員	Mitarbeiter, Mitglied, Nummer	口
開	öffnen, entfalten, entsiegeln	門
力	Kraft, Stärke, stark, Belastung	力
問	Frage, fragen, Problem	口
代	ersetzen, ändern, umwandeln	人 (亻)
明	hell, Licht	日
動	bewegen, bewegen, verändern	力
京	Hauptstadt	亠
通	Verkehr, Allee, Pendeln	辵 (辶, 辶, 辶)
理	Logik, Vernunft, Gerechtigkeit, Wahrheit	玉 (王)
体	Körper, Substanz, Objekt, Realität	人 (亻)
田	Reisfeld, Reisanbau	田
主	Herr, Chef, Meister, Hauptsache	丶
題	Thema, Gegenstand	頁
意	Idee, Geist, Herz, Geschmack, Gedanke	心 (忄, 小)

N4 Kanji	Grundbedeutung	Radikal
不	negativ, nicht, schlecht	一
作	machen, vorbereiten, bauen	人 (亻)
用	nutzen, Geschäft, Dienst, verwenden, einsetzen	用 (甩)
度	Grad, Vorkommen, Zeit, Zähler für Vorkommnisse	广
強	stark	弓
公	öffentlich, fürstlich, offiziell, staatlich	八
持	halten, haben	手 (扌 龵)
野	Ebene, Feld, bäuerlich, ziviles Leben	里
以	mittels, weil, im Hinblick auf, verglichen mit	人 (亻)
思	denken	心 (忄, 小)
家	Haus, Heim, Familie, Beruf, Experte	宀
世	Generation, Welt, Öffentlichkeit	一
正	richtig, Gerechtigkeit, rechtschaffen	止
院	Institution, Tempel, Herrenhaus, Schule	(阝) 阜 (阝)
心	Herz, Verstand, Geist	心 (忄, 小)
界	Welt, Grenze	田
教	Lehre, Glaube, Doktrin	攴 (攵)
文	Satz, Literatur, Stil, Kunst	文
元	Anfang, Ursprung	儿
重	schwer, wichtig, wertschätzen, respektieren	里
近	nahe, früh, verwandt, gleichwertig	辵 (辶, 辶, 辶)
考	betrachten, überdenken	老 (耂)
画	Pinselstrich, Bild	田
海	Meer, Ozean	水 (氵, 氺)
売	verkaufen	士
知	wissen, Weisheit	矢
集	sammeln, treffen	隹
別	trennen, abzweigen, divergieren	刀 (刂)

N4 Kanji	Grundbedeutung	Radikal
物	Sache, Objekt, Materie	牛 (牛)
使	Gebrauch, Auftrag, Bote, Botschafter	人 (亻)
品	Ware, Verfeinerung, Würde, Artikel	口
計	Plan, Plan, Schema, Maßnahme	言 (訁)
死	Tod, sterben	歹 (歺)
特	speziell	牛 (牛)
私	privat, ich, mich	禾
始	beginnen, beginnen	女
朝	Morgen	月
運	tragen, Glück, Schicksal	辵 (辶, 辶, 辶)
終	enden, beenden	糸 (糹)
台	Podest, Schalter für Maschinen und Fahrzeuge	口
広	weit, breit, geräumig	广
住	wohnen, residieren, leben, bewohnen	人 (亻)
無	Nichts, keine, nicht, nichts, null, nicht	火 (灬)
真	wahr, Wirklichkeit, buddhistische Sekte	目
有	besitzen, haben, existieren, geschehen	月
町	Stadt, Dorf, Straße	田
料	Gebühr, Materialien	斗
工	Handwerk, Konstruktion	工
建	bauen	廴
急	eilen, Notfall, plötzlich, steil	心 (忄, 㣺)
止	anhalten, stoppen	止
送	eskortieren, schicken	辵 (辶, 辶, 辶)
切	schneiden, abschneiden, scharf sein	刀 (刂)
転	umdrehen, wechseln	車
研	polieren, studieren, schärfen	石
究	forschen, studieren	穴

N4 Kanji	Grundbedeutung	Radikal
楽	Musik, Komfort, Leichtigkeit	木
起	aufwachen, aufstehen; wecken	走 (辶)
着	ankommen, anziehen, anziehen, anziehen	目
病	krank, krank	疒
質	Substanz, Qualität, Materie, Temperament	貝
待	warten, sich verlassen auf	彳
試	testen, versuchen, versuchen, experimentieren	言 (訁)
族	Stamm, Familie	方
銀	Silber	金 (金)
早	früh, schnell	日
映	reflektieren, Reflexion, Projektion	日
親	relativ, Vertrautheit	見
験	Überprüfung, Wirkung, Test	馬
英	England, Englisch, Held, herausragend	艸 (艹)
医	Arzt, Medizin	匚
仕	teilnehmen, tun, offiziell, dienen	人 (亻)
去	weg, vorbei, aufhören, verlassen, vergehen, beseitigen	厶
味	schmecken, schmecken	口
写	kopieren, beschreiben	冖
字	Zeichen, Buchstabe, Wort	子
答	Lösung, Antwort	竹 (⺮)
夜	Nacht, Abend	夕
音	Klang, Geräusch	音
注	gießen, bewässern, (Tränen) vergießen, hineinfließen	水 (氵, 氺)
帰	Heimkehr, ankommen, zu, führen, resultieren in	巾
歌	Lied, singen	欠
悪	schlecht, böse, falsch	心 (忄, 小)
図	Karte, Zeichnung, Plan, außergewöhnlich	囗

N4 Kanji	Grundbedeutung	Radical
室	Zimmer, Wohnung, Kammer, Gewächshaus, Keller	宀
歩	Gang, Zähler für Schritte	止
風	Wind, Luft, Stil, Art und Weise	風
紙	Papier	糸 (糹)
黒	schwarz	黑
春	Frühling	日
赤	rot	赤
青	blau	青 (靑)
館	Gebäude, Herrenhaus, großes Gebäude, Palast	食 (飠)
屋	Dach, Haus, Geschäft, Händler, Verkäufer	尸
色	Farbe	色
走	laufen	走 (辶)
秋	Herbst, Herbst	禾
夏	Sommer	夂
習	lernen	羽
洋	Ozean, Meer, Ausland, westlicher Stil	水 (氵, 氺)
旅	Ausflug, Reise	方
服	Kleidung, zugeben, gehorchen	月
夕	Abend	夕
借	leihen, mieten	人 (亻)
曜	Wochentag	日
肉	Fleisch	肉 (月)
貸	leihen	貝
堂	öffentlicher Raum, Saal	土
鳥	Vogel, Huhn	鳥
飯	Mahlzeit, Reis	食 (飠)
勉	Anstrengung, Bemühung, Anstrengung	力
冬	Winter	冫

N4 Kanji	Grundbedeutung	Radikal
昼	tagsüber, mittags	日
茶	Tee	艸 (⺿)
弟	jüngerer Bruder	弓
牛	Kuh	牛 (⺧)
兄	älterer Bruder	儿
犬	Hund	犬 (犭)
妹	jüngere Schwester	女
姉	ältere Schwester	女
漢	China	水 (氵, 氺)

Bedeutung	einverstanden, gleich	Bestandteile	一 冂 口
Radikal	口	Kun'yomi	おな.じ
Striche	6	On'yomi	ドウ

Vokabeln	Bedeutung	Aussprache
同じ	*gleich, identisch, gleich, einheitlich*	おなじ
同	*das Gleiche, das Gesagte, gleichfalls*	ドウ
合同	*Kombination, Vereinigung, Eingliederung*	ゴウドウ
同じく	*auf die gleiche Weise, wie, ebenfalls*	おなじく

Reihenfolge der Striche

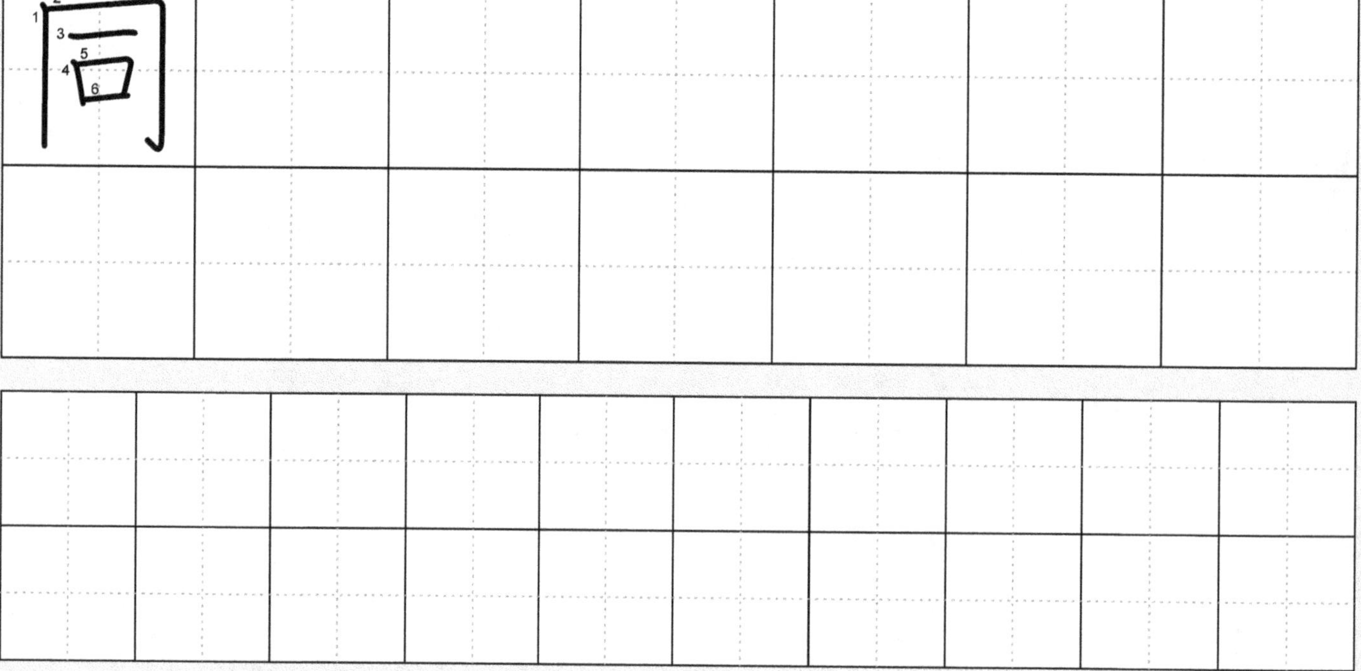

Übung zum Schreiben

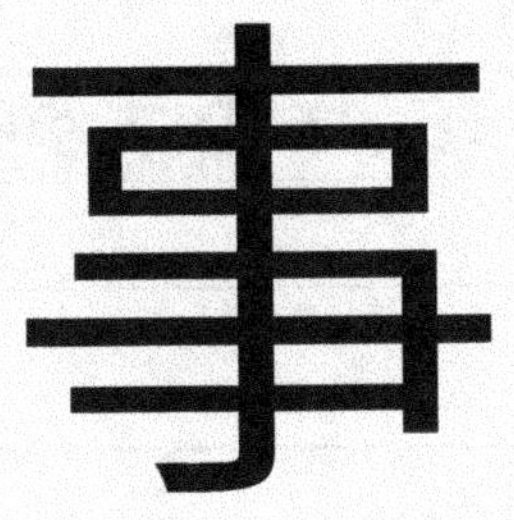

Bedeutung	Sache, Tatsache	Bestandteile	一 亅 口 ヨ
Radikal	亅	Kun'yomi	こと、つか.う、つか.える
Striche	8	On'yomi	ジ、ズ

Vokabeln	Bedeutung	Aussprache
事	*Sache, Angelegenheit, Vorfall, Vorkommnis*	こと
神事	*Shinto-Ritual*	しんじ
有事	*Notfall*	ユウジ
事業	*Projekt, Unternehmen, Geschäft*	ジギョウ

Reihenfolge der Striche

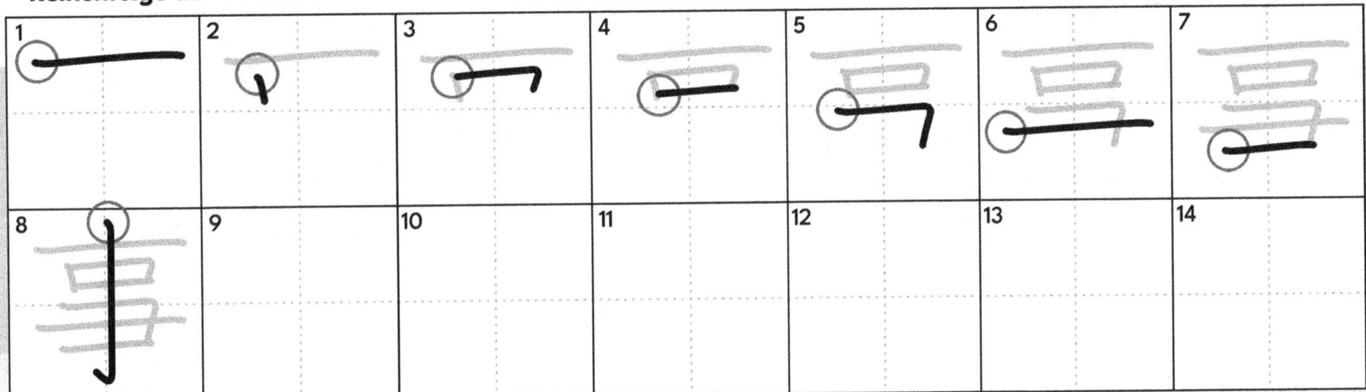

Übung zum Schreiben

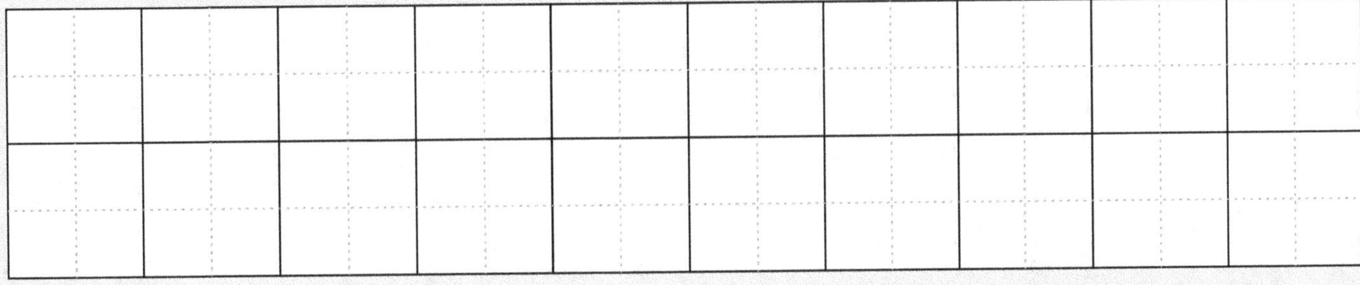

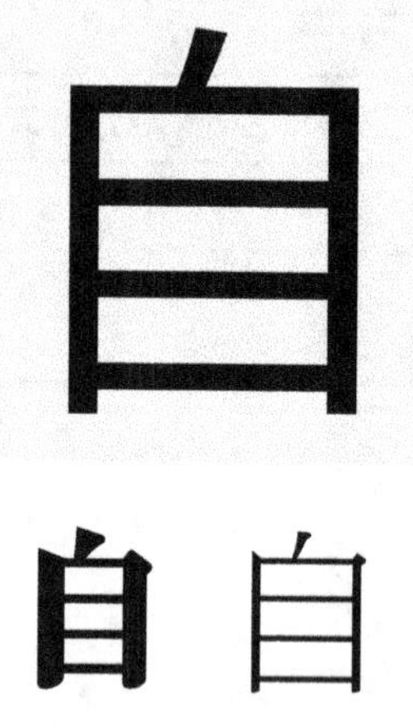

Bedeutung	sich selbst	Bestandteile	目 自
Radikal	自	Kun'yomi	みずか.ら、おの.ずから
Striche	6	On'yomi	ジ、シ

Vokabeln	Bedeutung		Aussprache
自然	*Natur, natürlich, spontan, automatisch*		シゼン
出自	*Herkunft, Geburtsort, Abstammung*		シュツジ
自ら	*für sich selbst, persönlich, in Person*		みずから
自ずから	*natürlich, zu gegebener Zeit, von selbst*		おのずから

Reihenfolge der Striche

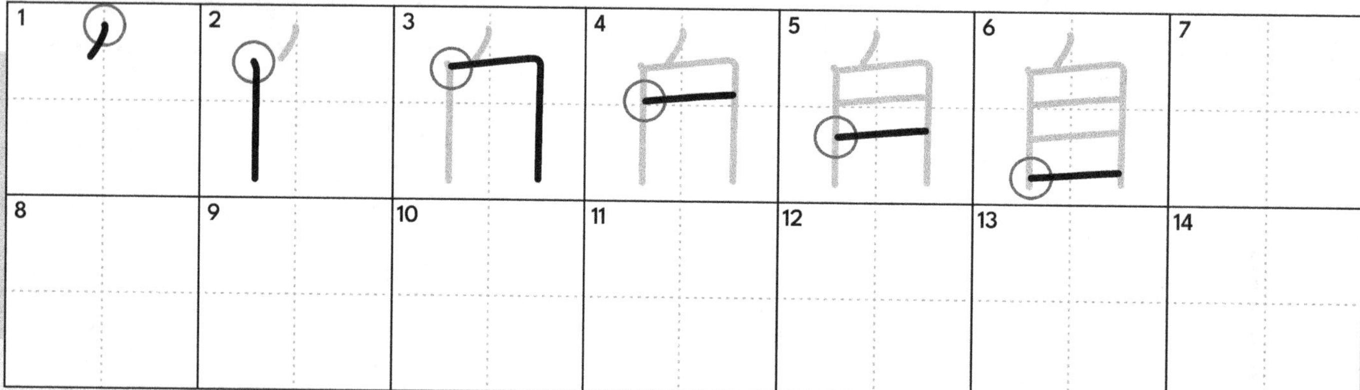

Übung zum Schreiben

Bedeutung	Abreise, Entlassung	Bestandteile	ニ 儿 癶
Radikal	癶	Kun'yomi	た.つ、あば.く、おこ.る
Striche	9	On'yomi	ハツ、ホツ

Vokabeln	Bedeutung	Aussprache
発	Abreise, Abreise von ..., Abreise bei ...	ハツ
発熱	Hitzeentwicklung, (Anfall von) Fieber	ハツネツ
偶発	plötzlicher Ausbruch, zufällig	グウハツ
暴く	enthüllen, preisgeben, entblößen	あばく

Reihenfolge der Striche

1	2	3	4	5	6	7
8	9	10	11	12	13	14

Übung zum Schreiben

Bedeutung	jemand, Person	Bestandteile	老 日
Radikal	老 (耂)	Kun'yomi	もの
Striche	8	On'yomi	シャ

Vokabeln	Bedeutung	Aussprache
者	*Person*	もの
芸者	*Geisha*	ゲイシャ
者ども	*sie, Menschen*	ものども
若い者	*junge Person, junge Leute, Jugend*	わかいもの

Reihenfolge der Striche

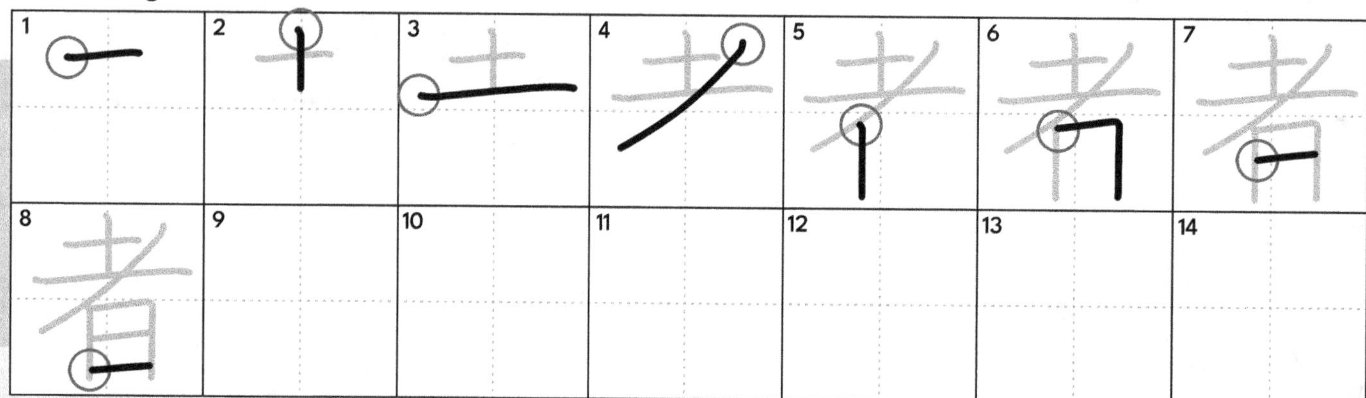

Übung zum Schreiben

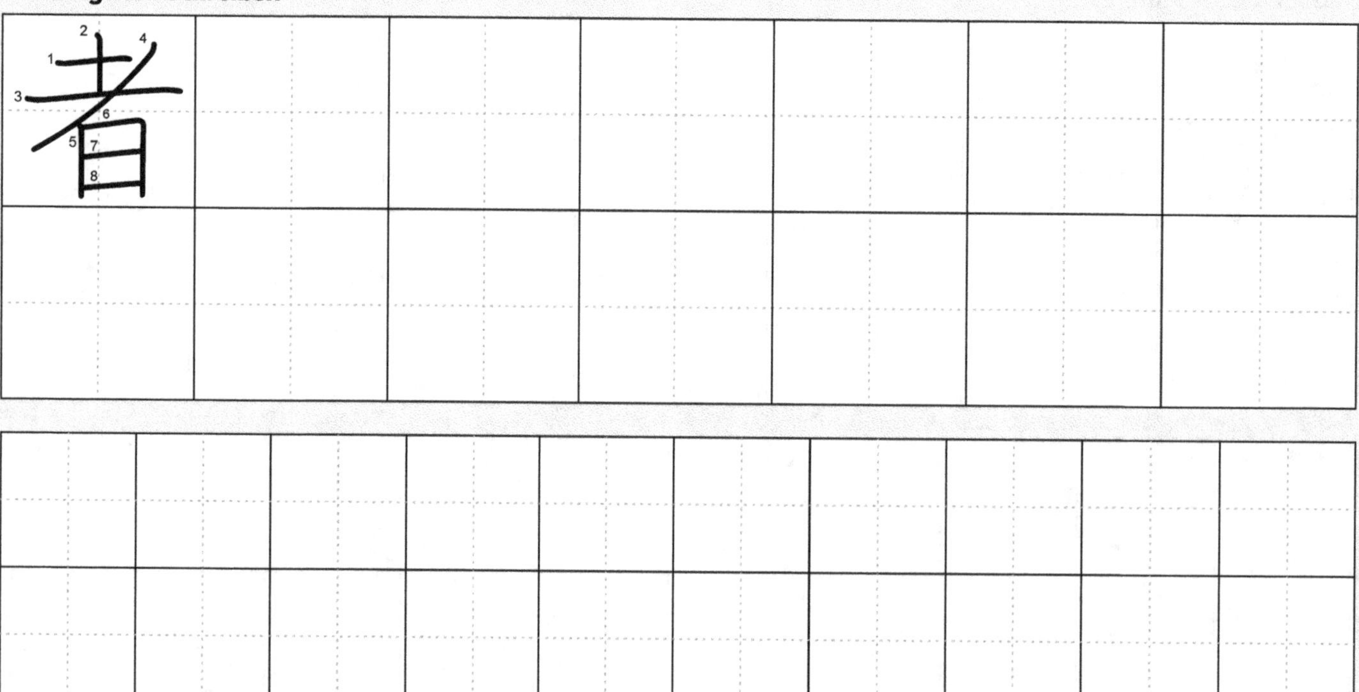

Bedeutung	Boden, Erde	**Bestandteile**	土 也
Radikal	土	**Kun'yomi**	
Striche	6	**On'yomi**	チ、ジ

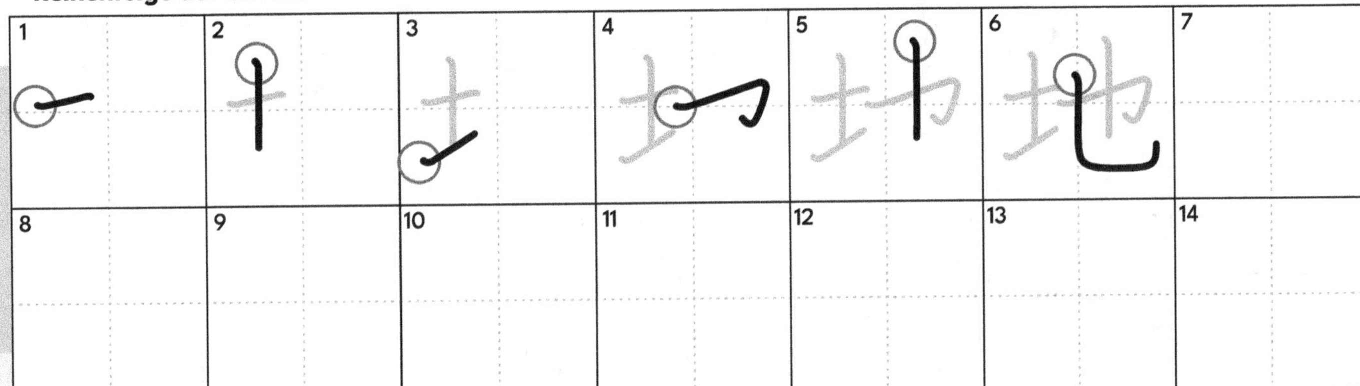

Vokabeln	Bedeutung	Aussprache
地	*Erde, Grund, Land, Boden, Ort, Gebiet*	チ
地位	*(soziale) Position, Status, Ansehen*	チイ
地	*Grund, Land, Erde, Boden, das lokale Gebiet*	ジ
下地	*Vorarbeit, Fundament, Eignung*	シタジ

Reihenfolge der Striche

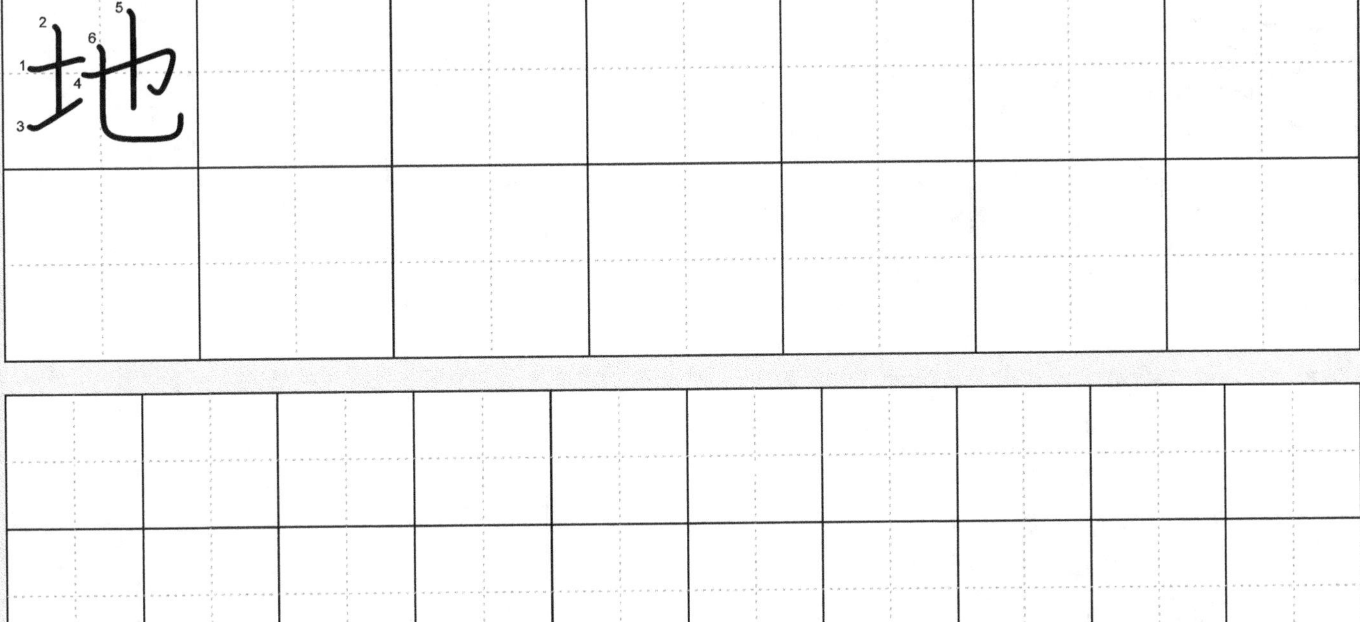

Übung zum Schreiben

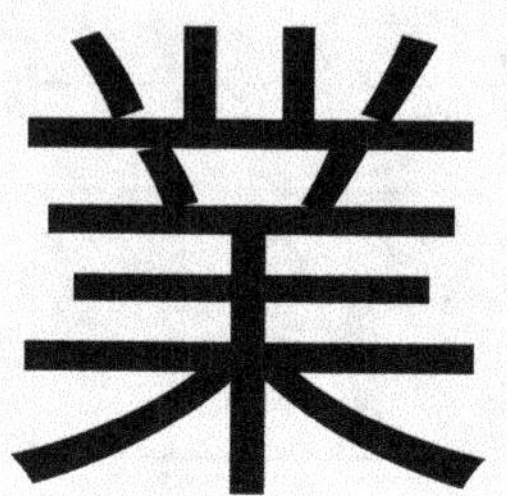

Bedeutung	Geschäft, Leistung		Bestandteile	一丨并木王羊耒
Radikal	木		Kun'yomi	わざ
Striche	13		On'yomi	ギョウ、ゴウ

Vokabeln	Bedeutung	Aussprache
業	*Arbeit, Geschäft, Firma, Agentur*	ギョウ
業業	*Tat, Handlung, Arbeit, Leistung*	わざ
業業界	*Geschäftswelt, (die) Industrie*	ギョウカイ
業因	*Karma*	ゴウ

Reihenfolge der Striche

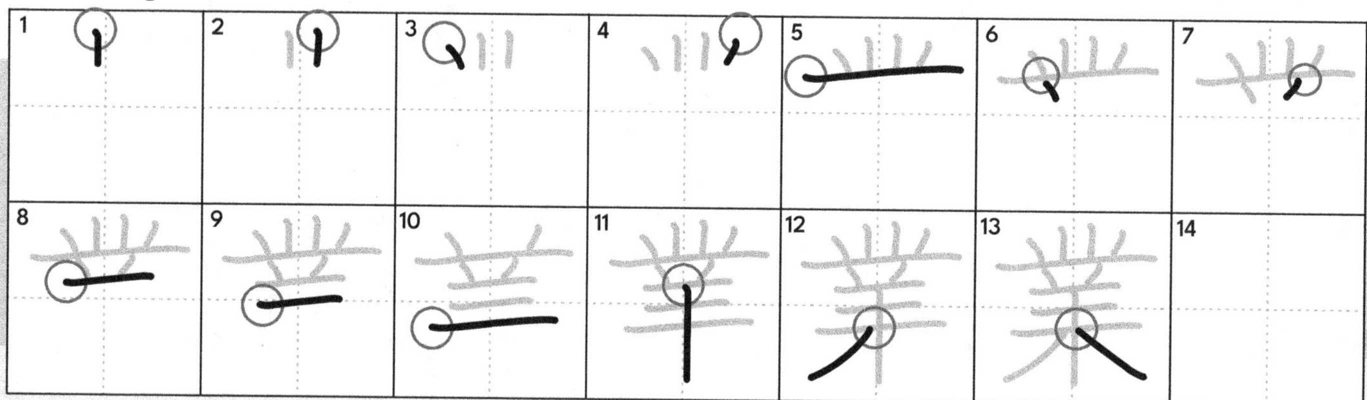

Übung zum Schreiben

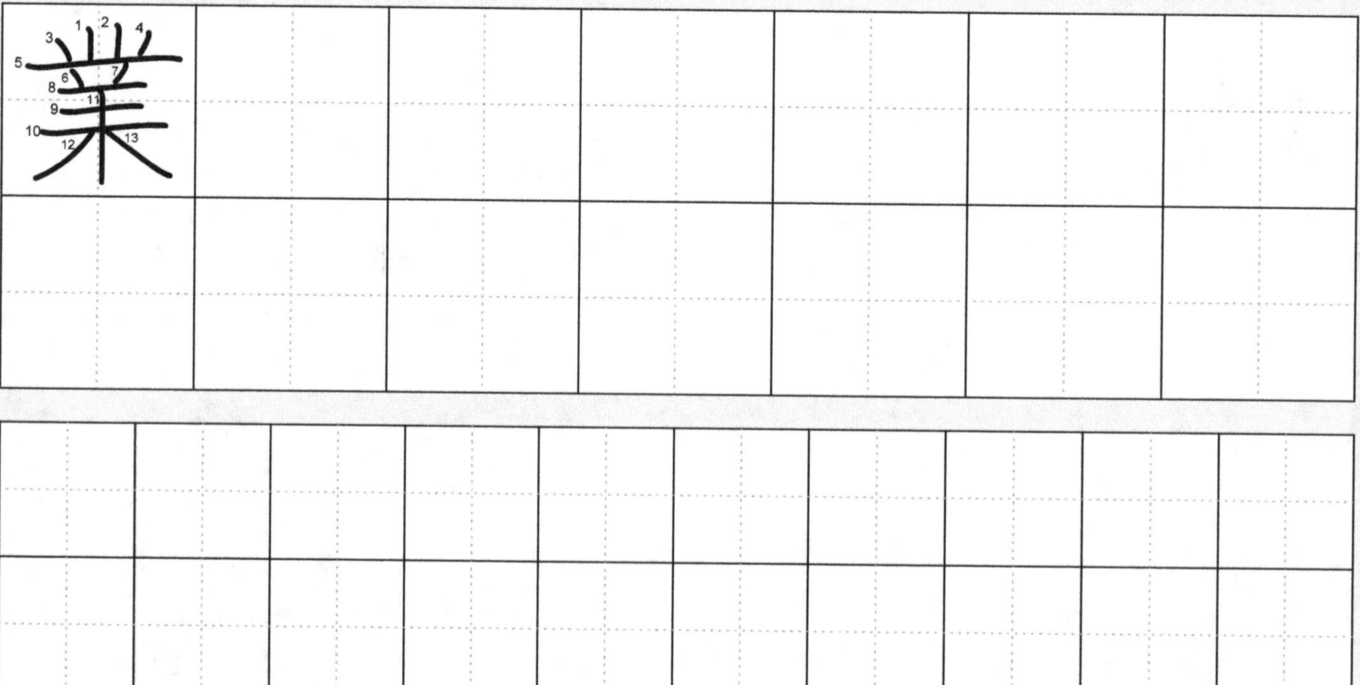

方
方 方

Bedeutung	Richtung, Alternative	Bestandteile	方
Radikal	方	Kun'yomi	かた、-かた、-がた
Striche	4	On'yomi	ホウ

Vokabeln	Bedeutung		Aussprache
方	*Richtung, Weg, Seite, Bereich (Richtung)*		ホウ
途方	*Weg, Ziel, Grund*		トホウ
方々	*Menschen, (alle) Personen, jeder*		かたがた
親方	*Meister, Chef, Vorarbeiter, Vorgesetzter*		おやかた

Reihenfolge der Striche

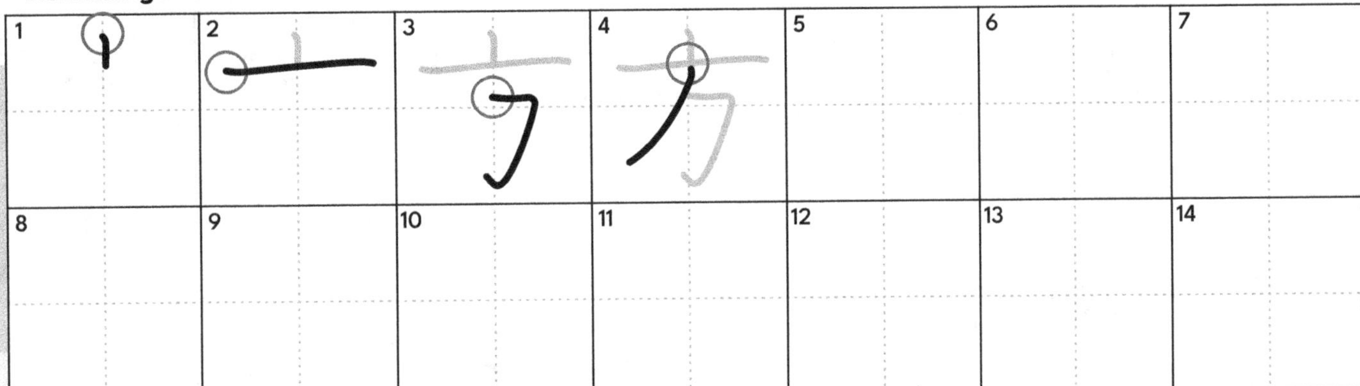

Übung zum Schreiben

場

Bedeutung	Platz, Ort		Bestandteile	一 土 日 勿
Radikal	土		Kun'yomi	ば
Striche	12		On'yomi	ジョウ、チョウ

Vokabeln	Bedeutung	Aussprache
場	*Ort, Platz, Raum, Feld, Disziplin, Kugel*	ば
場	*Ort, Platz, Gelände, Arena, Stadion*	ジョウ
場合	*Fall, Situation*	ばあい
場外	*außerhalb der Halle (oder des Stadions, usw.)*	ジョウガイ

Reihenfolge der Striche

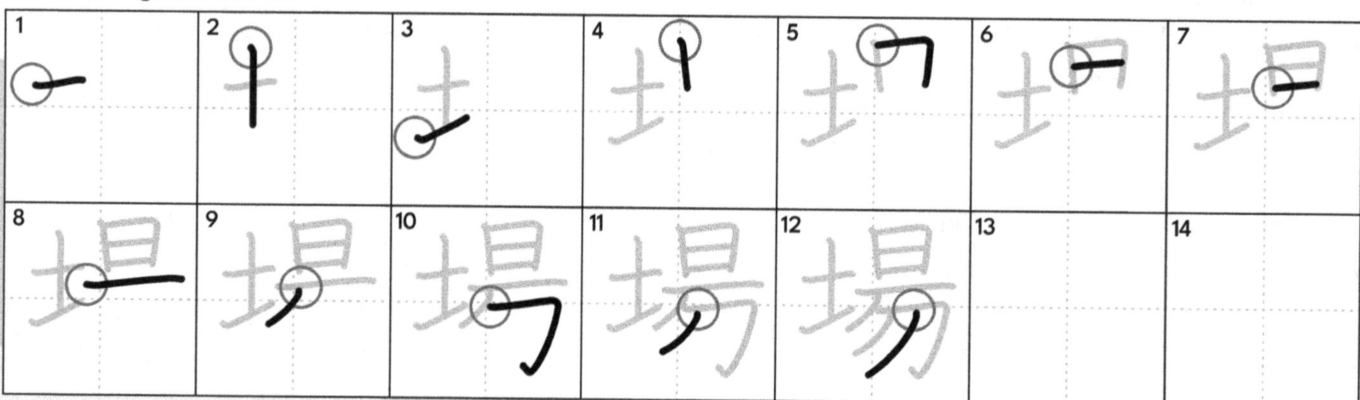

Übung zum Schreiben

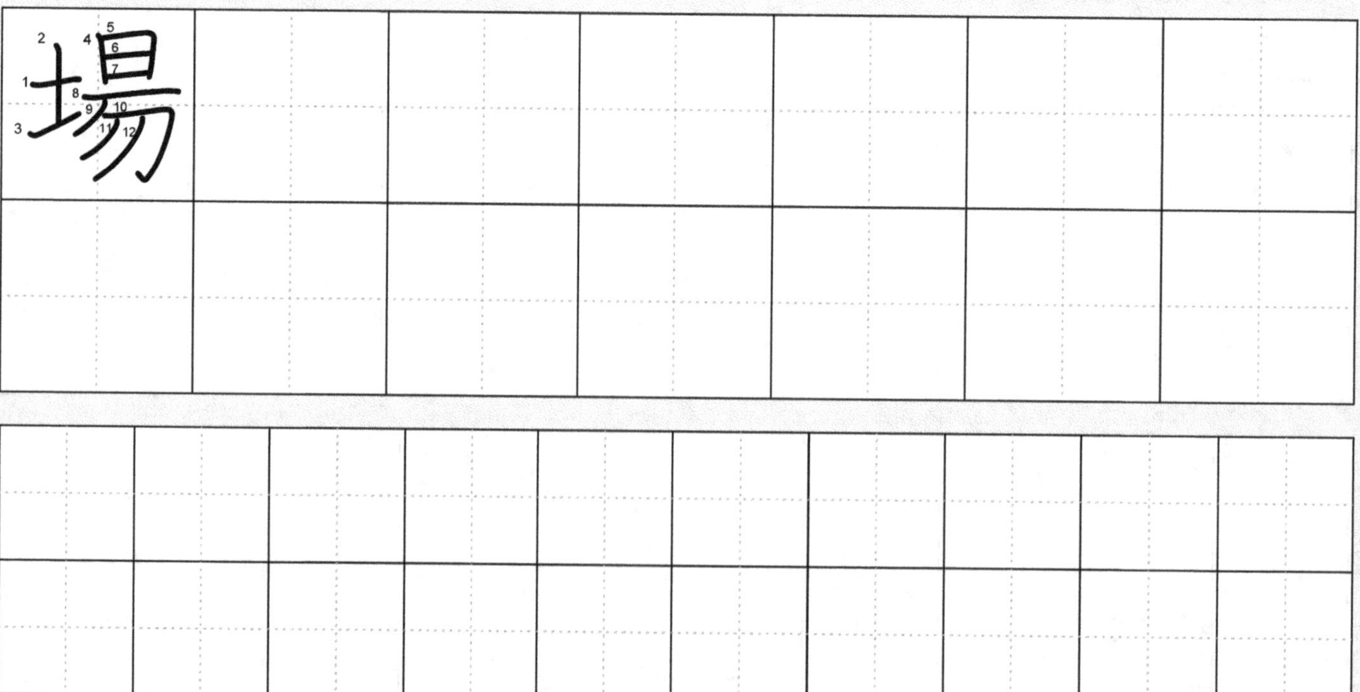

員
員 員

Bedeutung	Mitarbeiter, Mitglied	Bestandteile	八 口 目 貝
Radikal	口	Kun'yomi	
Striche	10	On'yomi	イン

Vokabeln	Bedeutung	Aussprache
員	*Mitglied*	イン
員数	*(Gesamt-)Anzahl (Menschen oder Dingen)*	インズウ
随員	*Mitglied eines Gefolges, Diener*	ズイイン
執行委員	*Exekutivkomitee*	シッコウイイン

Reihenfolge der Striche

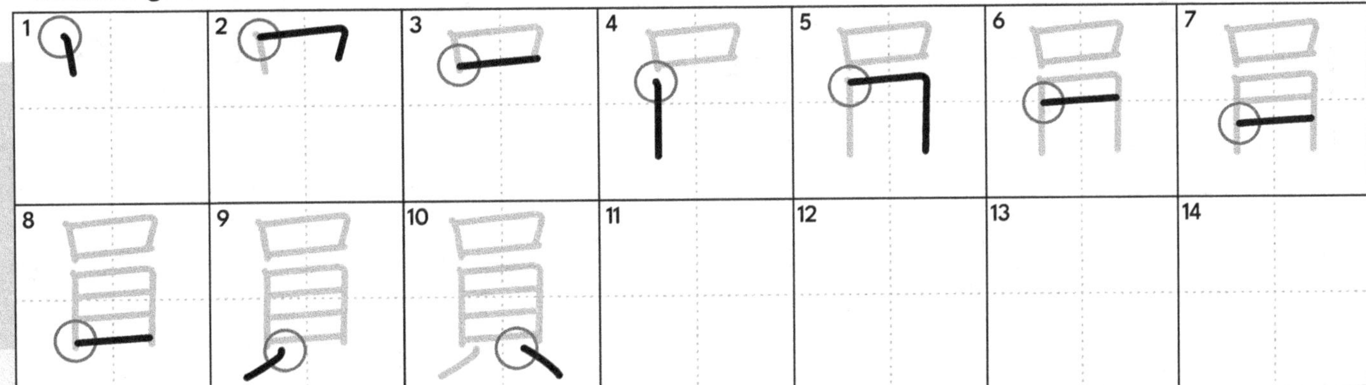

Übung zum Schreiben

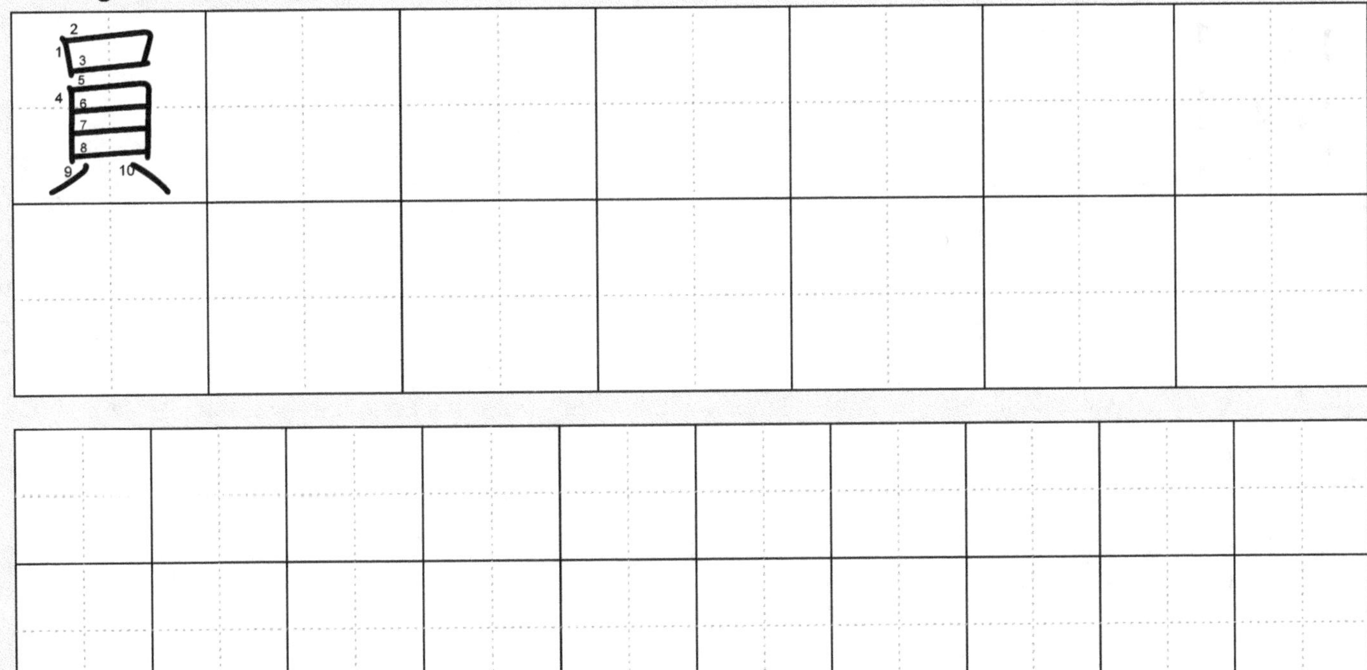

Bedeutung	öffnen, entfalten	Bestandteile	一ノ二井門
Radikal	門	Kun'yomi	ひら(く)、あ(ける)
Striche	12	On'yomi	カイ

Vokabeln	Bedeutung	Aussprache
開く	*öffnen, aufmachen, entsiegeln, auspacken*	ひらく
開花	*blühen, aufblühen, erblühen*	カイカ
開ける	*sich öffnen (von einer Aussicht, usw.)*	ひらける
ひらける	*öffnen (eine Tür, etc.), auspacken*	あける

Reihenfolge der Striche

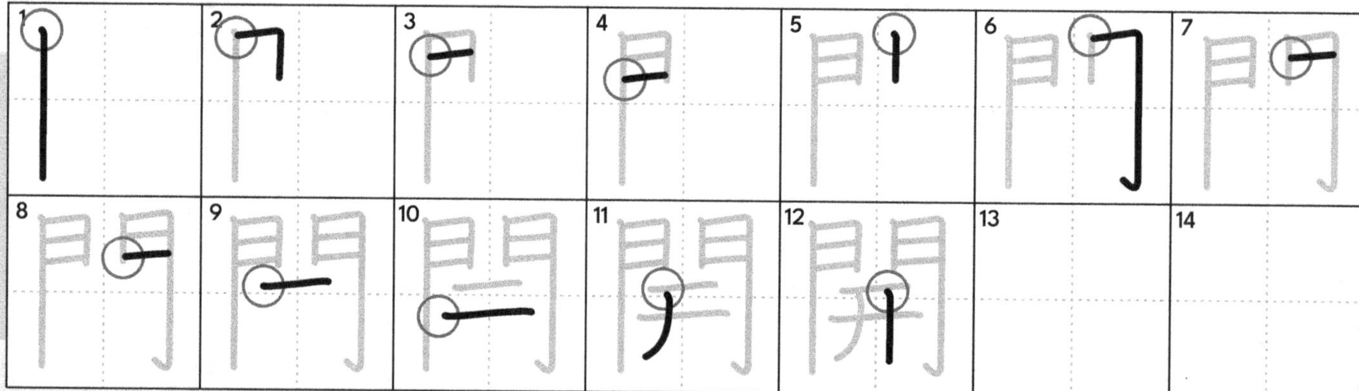

Übung zum Schreiben

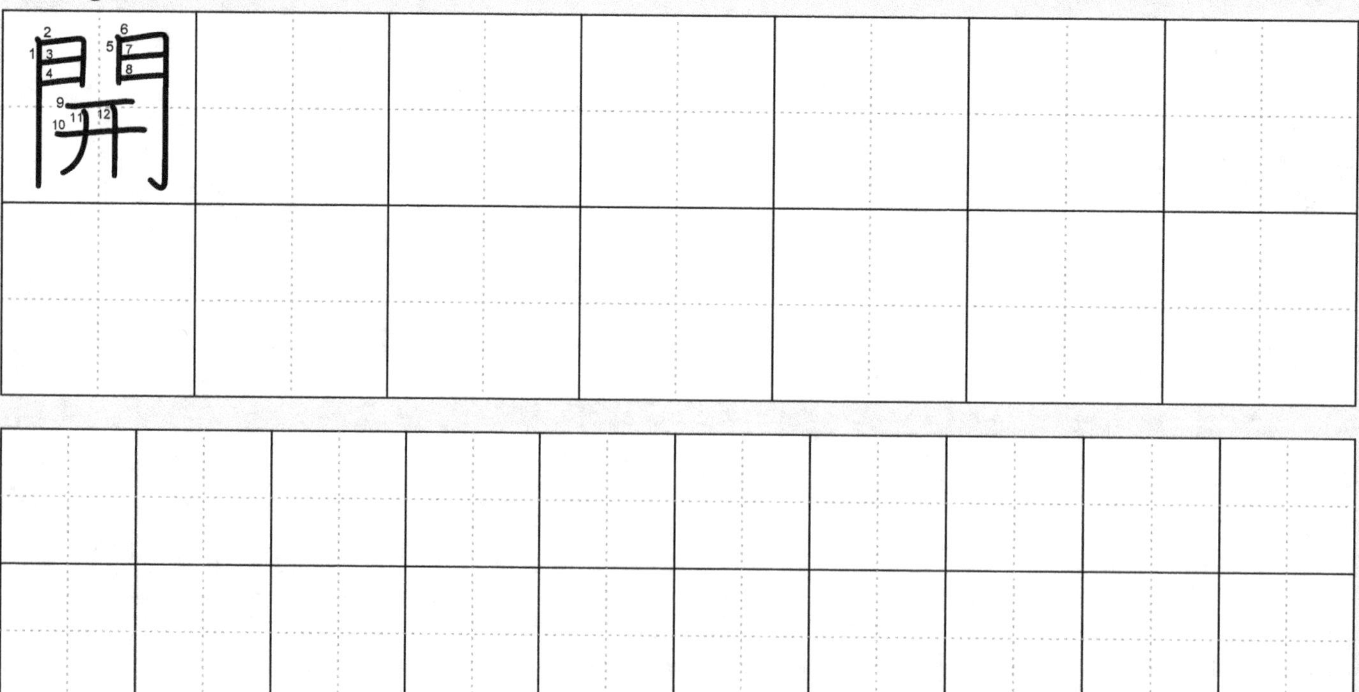

力

Bedeutung	Kraft, Stärke, stark	Bestandteile	力
Radikal	力	Kun'yomi	ちから
Striche	2	On'yomi	リョク、リキ

Vokabeln	Bedeutung	Aussprache
力	Kraft, Stärke, Macht, Energie, Fähigkeit	ちから
力	Stärke, Kraft, Leistung, Fähigkeit, Fähigkeit	リョク
力強い	mächtig, stark, kraftvoll, ermutigend	ちからづよい
力学	Mechanik, Dynamik	リキガク

Reihenfolge der Striche

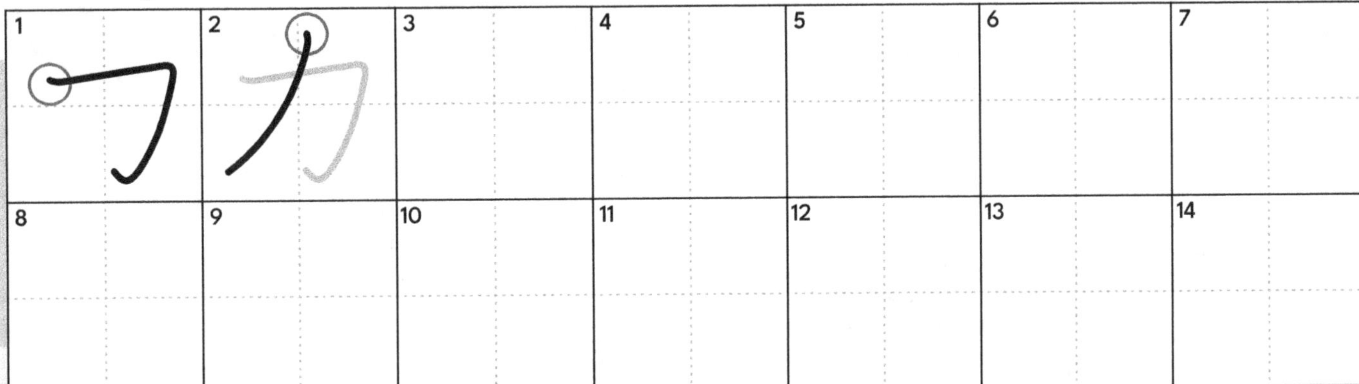

Übung zum Schreiben

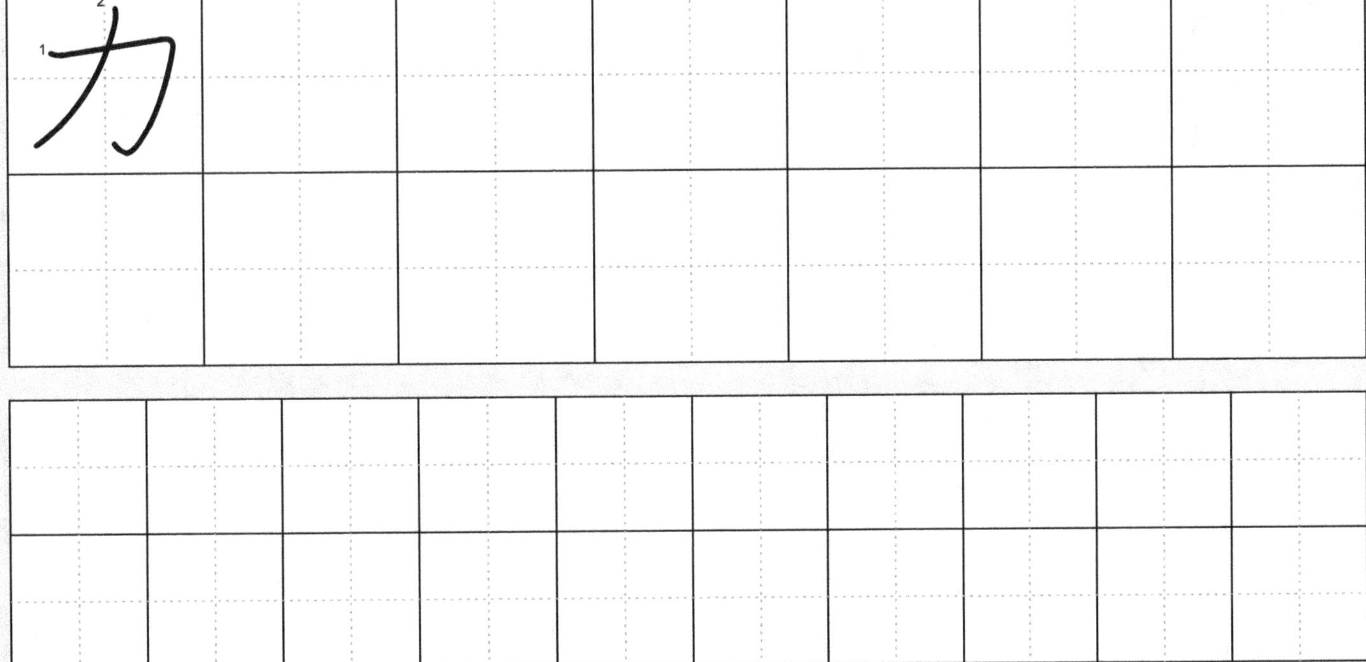

Bedeutung	Problem, zu fragen	Bestandteile	口 門
Radikal	口	Kun'yomi	と(う)
Striche	11	On'yomi	モン

Vokabeln	Bedeutung	Aussprache
問	*Zähler für Fragen*	モン
問う	*fragen, sich erkundigen, anklagen*	とう
更問	*Folgefrage*	さらとい
設問	*eine Frage stellen*	セツモン

Reihenfolge der Striche

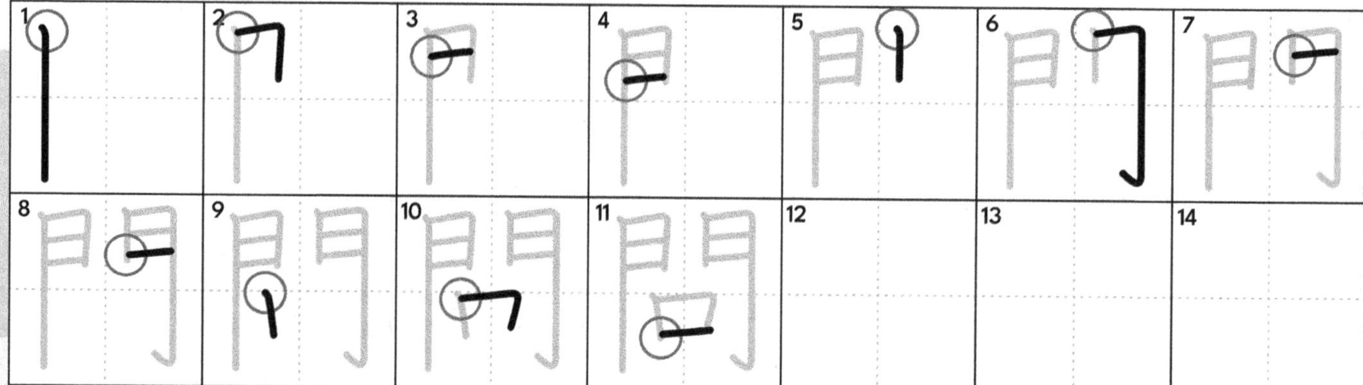

Übung zum Schreiben

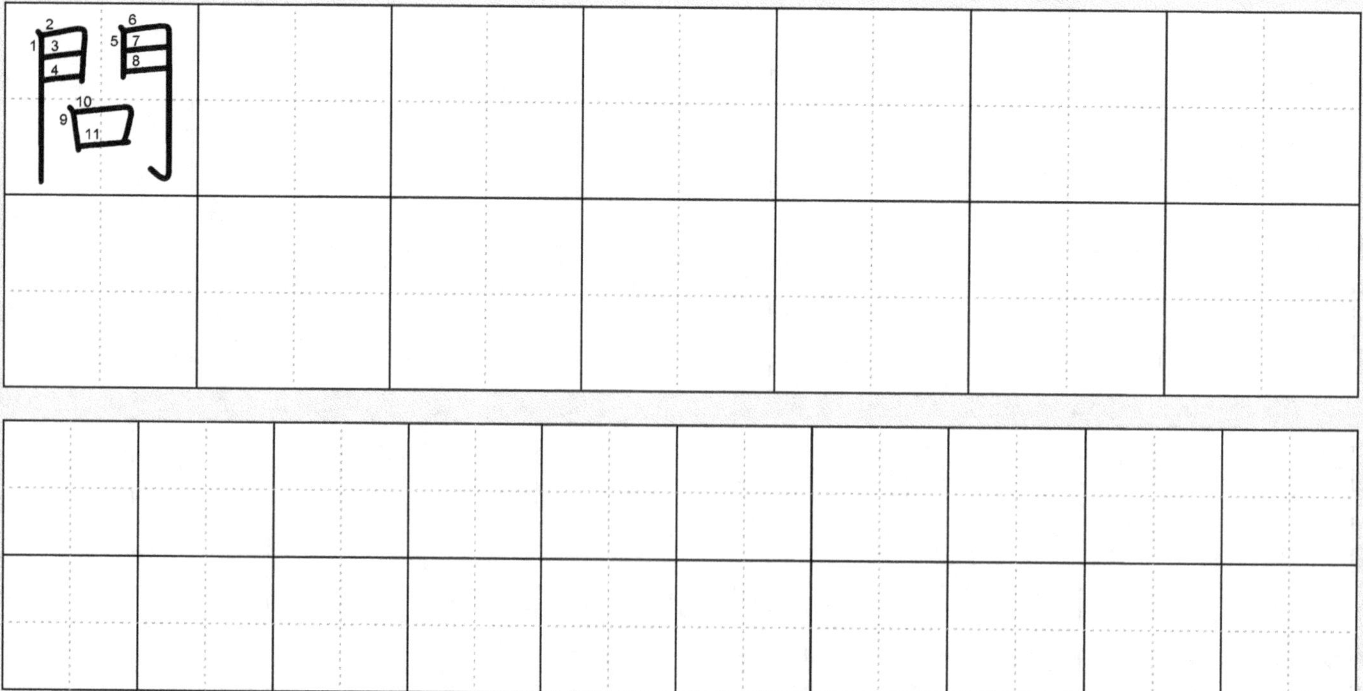

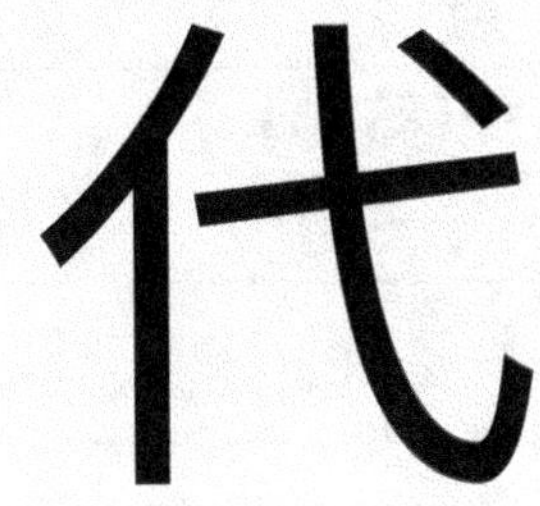

Bedeutung	ersetzen, ändern	Bestandteile	化 弋
Radikal	人 (イ)	Kun'yomi	か(わり)
Striche	5	On'yomi	ダイ

Vokabeln	Bedeutung	Aussprache
代	Gebühr, Kosten, Preis, Generation, Alter	ダイ
代わり	Ersatz, Ersatz, Stellvertreter	かわり
大時代	altmodisch, antiquiert	オオジダイ
希代	unüblich, selten, außergewöhnlich	キタイ

Reihenfolge der Striche

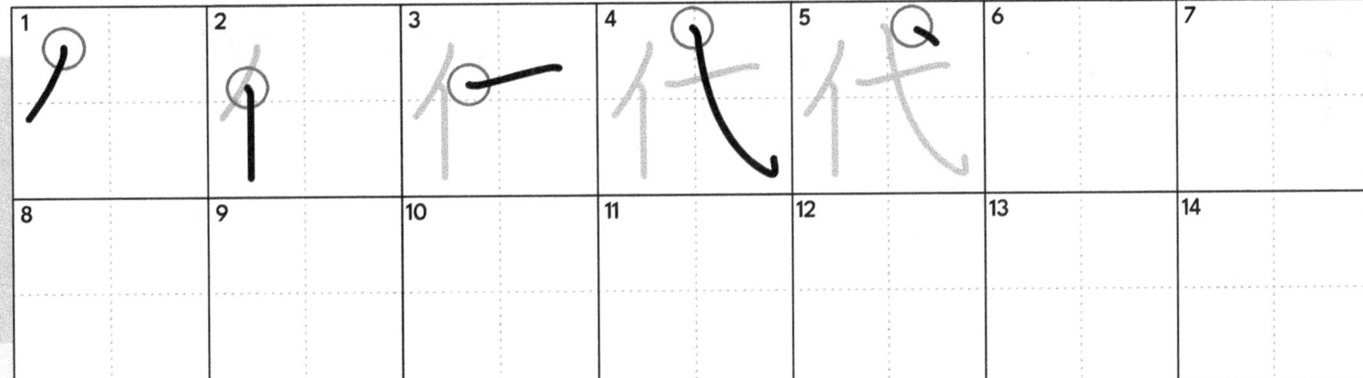

Übung zum Schreiben

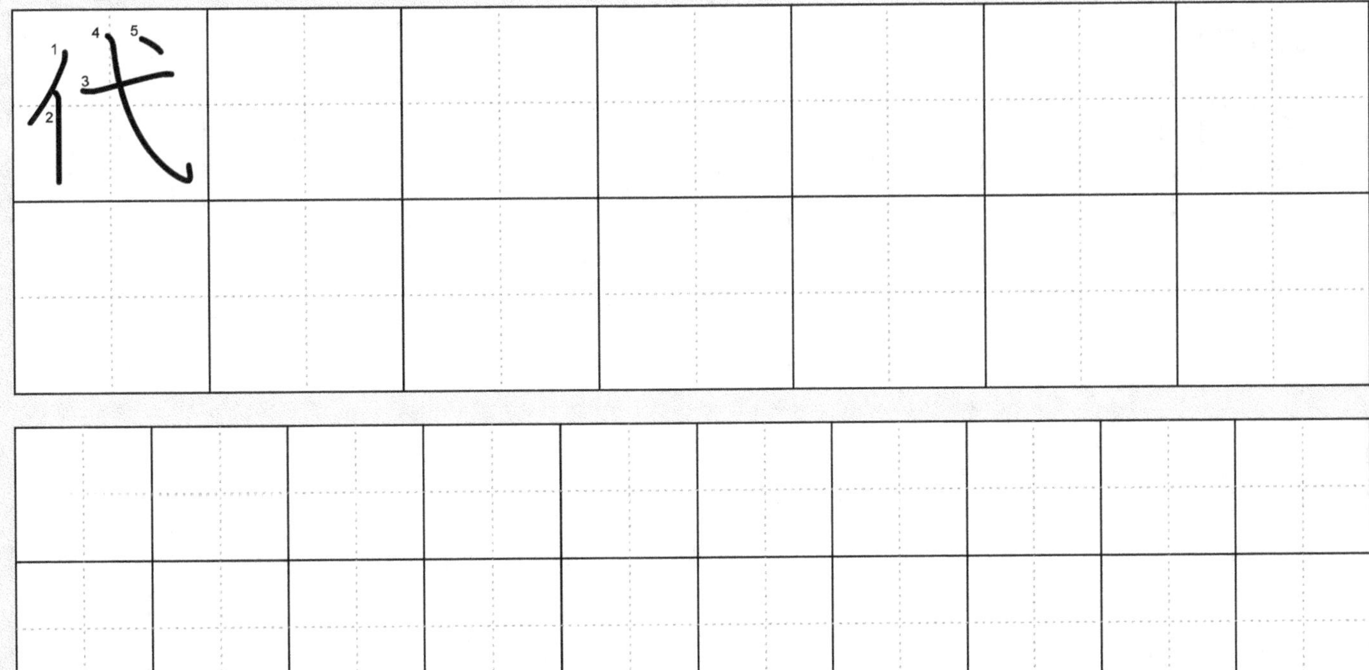

Bedeutung	hell, licht		Bestandteile	日 月
Radikal	日		Kun'yomi	あか(るい)
Striche	8		On'yomi	メイ、ミョウ

Vokabeln	Bedeutung		Aussprache
明かり	*Licht, Beleuchtung, Glühen, Schimmern*		あかり
明るい	*Licht, gut beleuchtet, gut beleuchtet, hell (Farbe)*		あかるい
明	*Helligkeit, Unterscheidungsvermögen, Einsicht*		メイ
光明	*helles Licht, Hoffnung, helle Zukunft*		コウミョウ

Reihenfolge der Striche

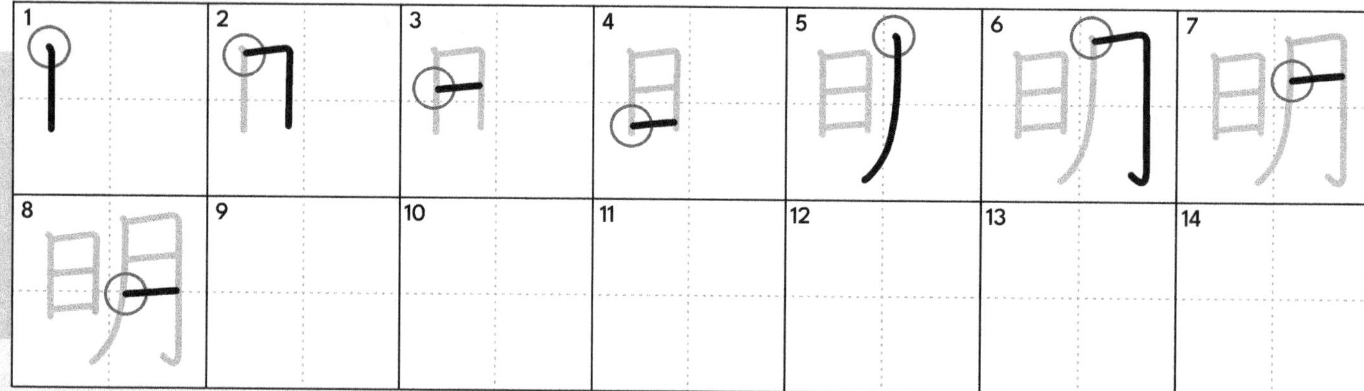

Übung zum Schreiben

Bedeutung	bewegen, Veränderung	Bestandteile	一 丨 ノ カ 日 里
Radikal	力	Kun'yomi	うご.く、うご.かす
Striche	11	On'yomi	ドウ

Vokabeln	Bedeutung		Aussprache
動く	*bewegen, umrühren, verschieben, schütteln*		うごく
動かす	*bewegen, verschieben, rühren, rühren*		うごかす
動	*Bewegung*		ドウ
異動	*(Personal) ändern, übertragen*		イドウ

Reihenfolge der Striche

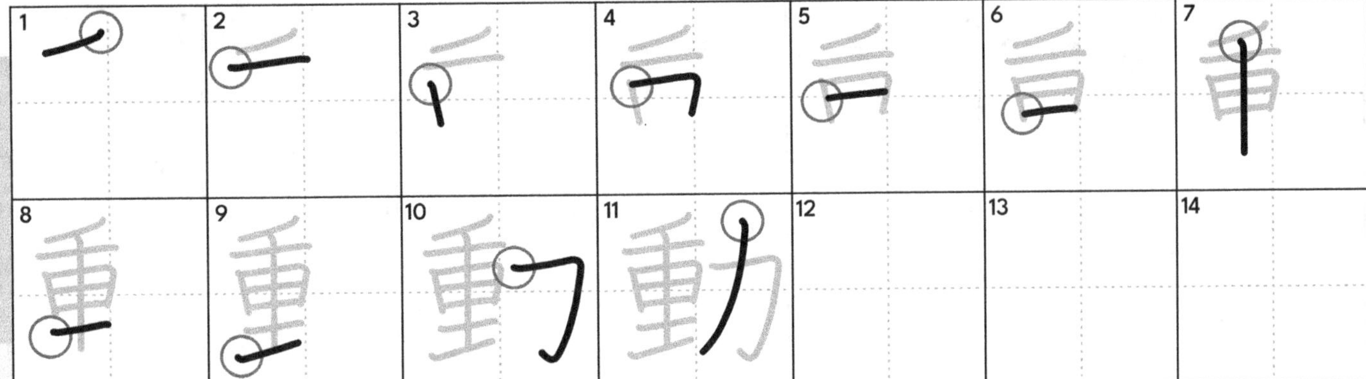

Übung zum Schreiben

京

Bedeutung	Hauptstadt	Bestandteile	亠 口 小
Radikal	亠	Kun'yomi	みやこ
Striche	8	On'yomi	キョウ、ケイ、キン

Vokabeln	Bedeutung		Aussprache
都	*Hauptstadt (insb. Kyoto, ehemalige Hauptstadt)*		みやこ
京	*kaiserliche Hauptstadt (insb. Kyoto)*		キョウ
京都	*Kyoto (Stadt, Präfektur)*		キョウト
英京	*Britische Hauptstadt, London*		エイキョウ

Reihenfolge der Striche

Übung zum Schreiben

Bedeutung	Verkehr, Pendeln	Bestandteile	マ 込 用
Radikal	辵 (辶, 辶)	Kun'yomi	とお(る)、かよ(う)
Striche	10	On'yomi	ツウ

Vokabeln	Bedeutung		Aussprache
通る	*vorbeigehen, vorbeifahren, entlanggehen*		とおる
通り	*Allee, Straße, Weg, Straße*		とおり
通	*Autorität, Experte, Kenner*		ツウ
通う	*hin und her gehen zwischen*		かよう

Reihenfolge der Striche

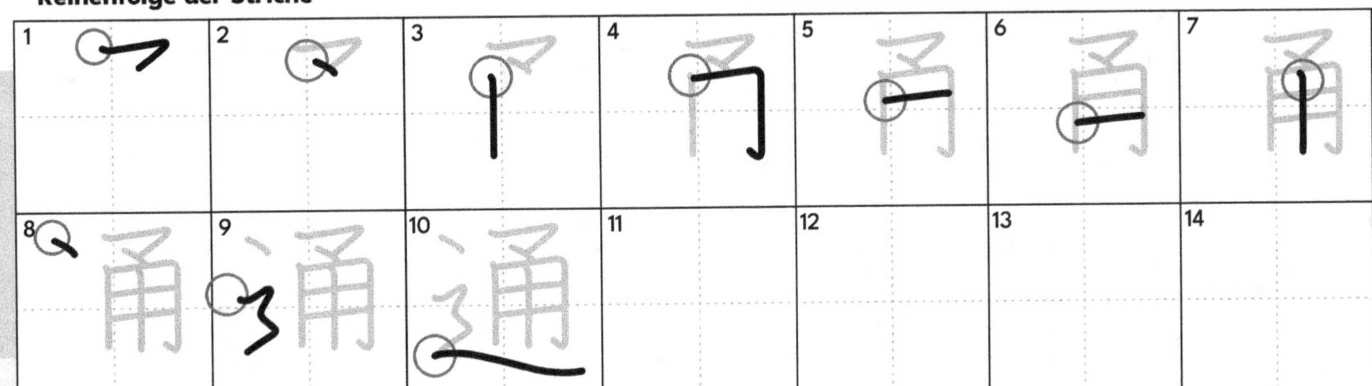

Übung zum Schreiben

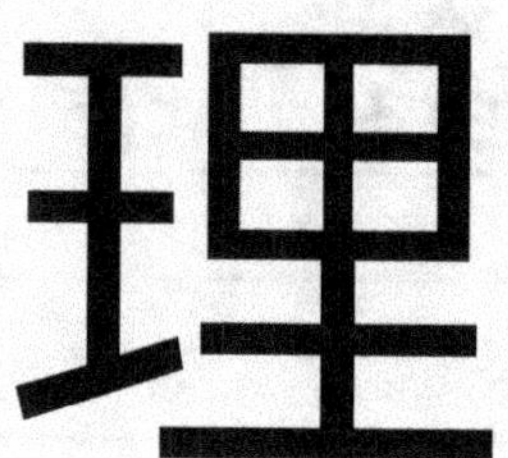

Bedeutung	Anordnung, Grund	Bestandteile	王 里
Radikal	玉 (王)	Kun'yomi	ことわり
Striche	11	On'yomi	リ

Vokabeln	Bedeutung	Aussprache
理	*Vernunft, Logik, Sinn*	ことわり
理	*Vernunft, Prinzip, Logik, allgemeines Prinzip*	リ
理科	*Wissenschaft (inkl. Mathematik, Medizin, etc.)*	リカ
経理	*Buchhaltung, Verwaltung (von Geld)*	ケイリ

Reihenfolge der Striche

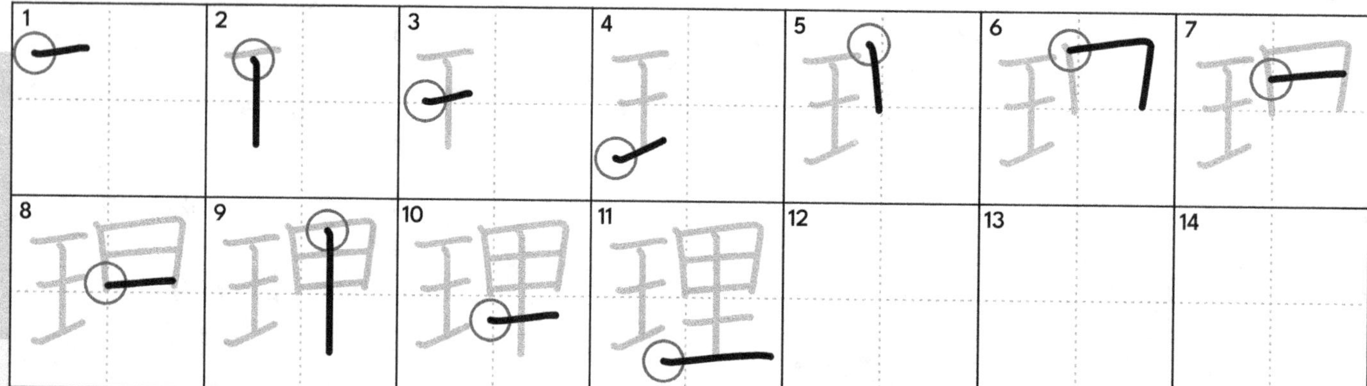

Übung zum Schreiben

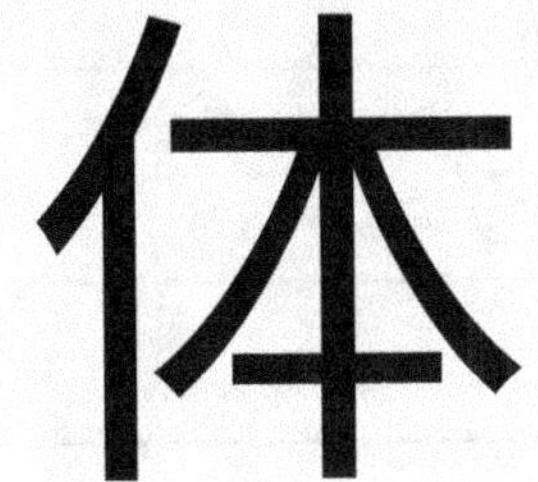

Bedeutung	Körper, Substanz	Bestandteile	一 化 木
Radikal	人 (亻)	Kun'yomi	からだ
Striche	7	On'yomi	タイ

Vokabeln	Bedeutung		Aussprache
体	*Körper, Torso, Rumpf, Körperbau, Physis*		からだ
体	*Körper, Körperbau, Haltung, Gestalt, Form*		タイ
体育	*Leibeserziehung, Sport, Turnhalle (Unterricht)*		タイイク
風体	*Aussehen, Aussehen, Kleid*		フウテイ

Reihenfolge der Striche

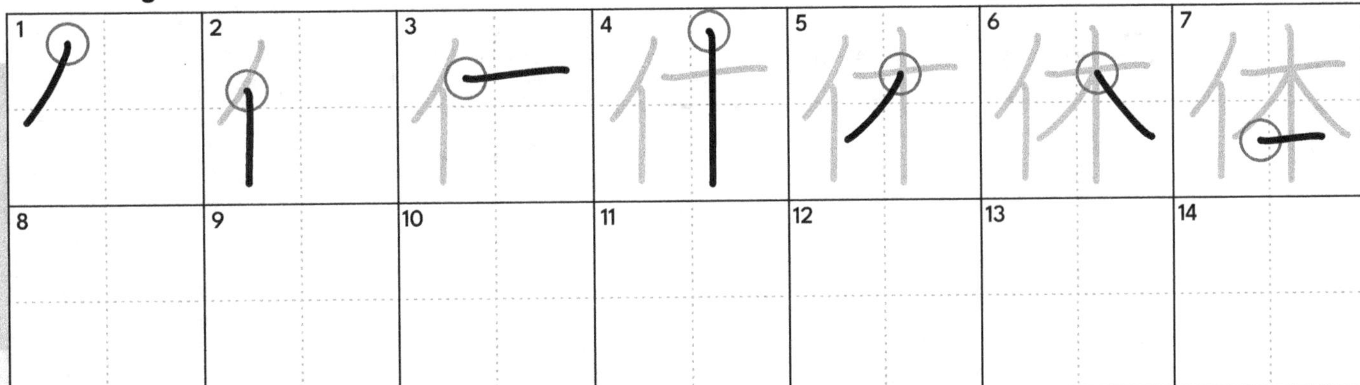

Übung zum Schreiben

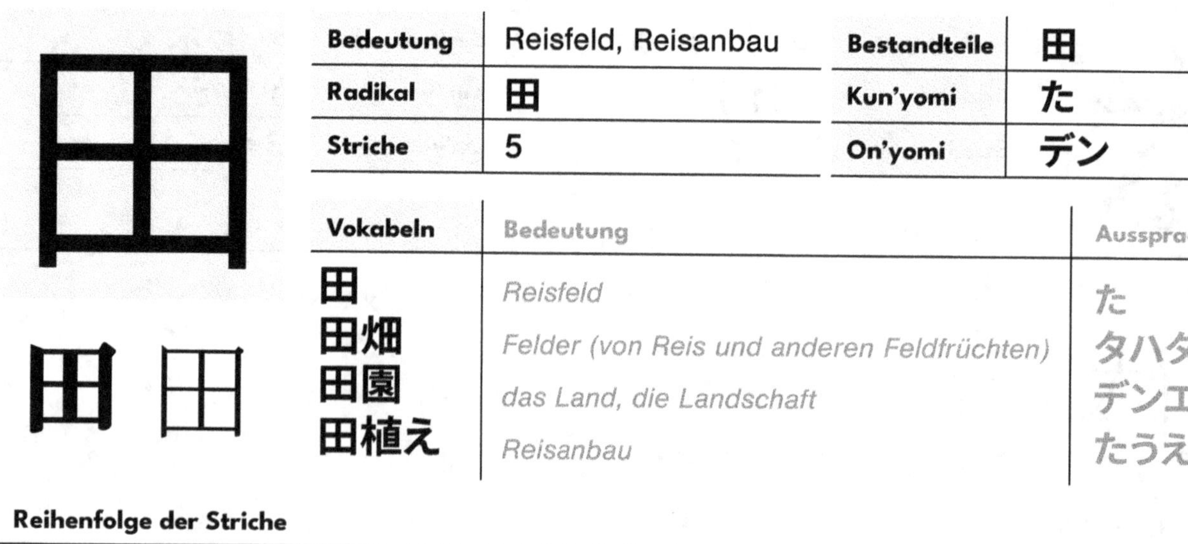

Bedeutung	Reisfeld, Reisanbau	Bestandteile	田
Radikal	田	Kun'yomi	た
Striche	5	On'yomi	デン

Vokabeln	Bedeutung	Aussprache
田	*Reisfeld*	た
田畑	*Felder (von Reis und anderen Feldfrüchten)*	タハタ
田園	*das Land, die Landschaft*	デンエン
田植え	*Reisanbau*	たうえ

Reihenfolge der Striche

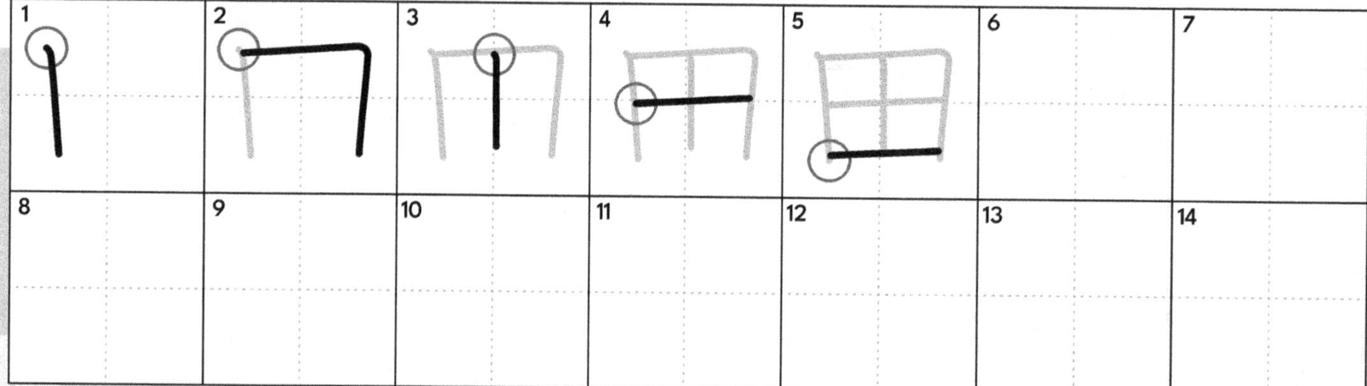

Übung zum Schreiben

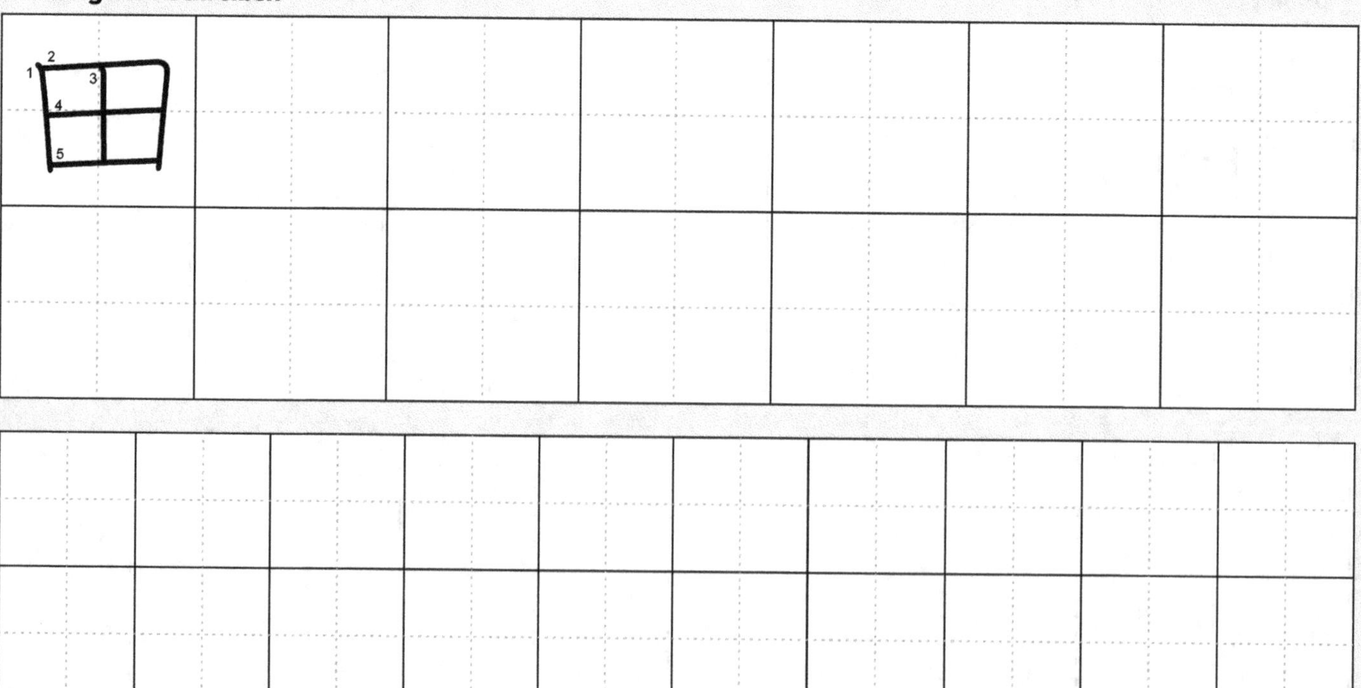

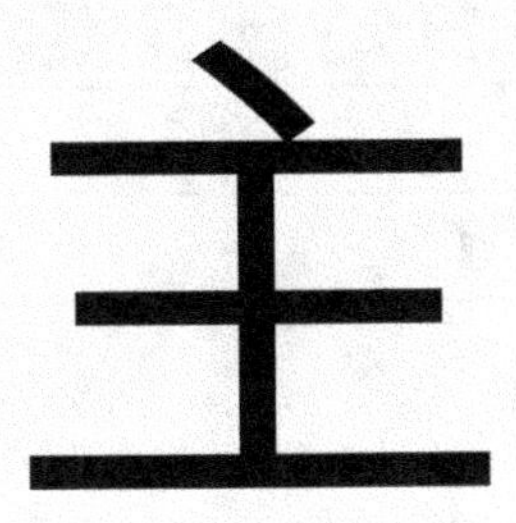

Bedeutung	Herr, Chef, Meister	Bestandteile	一ノ干乞
Radikal	丶	Kun'yomi	ぬし、おも
Striche	5	On'yomi	シュ

Vokabeln	Bedeutung	Aussprache
主	Kopf (eines Haushalts, etc.), Führer, Meister	ぬし
主主	Chef, Hauptsache, Hauptperson, wichtig	おも
主主	(sein) Herr, die Hauptsache, Mehrheit	シュ
主に	hauptsächlich, primär	おもに

Reihenfolge der Striche

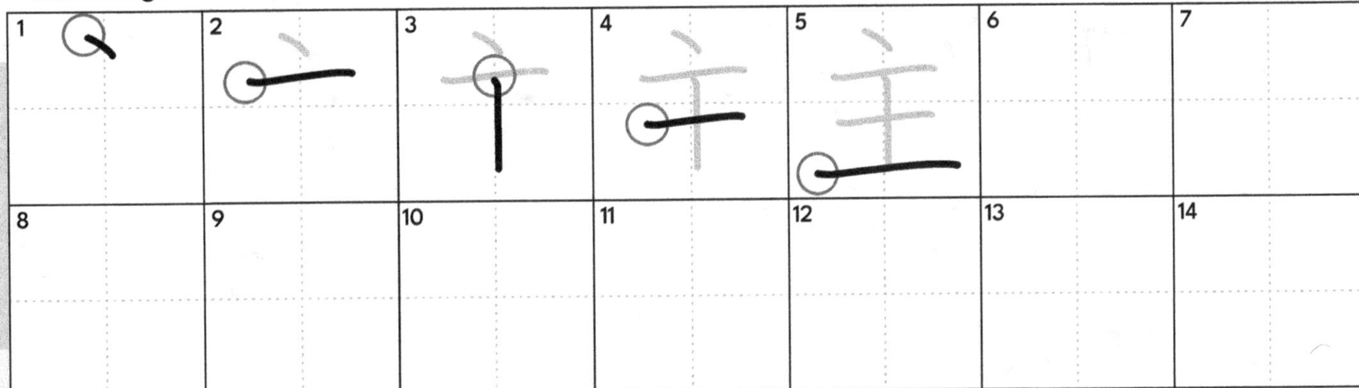

Übung zum Schreiben

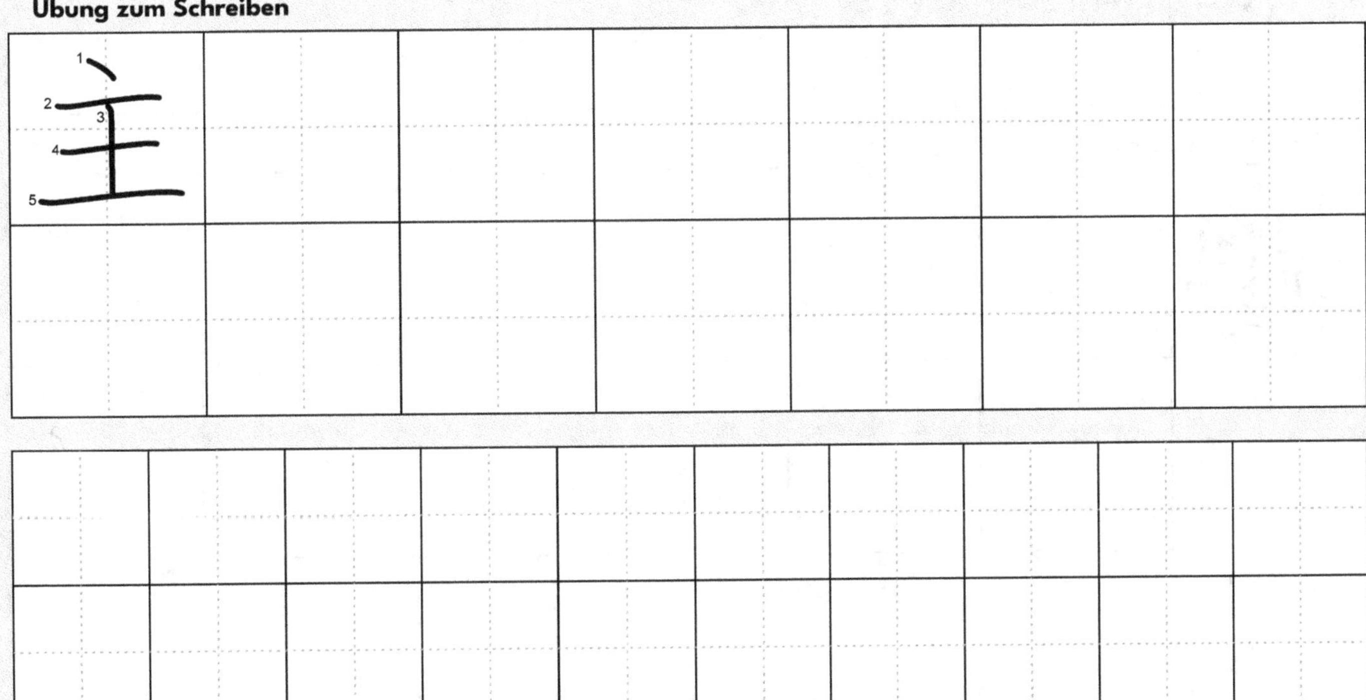

Bedeutung	Thema, Gegenstand	Bestandteile	八 日 疋 目 貝 頁
Radikal	頁	Kun'yomi	
Striche	18	On'yomi	ダイ

Vokabeln	Bedeutung		Aussprache
題	*Titel, Thema*		ダイ
題材	*Thema*		ダイザイ
表題	*Titel, Index, Überschrift, Schlagzeile*		ヒョウダイ
命題	*Satz, These, Begriff, Theorie*		メイダイ

Reihenfolge der Striche

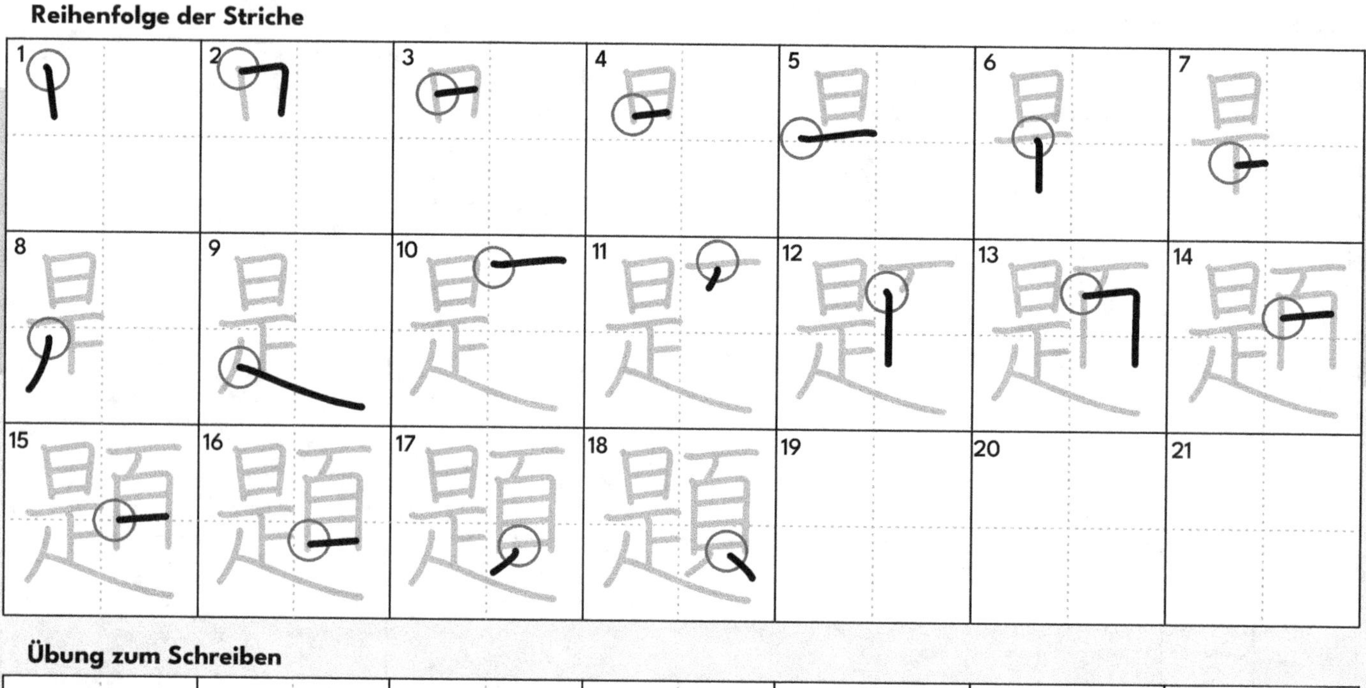

Übung zum Schreiben

Bedeutung	Idee, Geist, Herz	Bestandteile	心 日 立 音
Radikal	心 (忄, 小)	Kun'yomi	
Striche	13	On'yomi	イ

Vokabeln	Bedeutung		Aussprache
意	*Gefühle, Gedanken, Bedeutung*		イ
意外	*unerwartet, überraschend*		イガイ
賛意	*Zustimmung, Einverständnis*		サンイ
総意	*Konsens, kollektiver Wille*		ソウイ

Reihenfolge der Striche

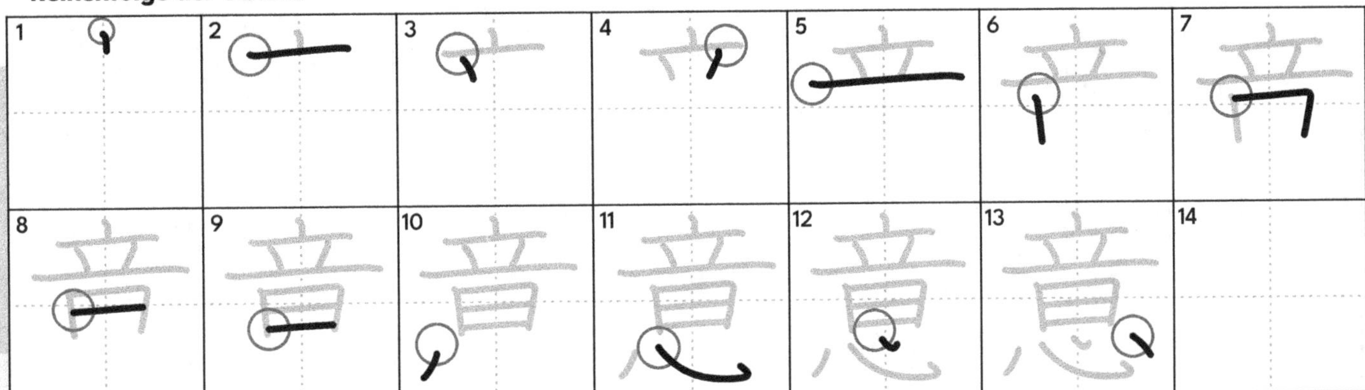

Übung zum Schreiben

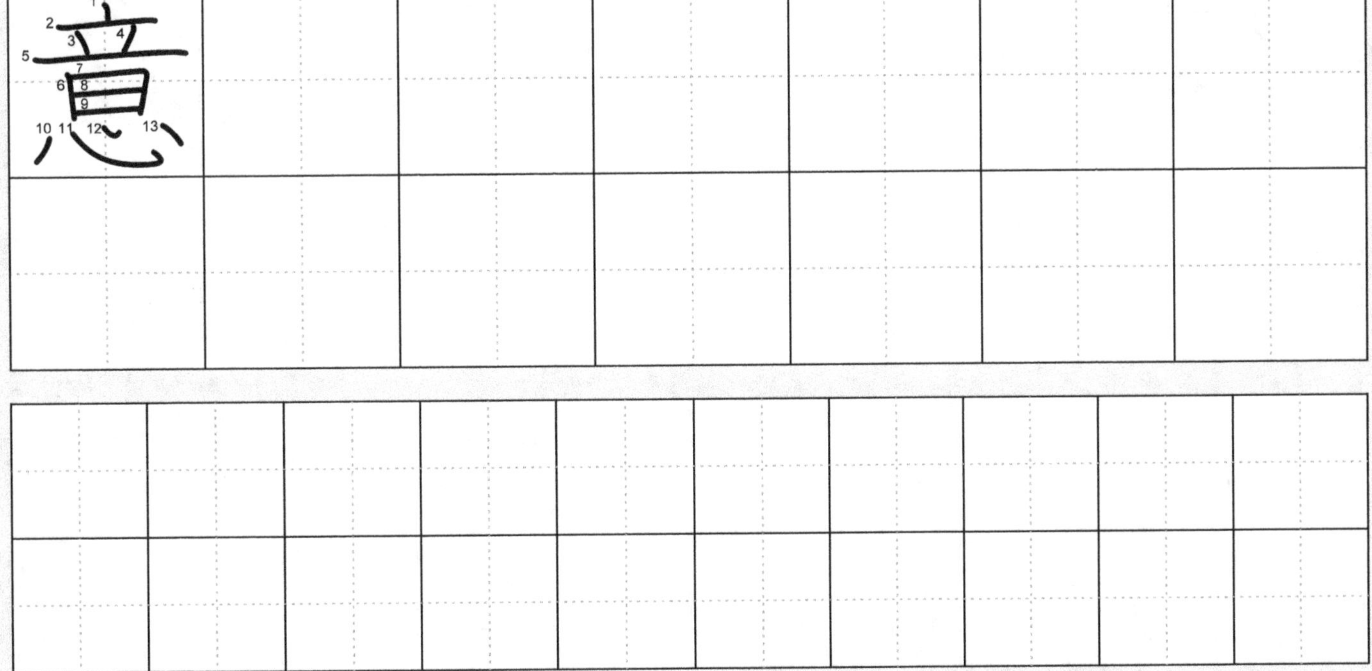

不

Bedeutung	negativ, schlecht	Bestandteile	一 丨 丶 ノ
Radikal	一	Kun'yomi	
Striche	4	On'yomi	フ、ブ

Vokabeln	Bedeutung	Aussprache
不	*un-, nicht, negative Vorsilbe*	フ
不安	*Angst, Unbehagen, Sorge*	フアン
意味不	*von ungewisser Bedeutung, mehrdeutig*	イミフ
不気味	*unheimlich, bedrohlich*	ブキミ

Reihenfolge der Striche

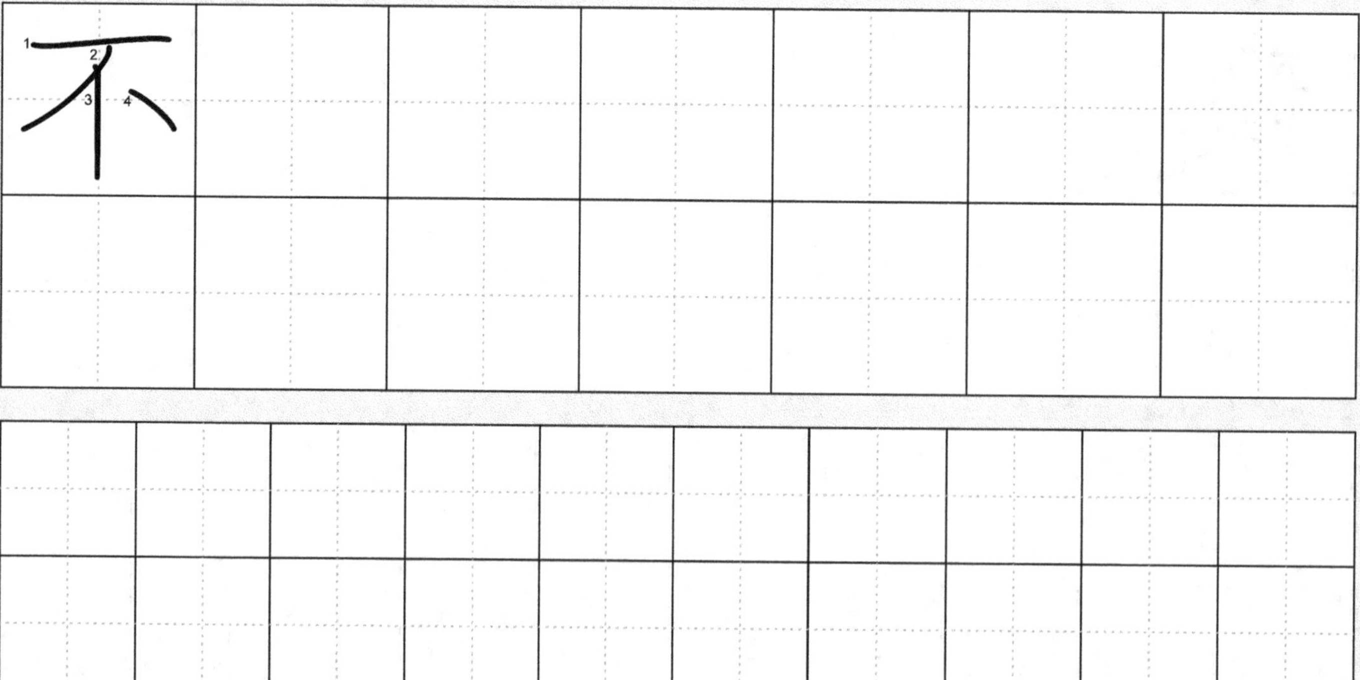

Übung zum Schreiben

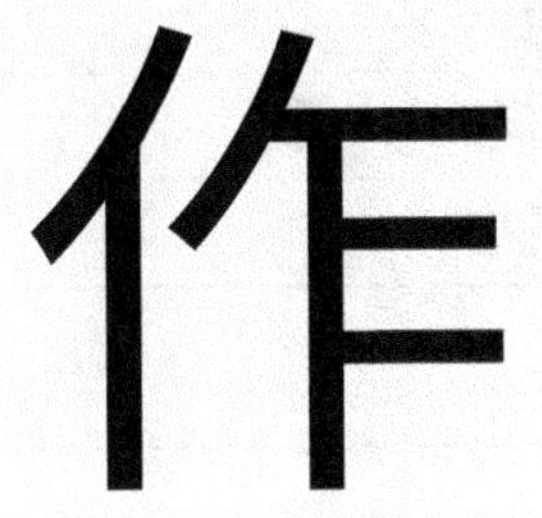

Bedeutung	machen, vorbereiten	**Bestandteile**	一丨ノ化乞
Radikal	人（イ）	**Kun'yomi**	つく(る)
Striche	7	**On'yomi**	サク、サ

Vokabeln	Bedeutung	Aussprache
作る	machen, produzieren, herstellen	つくる
作	Arbeit (z.B. Kunst), Produktion	サク
作業	Arbeit, Betrieb, Aufgabe	サギョウ
作る	aufziehen, züchten, kultivieren, ausbilden	つくる

Reihenfolge der Striche

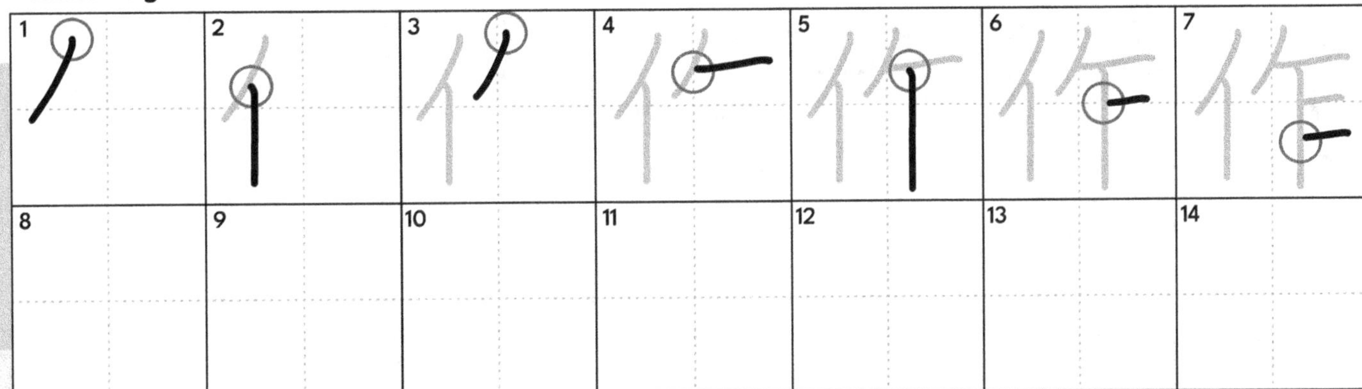

Übung zum Schreiben

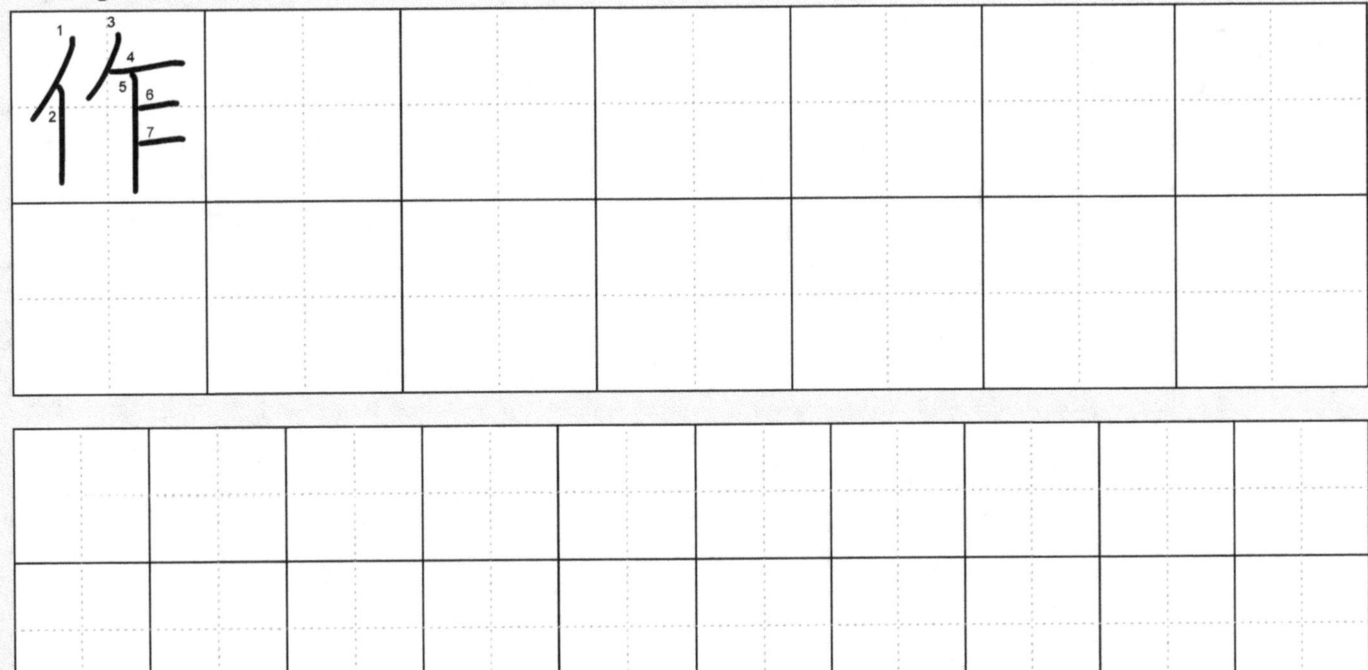

Bedeutung	Dienst, verwenden	Bestandteile	用
Radikal	用 (甩)	Kun'yomi	もち(いる)
Striche	5	On'yomi	ヨウ

Vokabeln	Bedeutung		Aussprache
用いる	verwenden, nutzen, ausnutzen		もちいる
用	Geschäft, Aufgabe, Besorgung, Engagement		ヨウ
登用	Ernennung, Zuweisung, Beförderung		トウヨウ
用意	Vorbereitung, Vorkehrungen		ヨウイ

Reihenfolge der Striche

Übung zum Schreiben

Bedeutung	Auftreten, Zeit	Bestandteile	一 又 广 口
Radikal	广	Kun'yomi	たび、た(い)
Striche	9	On'yomi	ド、タク

Vokabeln	Bedeutung		Aussprache
度	*Zeit (dreimal, jedes Mal, usw.)*		たび
度	*Grad (Winkel, Temperatur, usw.), Ausmaß*		ド
法度	*Gesetz, Verbot, Verbot, Verordnung*		ハット
中度	*auf halbem Weg (durch), auf halbem Weg*		なかたび

Reihenfolge der Striche

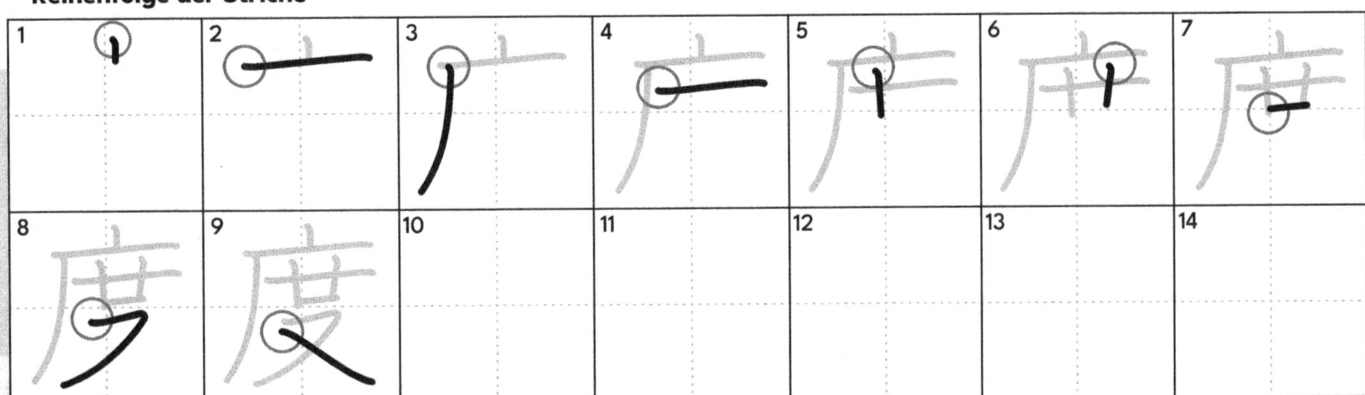

Übung zum Schreiben

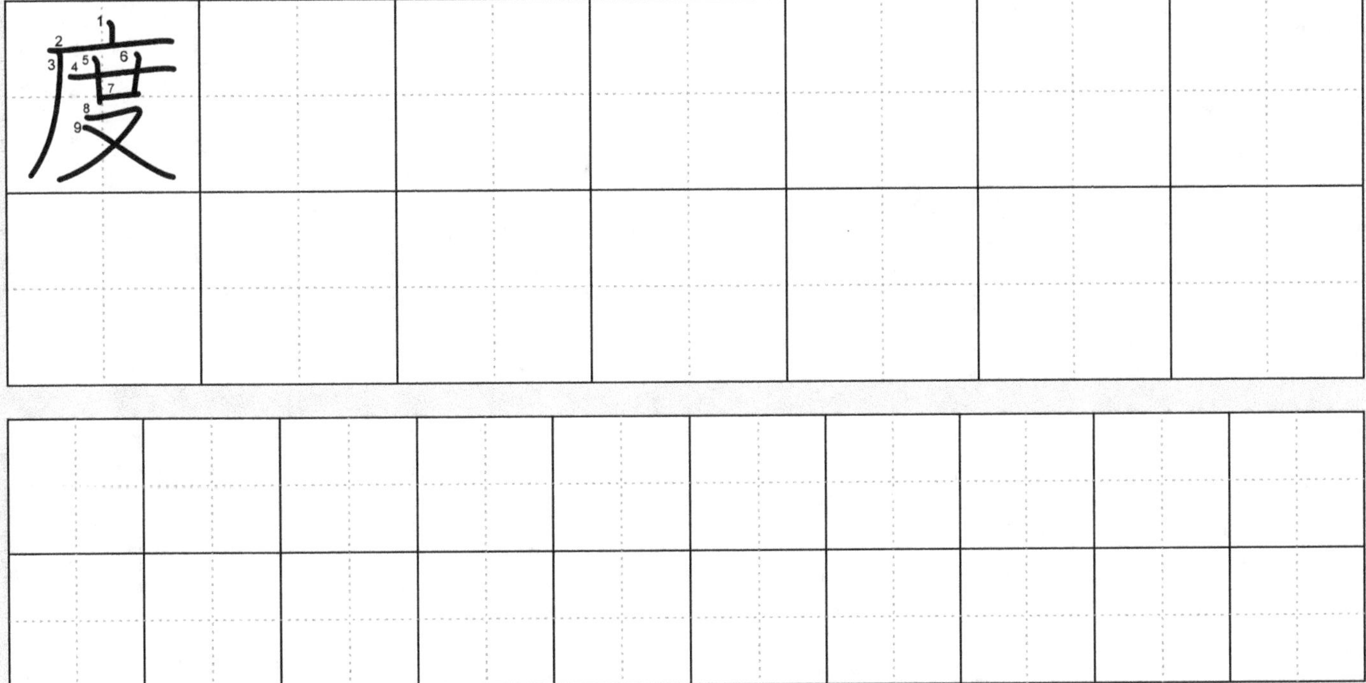

強

Bedeutung	stark		Bestandteile	ム 弓 虫
Radikal	弓		Kun'yomi	つよ(い)
Striche	11		On'yomi	キョウ、ゴウ

Vokabeln	Bedeutung	Aussprache
強い	stark, potent, kompetent, geschickt, kenntnisreich, in der Lage sein, mit ein wenig mehr als, Stärke, einer der größten	つよい
強		キョウ
強盗	Räuber, Straßenräuber, Raub, Einbruch	ゴウトウ

Reihenfolge der Striche

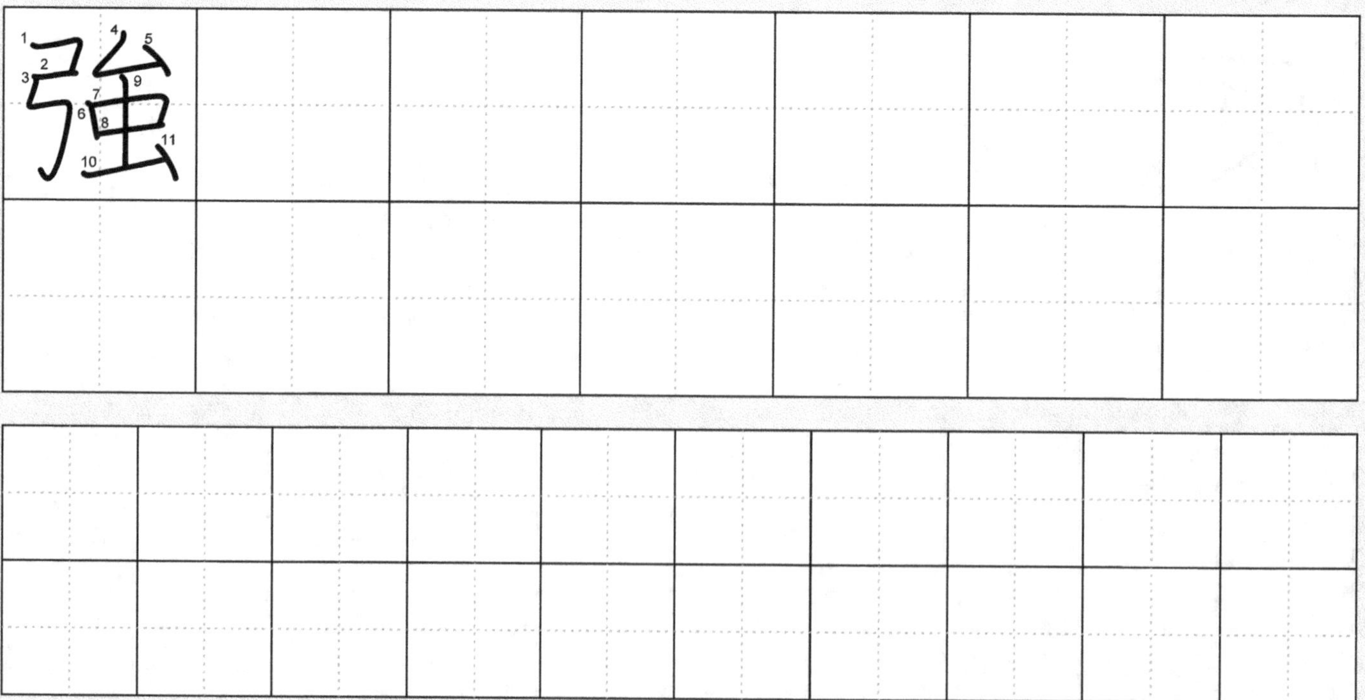

Übung zum Schreiben

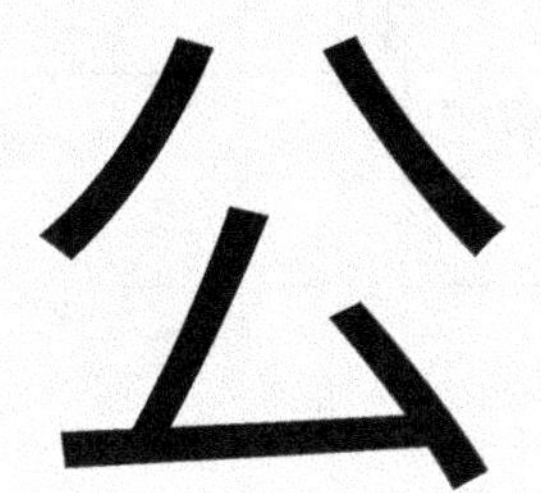

Bedeutung	öffentlich, offiziell	**Bestandteile**	ハ ム
Radikal	八	**Kun'yomi**	おおやけ
Striche	4	**On'yomi**	コウ

Vokabeln	Bedeutung	Aussprache
公	*offiziell, formell, öffentlich (Verwendung, usw.)*	おおやけ
公公	*öffentliche Angelegenheit, Regierungsangelegenheit*	コウ
公廨	*Regierungsamt*	クガイ
王侯	*König und Prinzen, Adel*	オウコウ

Reihenfolge der Striche

Übung zum Schreiben

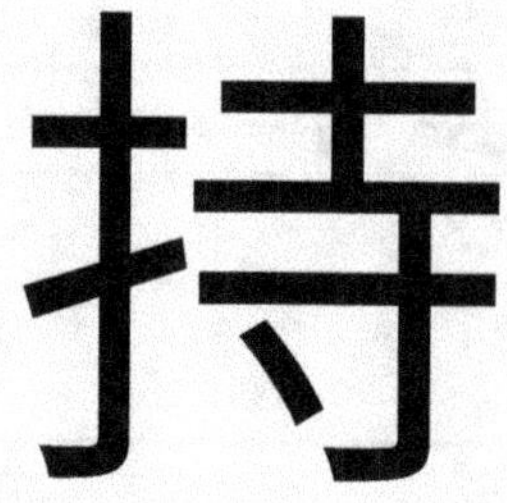

Bedeutung	halten, haben	Bestandteile	土 寸 扎
Radikal	手 (扌 扌)	Kun'yomi	も(つ)
Striche	9	On'yomi	ジ

Vokabeln	Bedeutung	Aussprache
持つ	*(in der Hand) halten, nehmen/tragen*	もつ
持久	*Ausdauer, Beharrlichkeit*	ジキュウ
持	*Unentschieden (in einem Wettbewerb), Gleichstand*	ジ
持てる	*willkommen sein, beliebt sein*	もてる

Reihenfolge der Striche

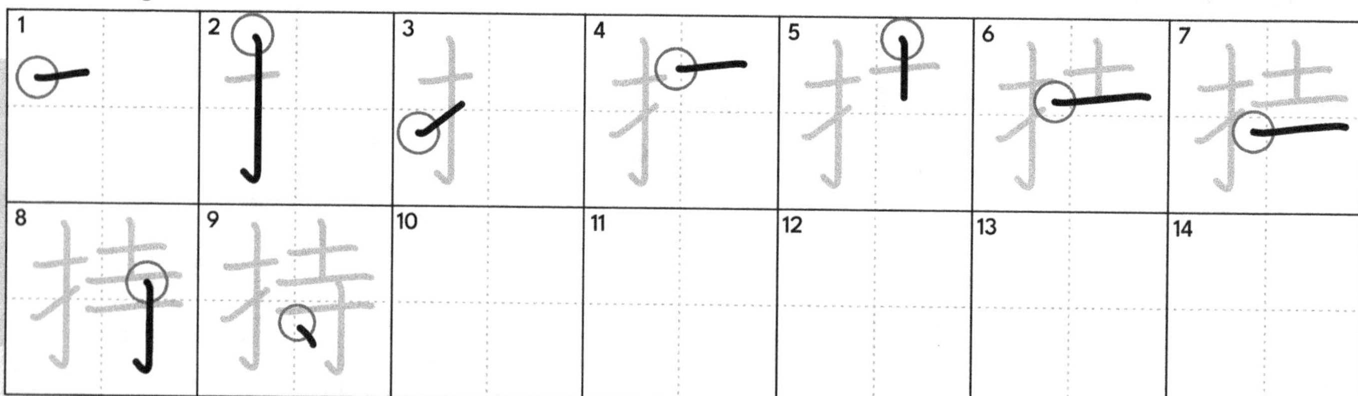

Übung zum Schreiben

Bedeutung	Ebenen, Feld, rustikal	Bestandteile	亅 矛 里
Radikal	里	Kun'yomi	の
Striche	11	On'yomi	ヤ

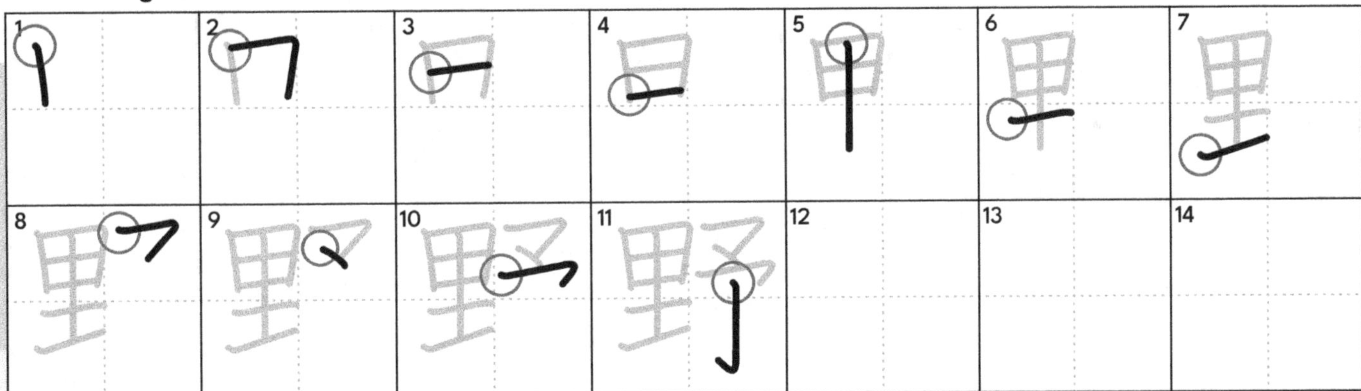

Vokabeln	Bedeutung	Aussprache
野	Ebene, Feld, wild	の
野	Ebene, Feld, verstecktes (Bau-)Element	ノ
野外	im Freien, außerhalb, im Freien	ヤガイ
在野	außer Amt, außer Kraft	ザイヤ

Reihenfolge der Striche

Übung zum Schreiben

Bedeutung	weil, denn	Bestandteile	丨 、人
Radikal	人（亻）	Kun'yomi	もっ(て)
Striche	5	On'yomi	イ

Vokabeln	Bedeutung		Aussprache
以て	*mit, durch, mit Hilfe von, aufgrund von*		もって
以降	*am und nach, von … an*		イコウ
以下	*nicht mehr als …*		イカ

Reihenfolge der Striche

1	2	3	4	5	6	7

8	9	10	11	12	13	14

Übung zum Schreiben

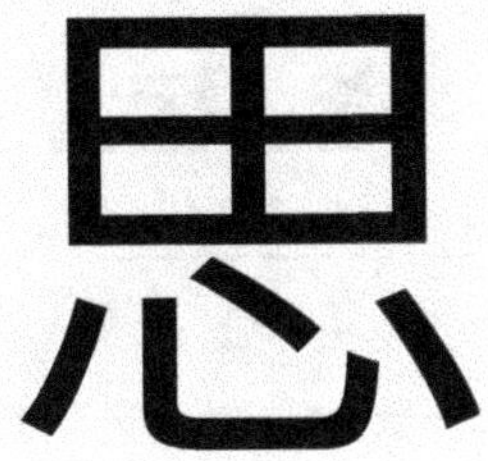

Bedeutung	denken	Bestandteile	心 田
Radikal	心 (忄, 小)	Kun'yomi	おも(う)
Striche	9	On'yomi	シ

Vokabeln	Bedeutung		Aussprache
思う	*denken, überlegen, glauben*		おもう
思考	*Gedanke, Überlegung, Denken*		シコウ
相思	*gegenseitige Zuneigung, gegenseitige Liebe*		ソウシ
哀思	*trauriges Gefühl*		アイシ

Reihenfolge der Striche

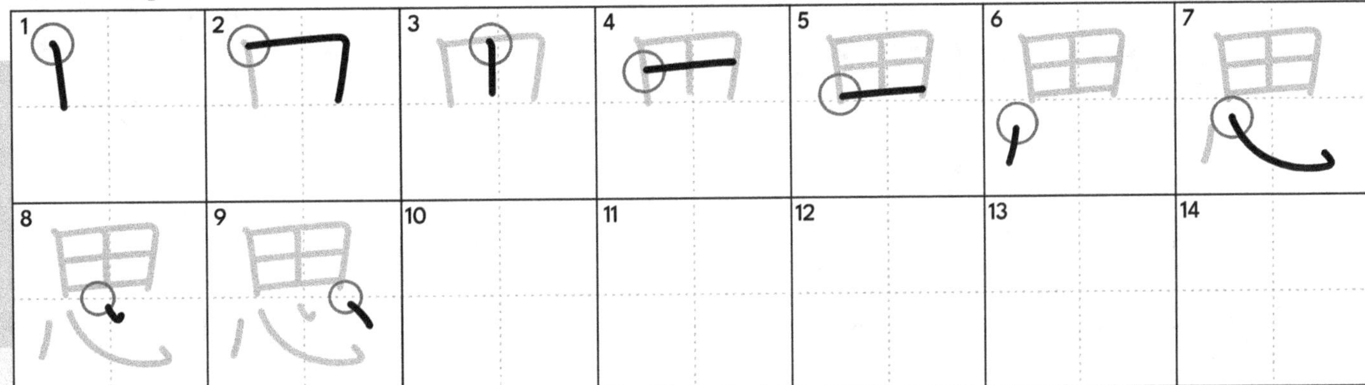

Übung zum Schreiben

Bedeutung	Haus, Heimat, Familie	Bestandteile	人
Radikal	宀	Kun'yomi	いえ、や、うち
Striche	10	On'yomi	カ

Vokabeln	Bedeutung		Aussprache
家	*Haus, Wohnsitz, Wohnung, Familie*		いえ
家主	*Vermieter, Vermieterin, Hausbesitzer*		やぬし
家	*Haus, sein Haus, seine Familie*		うち

Reihenfolge der Striche

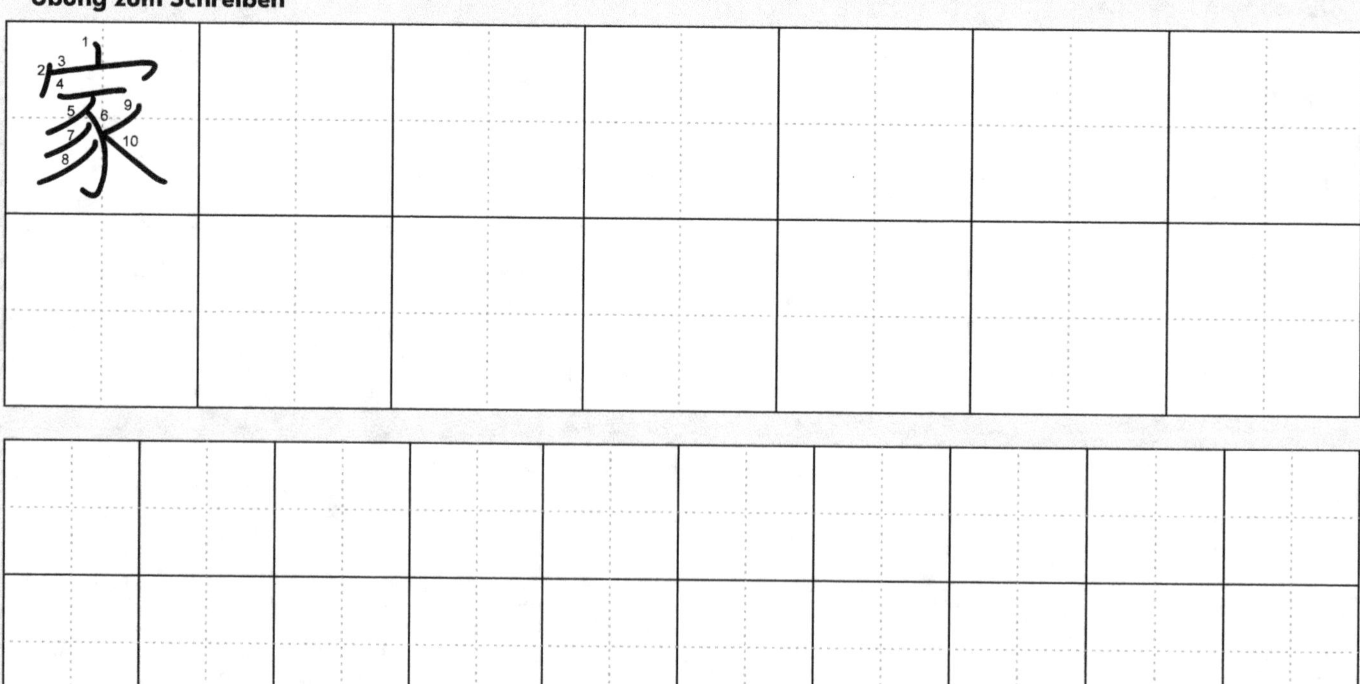

Übung zum Schreiben

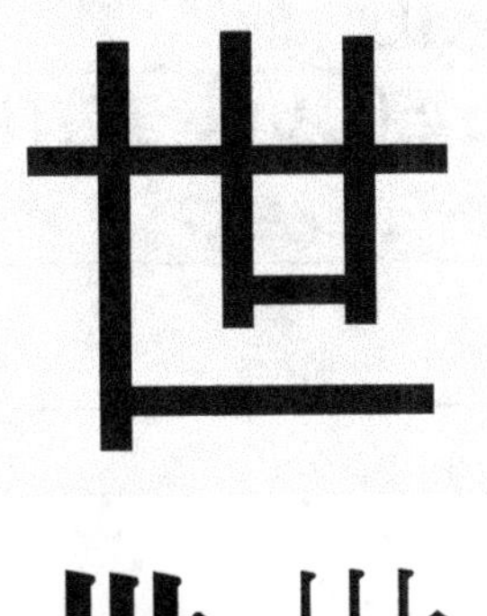

Bedeutung	Gesellschaft, Welt	Bestandteile	一 ｜ 世
Radikal	一	Kun'yomi	よ
Striche	5	On'yomi	セイ、セ

Vokabeln	Bedeutung	Aussprache
世	Welt, Gesellschaft, Öffentlichkeit, Leben	よ
世世	zähler für generationen, epoche	セイ
世の中	die Gesellschaft, die Welt, die Zeit	よのなか
夜店	Nachtbude, Nachtladen, Nachtmarkt	ヨミセ

Reihenfolge der Striche

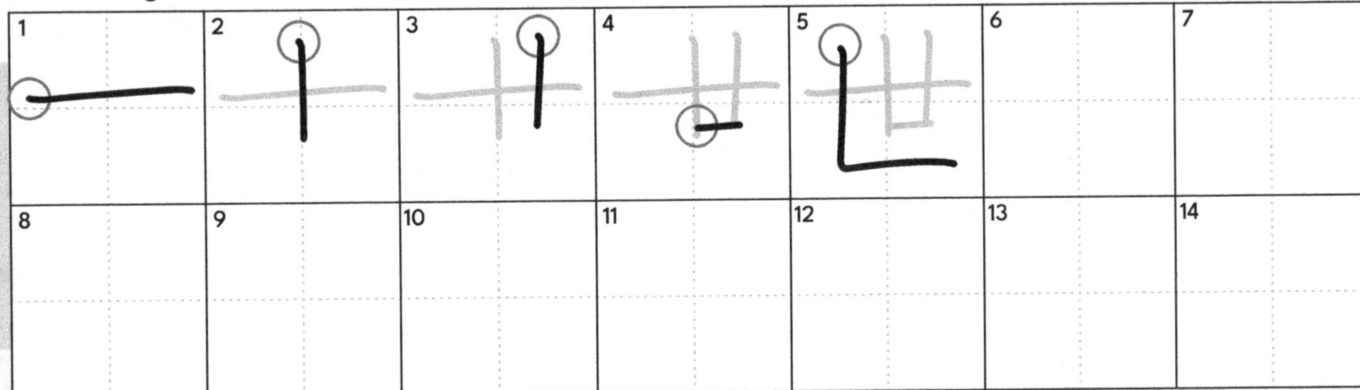

Übung zum Schreiben

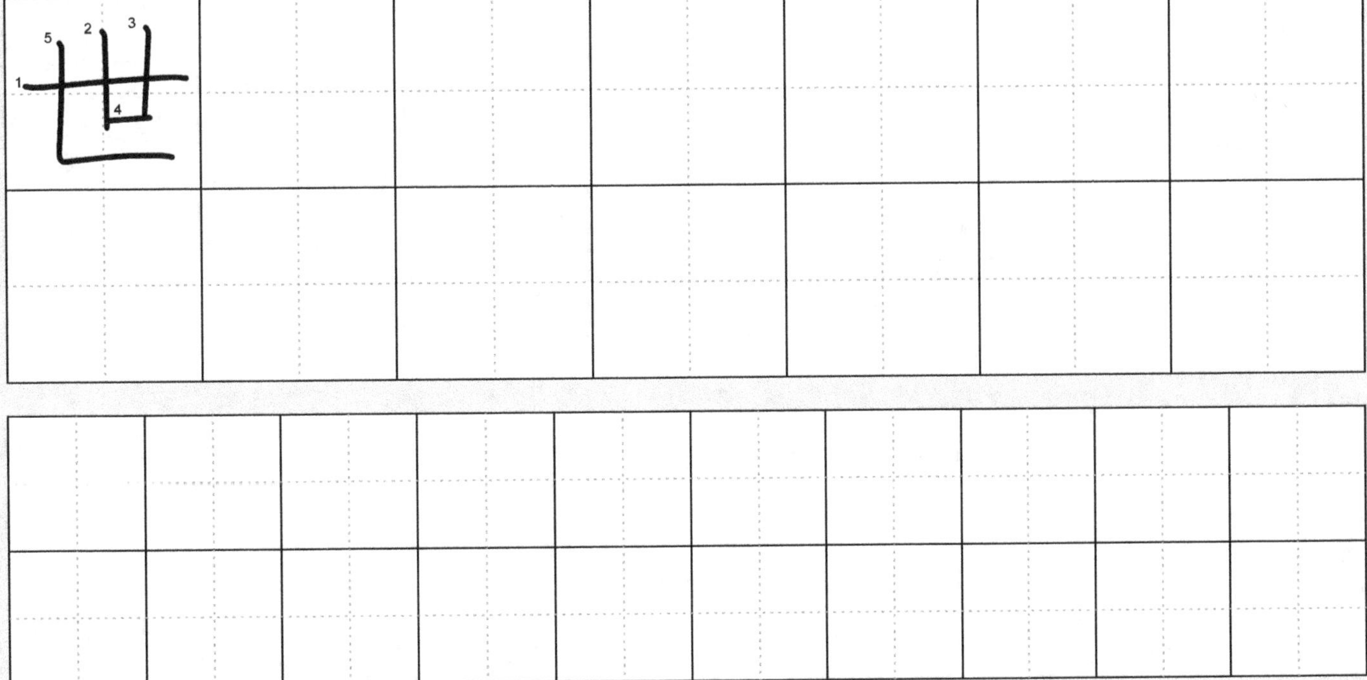

Bedeutung	Recht, Gerechtigkeit	Bestandteile	一 止
Radikal	止	Kun'yomi	ただ(しい)、まさ(に)
Striche	5	On'yomi	セイ、ショウ

Vokabeln	Bedeutung	Aussprache
正しい	*richtig, korrekt, angemessen, ehrlich*	ただしい
正	*(logisch) wahr, regelmäßig*	セイ
正解	*richtige Antwort, richtige Lösung*	セイカイ
正(に)	*genau, exakt*	まさ(に)

Reihenfolge der Striche

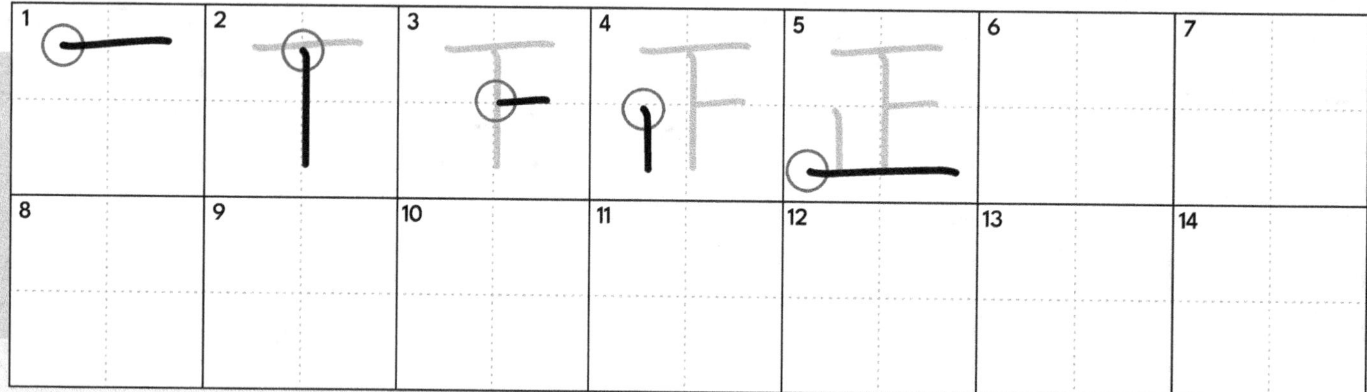

Übung zum Schreiben

院

院 院

Bedeutung	Tempel, Schule	Bestandteile	二 ル 宀 阸 元
Radikal	阜 (阝)	Kun'yomi	
Striche	10	On'yomi	イン

Vokabeln	Bedeutung	Aussprache
院	*Parlament (Kongress, usw.), Graduiertenschule, Postgraduiertenschule*	イン
院長	*Direktor (eines Krankenhauses, einer Einrichtung, usw.)*	インチョウ

Reihenfolge der Striche

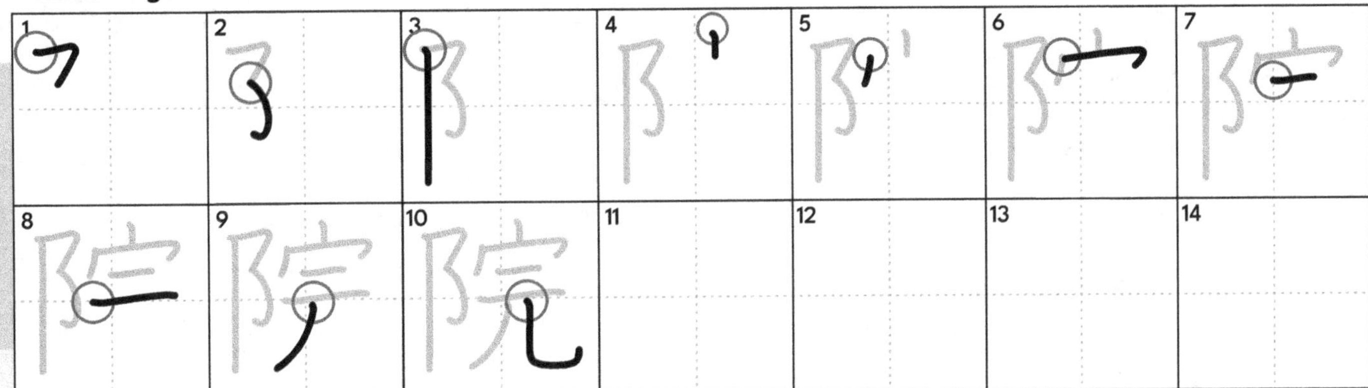

Übung zum Schreiben

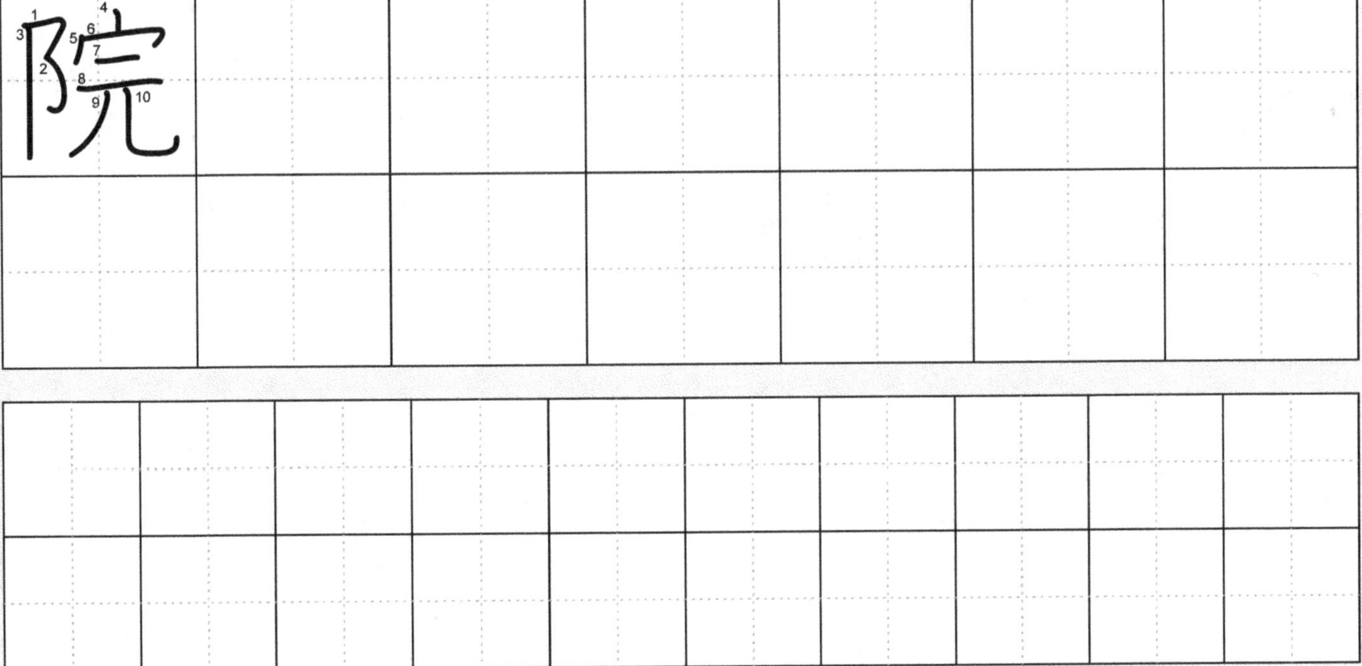

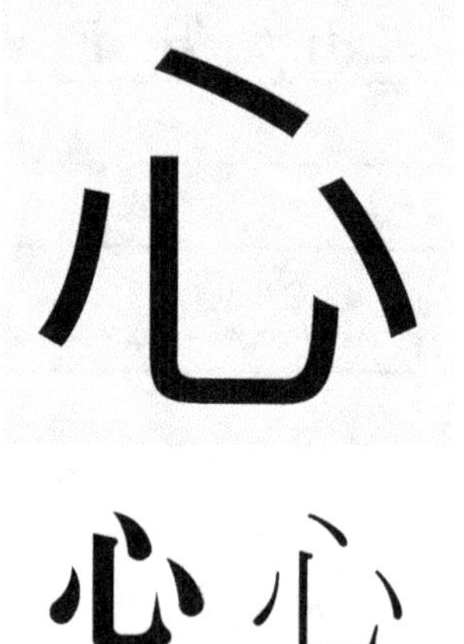

Bedeutung	Herz, Verstand, Geist	Bestandteile	心
Radikal	心 (忄, 小)	Kun'yomi	こころ
Striche	4	On'yomi	シン

Vokabeln	Bedeutung		Aussprache
心	Verstand, Herz, Geist, die Bedeutung einer Phrase		こころ
心	Herz, Verstand, Geist, Vitalität, innere Stärke		シン
我が心	mein Herz		わがこころ
会心	Sympathie, Zufriedenheit, Befriedigung		カイシン

Reihenfolge der Striche

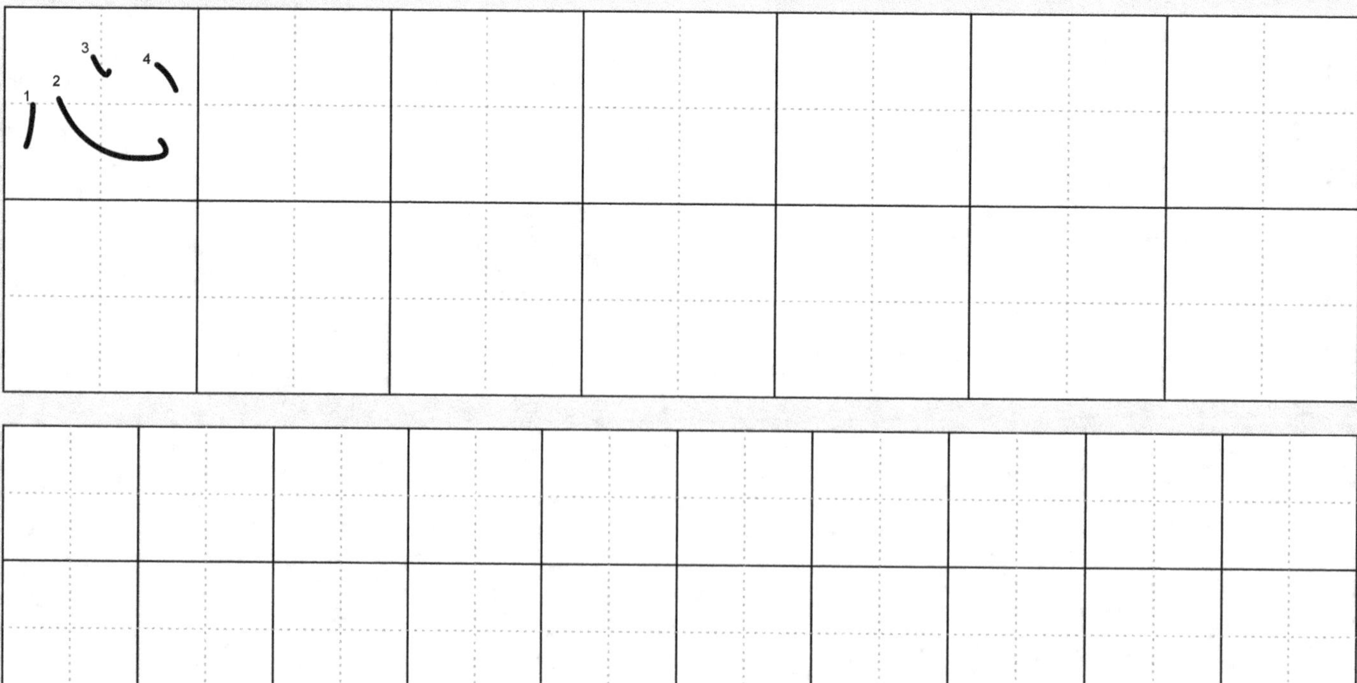

Bedeutung	Welt, Grenze	Bestandteile	个 儿 田
Radikal	田	Kun'yomi	
Striche	9	On'yomi	カイ

Vokabeln	Bedeutung		Aussprache
界	gemeinschaft, kreise, welt, königreich		カイ
界隈	nachbarschaft		カイワイ
球界	die Baseball-Welt		キュウカイ
経済界	Wirtschaftswelt, Finanzkreise		ケイザイカイ

Reihenfolge der Striche

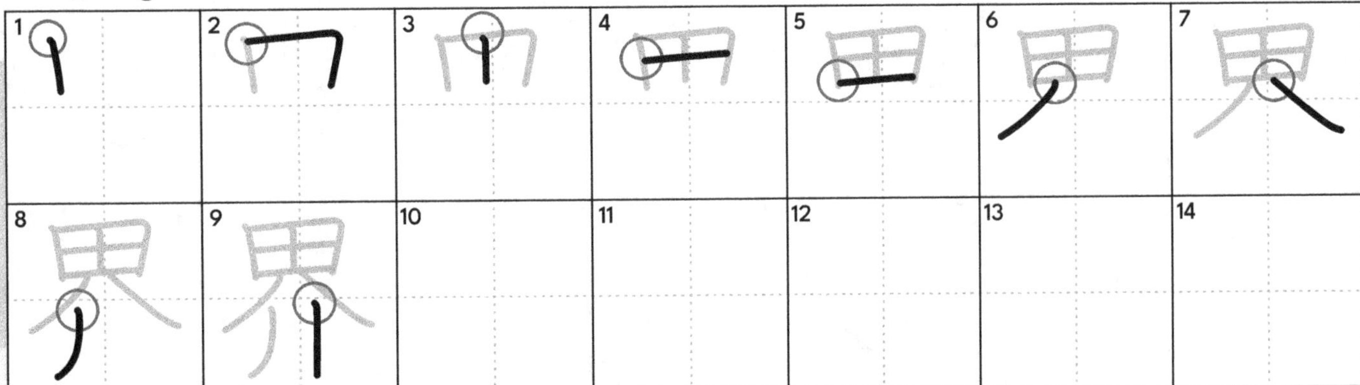

Übung zum Schreiben

Bedeutung	lehren, glauben	Bestandteile	子 老 乞 攵
Radikal	攴 (攵)	Kun'yomi	おし(える)、おそ(わる)
Striche	11	On'yomi	キョウ

Vokabeln	Bedeutung	Aussprache
教える	*lehren, anweisen, erzählen*	おしえる
教わる	*gelehrt werden, lernen*	おそわる
教育	*Erziehung, Bildung, Ausbildung*	キョウイク
政教	*Religion und Politik, Kirche und Staat*	セイキョウ

Reihenfolge der Striche

Übung zum Schreiben

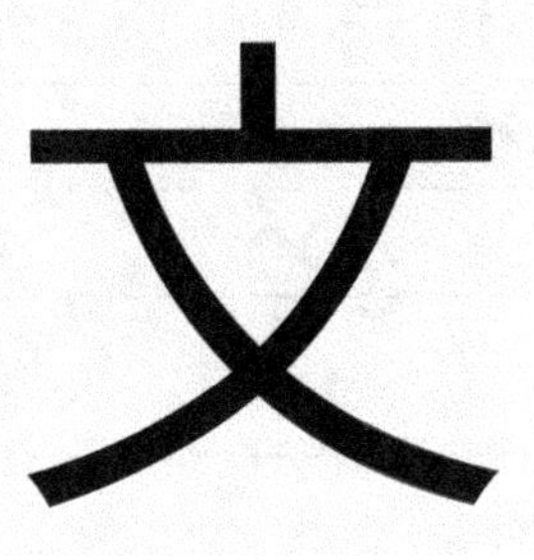

Bedeutung	Satz, Literatur	Bestandteile	文
Radikal	文	Kun'yomi	ふみ
Striche	4	On'yomi	ブン、モン

Vokabeln	Bedeutung	Aussprache
文	Brief, Schriftstücke	ふみ
文	Satz, Zusammensetzung, Text	ブン
文化	Kultur, Zivilisation, Zivilisation	ブンカ
文	Brief, Charakter, Satz	モン

Reihenfolge der Striche

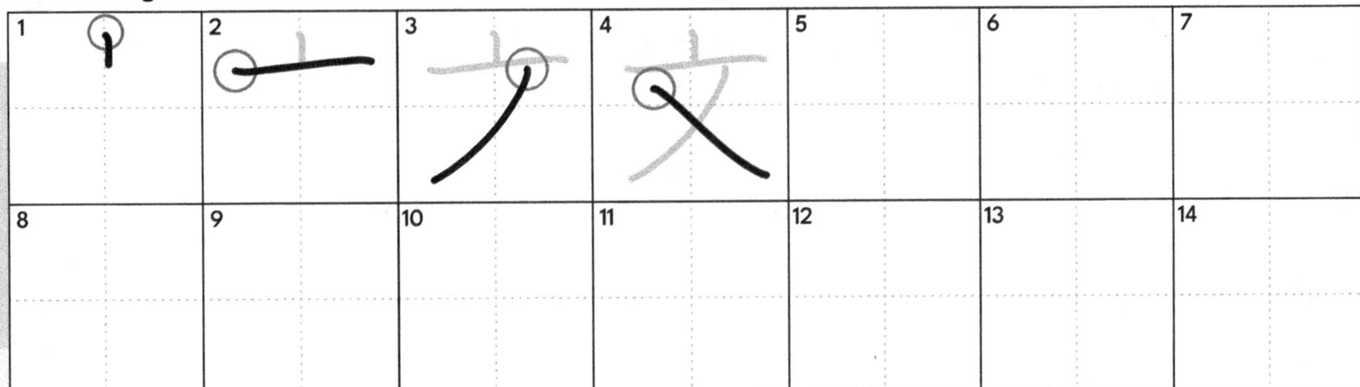

Übung zum Schreiben

Bedeutung	Anfang, Ursprung	Bestandteile	二 儿 元
Radikal	儿	Kun'yomi	もと
Striche	4	On'yomi	ゲン、ガン

Vokabeln	Bedeutung	Aussprache
元	*Ursprung, Quelle, Basis, Grundlage, Fundament*	もと
元	*unbekannt (z. B. in einer Gleichung)*	ゲン
元日	*Neujahrstag*	ガンジツ
元祖	*Initiator, Pionier, Erfinder*	ガンソ

Reihenfolge der Striche

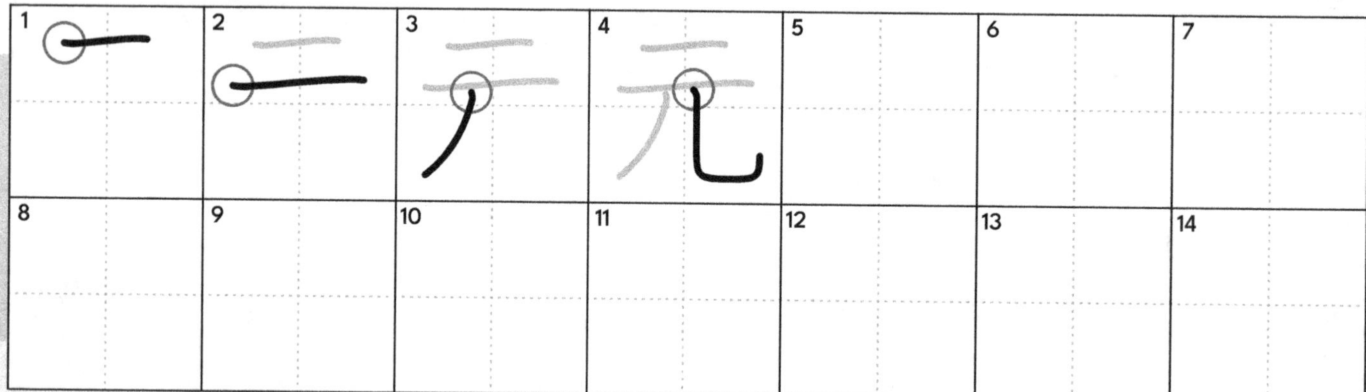

Übung zum Schreiben

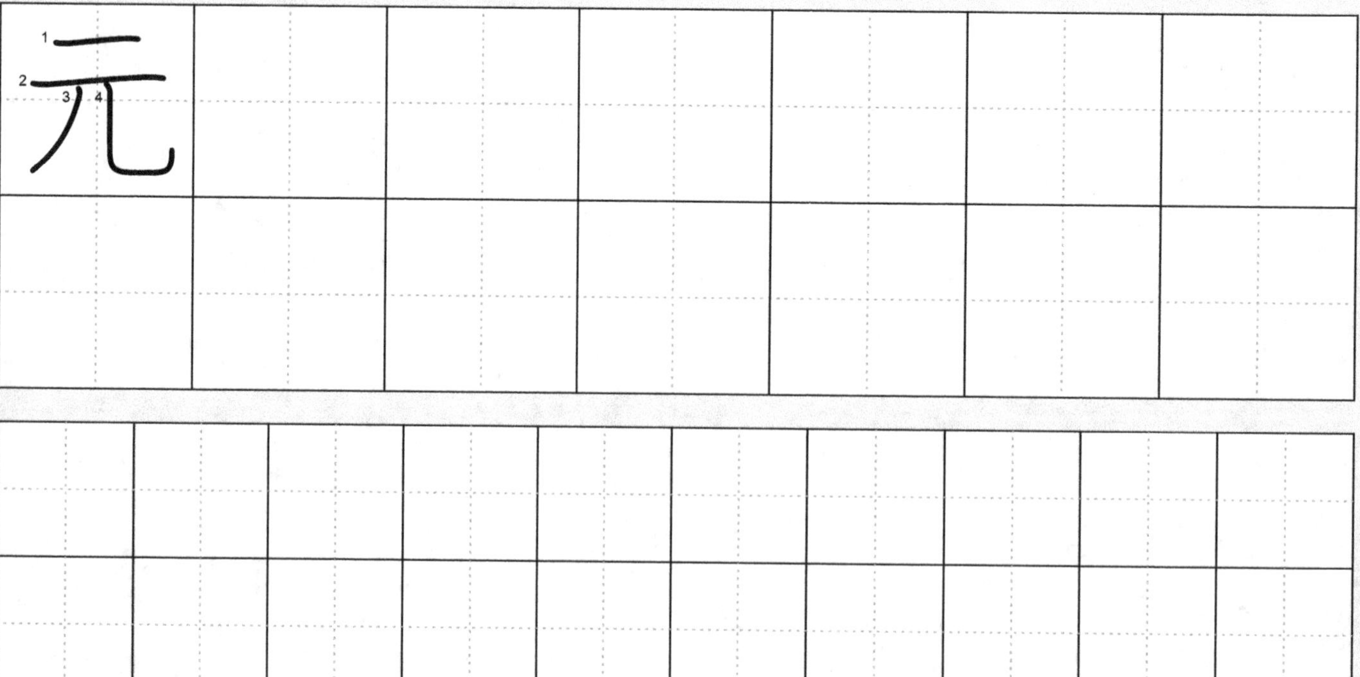

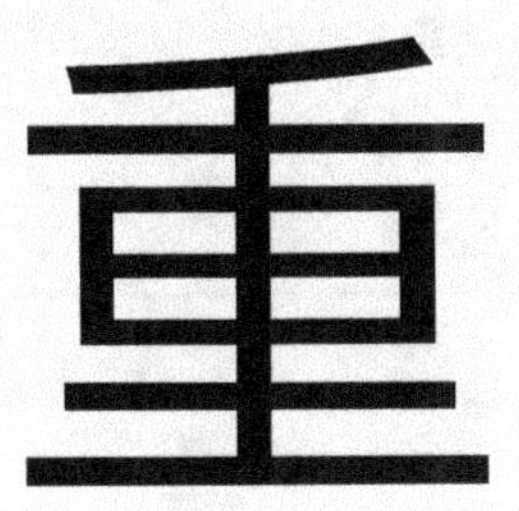

Bedeutung	wichtig, Respekt	Bestandteile	一｜ノ日里
Radikal	里	Kun'yomi	おも(い)、かさ(ねる)
Striche	9	On'yomi	ジュウ、チョウ

Vokabeln	Bedeutung	Aussprache
重複	*Vervielfältigung, Wiederholung*	チョウフク
重い	*schwer, unruhig, langsam, träge*	おもい
重ねる	*auftürmen, aufhäufen, aufstapeln*	かさねる
重	*schwer, ernst, extrem*	ジュウ

Reihenfolge der Striche

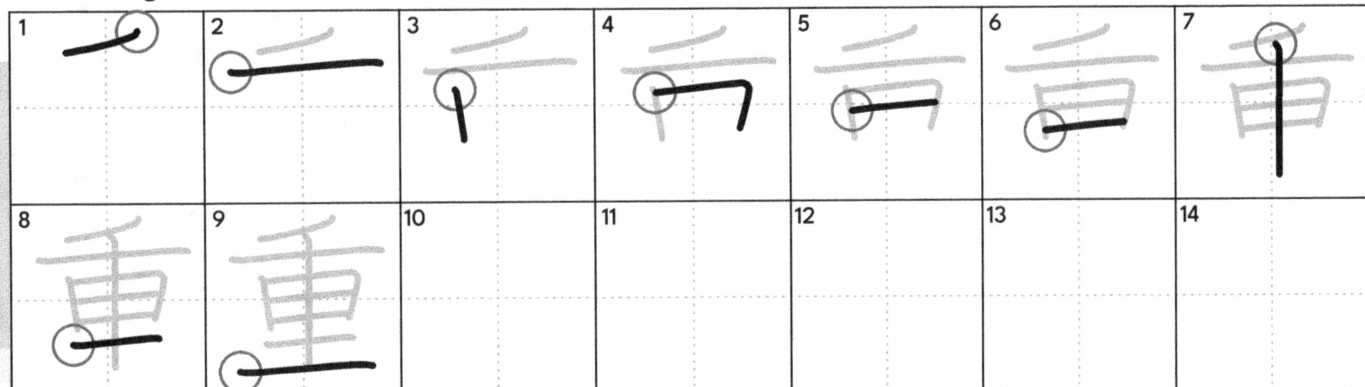

Übung zum Schreiben

Bedeutung	nahe, früh, verwandt	**Bestandteile**	辶 斤
Radikal	辵 (辶, 辶)	**Kun'yomi**	ちか(い)
Striche	7	**On'yomi**	キン

Vokabeln	Bedeutung	Aussprache
近い	*nahe, nah, kurz (Abstand), bald, eng (Beziehung), freundlich, intim*	ちかい
至近	*sehr nah*	シキン
近海	*Küstengewässer, angrenzende Meere*	キンカイ

Reihenfolge der Striche

Übung zum Schreiben

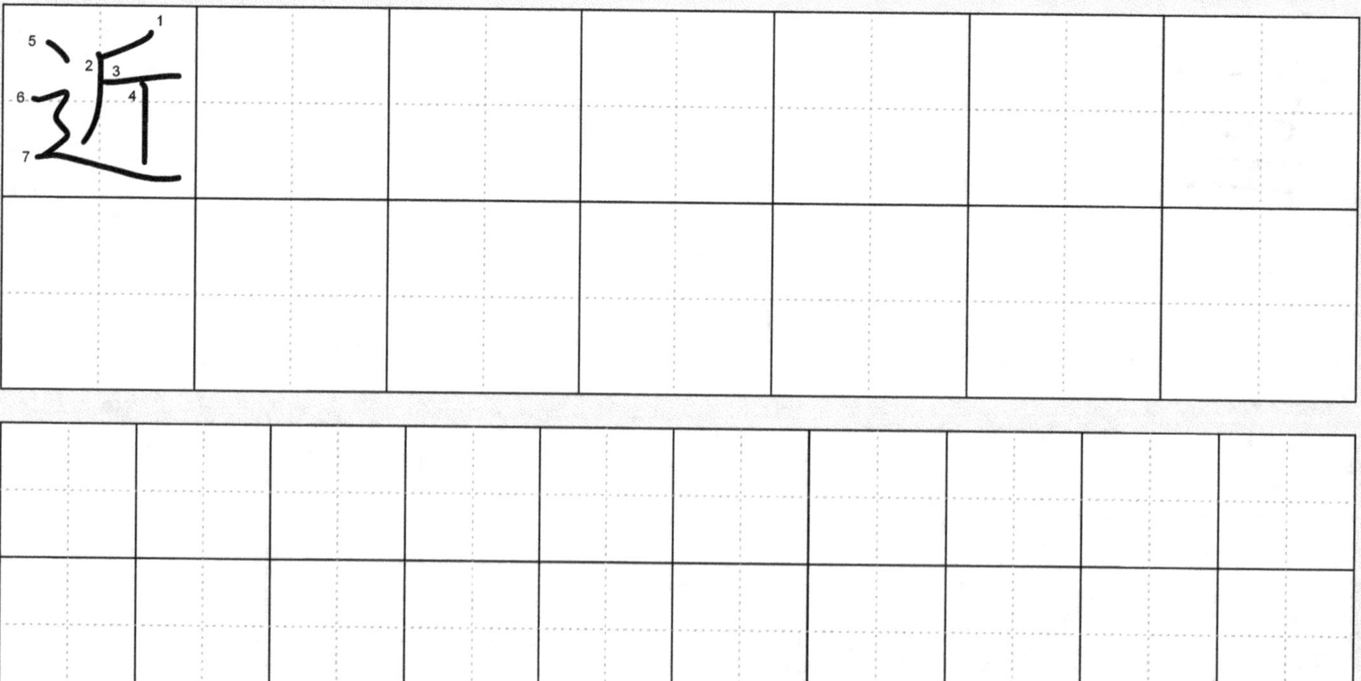

Bedeutung	erwägen, überdenken	Bestandteile	丂 老
Radikal	老 (耂)	Kun'yomi	かんが(える)
Striche	6	On'yomi	コウ

Vokabeln	Bedeutung	Aussprache
考える	nachdenken (über, von), überdenken, bedenken, bedenken, berücksichtigen	かんがえる
考え方	Art des Denkens	かんがえかた
備考	Notiz (zum Nachschlagen), Bemerkungen	ビコウ

Reihenfolge der Striche

Übung zum Schreiben

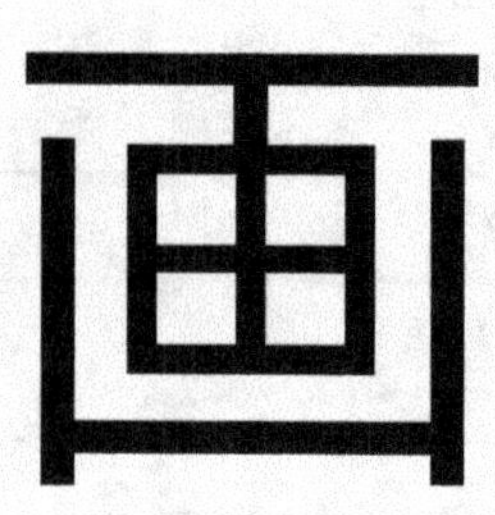

Bedeutung	Pinselstrich, Bild	Bestandteile	一 凵 田
Radikal	田	Kun'yomi	かく(する)
Striche	8	On'yomi	ガ、カク

Vokabeln	Bedeutung		Aussprache
描く	zeichnen, malen, skizzieren		えがく
画する	(eine Linie) zeichnen, markieren		かくする
画家	Maler, Künstler		ガカ
画	Strich (eines Kanji, usw.)		カク

Reihenfolge der Striche

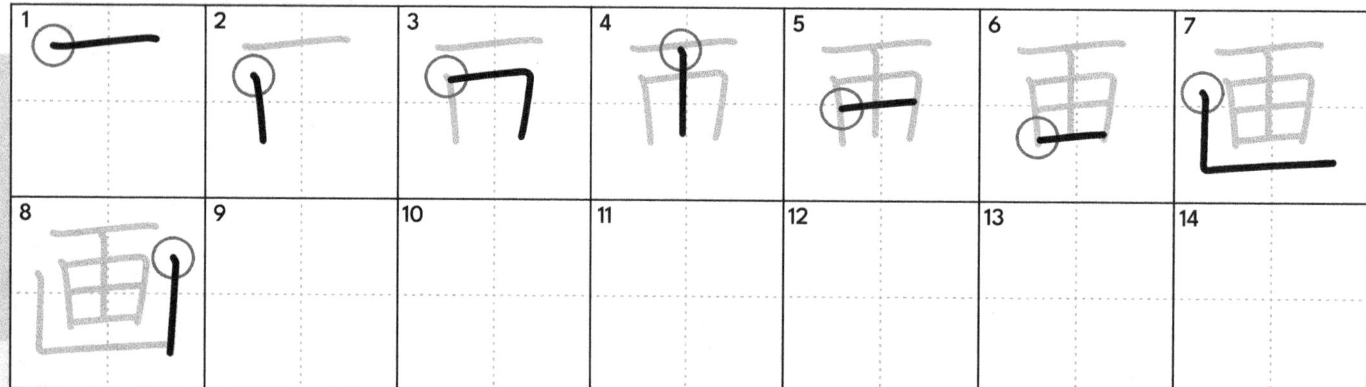

Übung zum Schreiben

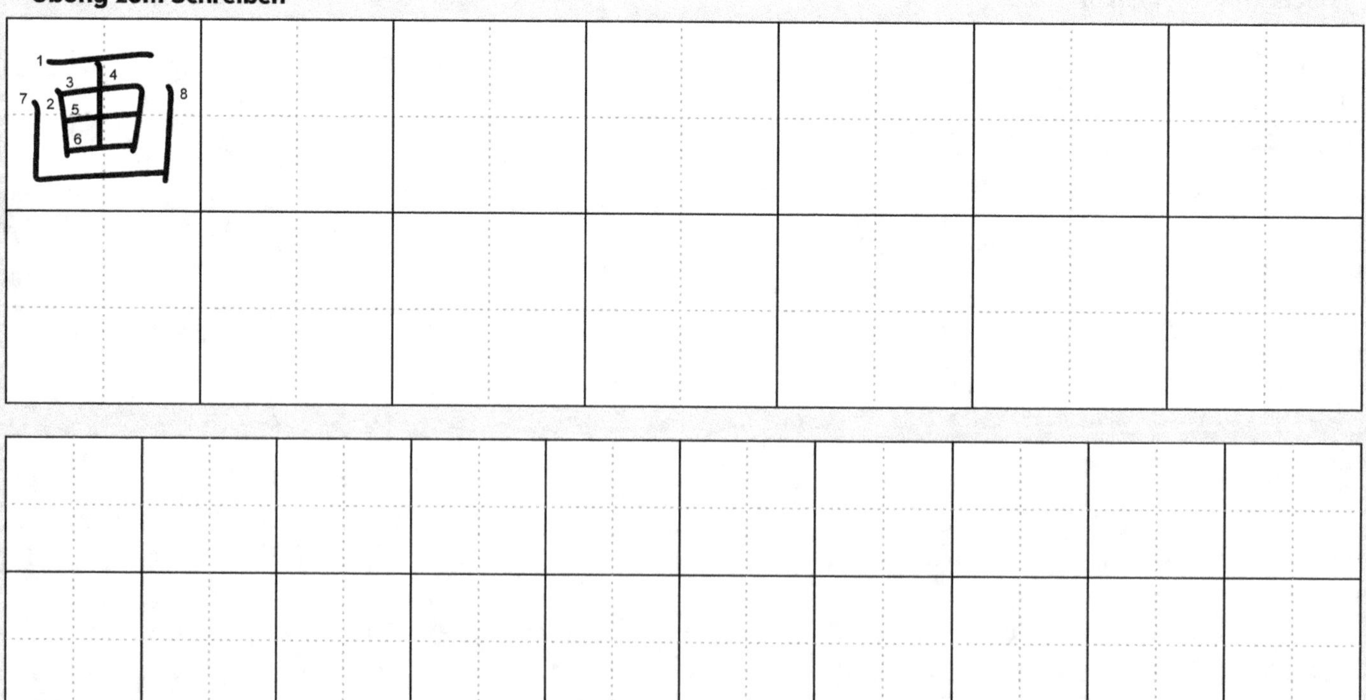

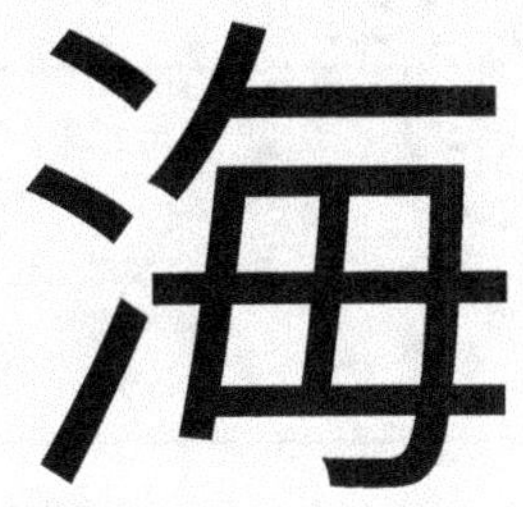

Bedeutung	Meer, Ozean	**Bestandteile**	汁毋母乞
Radikal	水 (氵, 氺)	**Kun'yomi**	うみ
Striche	9	**On'yomi**	カイ

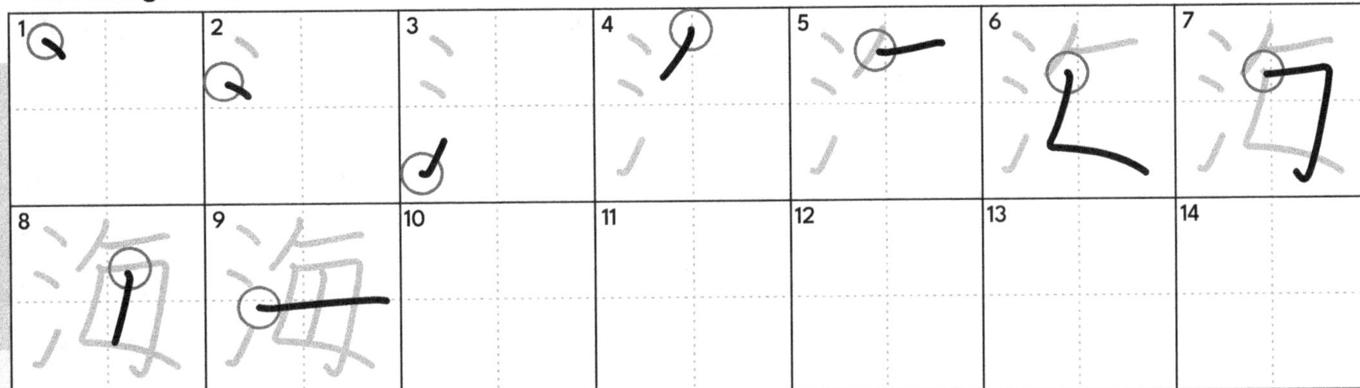

Vokabeln	Bedeutung	Aussprache
海	*Meer, Ozean, Gewässer*	うみ
海辺	*Strand, Meeresküste, Meeresufer*	うみべ
公海	*Hohe See, internationale Gewässer*	コウカイ
内海	*Meeresarm, Golf, Bucht, See*	ないかい

Reihenfolge der Striche

Übung zum Schreiben

Bedeutung	verkaufen		Bestandteile	ル 一 士
Radikal	士		Kun'yomi	う(る)
Striche	7		On'yomi	バイ

Vokabeln	Bedeutung	Aussprache
売る	*zu verkaufen*	うる
売れる	*(gut) zu verkaufen, bekannt zu sein*	うれる
売却	*Ausverkauf, Veräußerung durch Verkauf*	バイキャク
転売	*Wiederverkauf*	テンバイ

Reihenfolge der Striche

1	2	3	4	5	6	7
8	9	10	11	12	13	14

Übung zum Schreiben

知

Bedeutung	wissen, weisheit	Bestandteile	口 矢 乞
Radikal	矢	Kun'yomi	し(る)
Striche	8	On'yomi	チ

Vokabeln	Bedeutung	Aussprache
知る	*wissen, wissen (von), lernen (von), herausfinden, entdecken, spüren, fühlen*	しる
知恵	*Weisheit, Verstand, Klugheit, Sinn, Intelligenz*	チエ
認知	*Kenntnisnahme, Anerkennung*	ニンチ

Reihenfolge der Striche

**Übung zum Schreiben

Bedeutung	sammeln, treffen	Bestandteile	木 隹
Radikal	隹	Kun'yomi	あつ(める)
Striche	12	On'yomi	シュウ

Vokabeln	Bedeutung	Aussprache
集まる	sammeln, zusammenstellen	あつまる
集	Sammlung, Zusammenstellung	シュウ
集める	sammeln, versammeln	あつめる
集う	treffen, versammeln	つどう

Reihenfolge der Striche

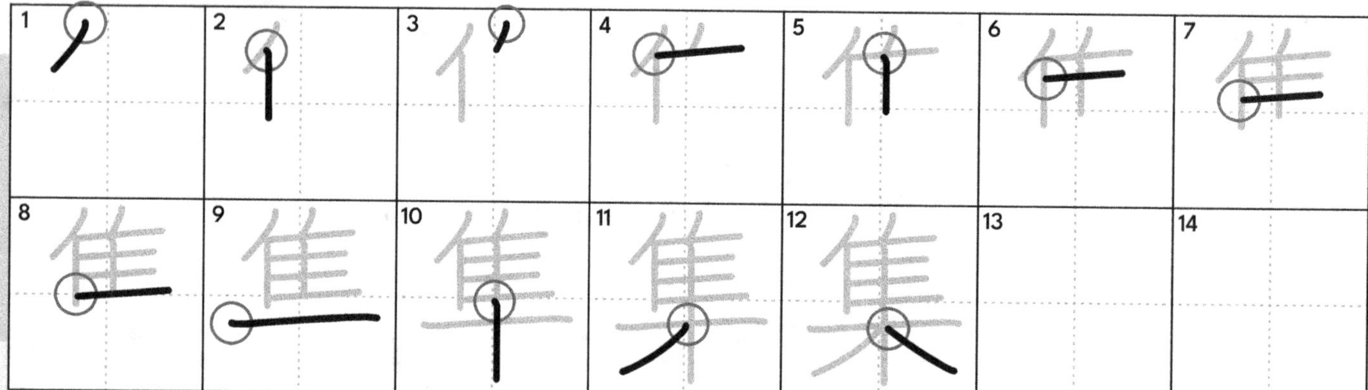

Übung zum Schreiben

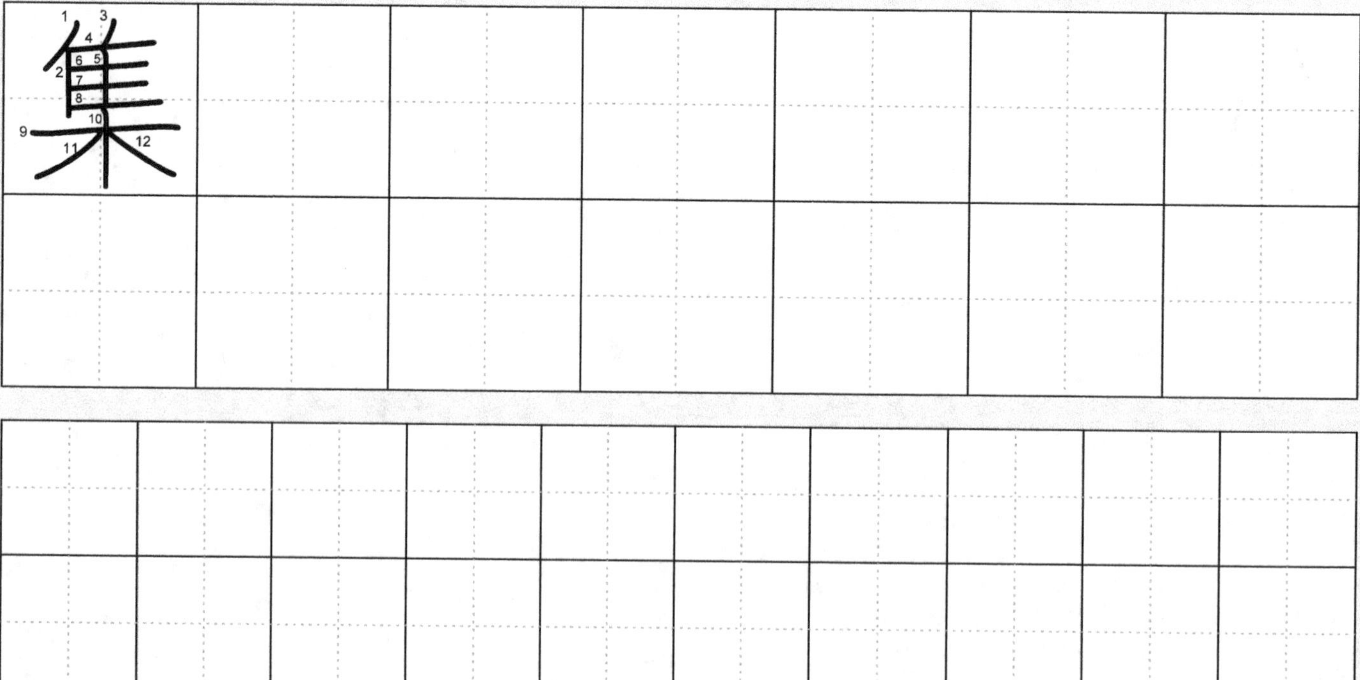

別

別 別

Bedeutung	trennen, abzweigen	Bestandteile	刈 カ ク ロ
Radikal	刀 (リ)	Kun'yomi	わか(れる)、わ(ける)
Striche	7	On'yomi	ベツ

Vokabeln	Bedeutung	Aussprache
別れる	*sich von/mit (Menschen) zu trennen*	わかれる
別	*Unterscheidung, Unterschied*	ベツ
告別	*Abschied, Verabschiedung*	コクベツ
分ける	*teilen (in), spalten (in)*	わける

Reihenfolge der Striche

Übung zum Schreiben

物

物 物

Bedeutung	Ding, Objekt		**Bestandteile**	ノ ケ 牛 勿
Radikal	牛 (牜)		**Kun'yomi**	もの
Striche	8		**On'yomi**	ブツ、モツ

Vokabeln	Bedeutung	Aussprache
物	Sache, Objekt, Artikel, Zeug	もの
物	Vorrat, Produkte, Diebesgut	ブツ
財物	Eigentum	ザイブツ
幣物	Shintoopfer, Geschenk an einen Gast	ヘイモツ

Reihenfolge der Striche

Übung zum Schreiben

Bedeutung	verwenden, bestellen	**Bestandteile**	一 ノ 化 口
Radikal	人（イ）	**Kun'yomi**	つか(う)
Striche	8	**On'yomi**	シ

Vokabeln	Bedeutung	Aussprache
使う	*(ein Werkzeug, eine Methode usw.) verwenden*	つかう
使者	*Bote, Gesandter, Abgesandter*	シシャ
使い	*Auftrag, Mission, als Abgesandter gehen*	つかい
使い方	*Art der Verwendung (von etwas)*	つかいかた

Reihenfolge der Striche

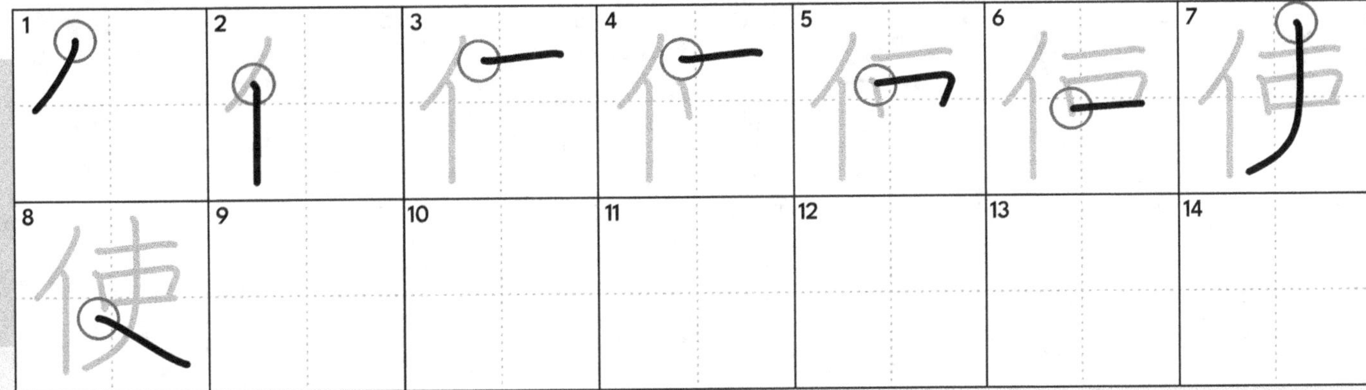

Übung zum Schreiben

Bedeutung	Waren, Veredelung	Bestandteile	口 品
Radikal	口	Kun'yomi	しな
Striche	9	On'yomi	ヒン

Vokabeln	Bedeutung	Aussprache
品	Artikel, Gegenstand, Sache, Ware, Lager	しな
品	Eleganz, Anmut, Raffinesse, Klasse	ヒン
品位	Würde, Anmut, Adel, Klasse, Qualität	ヒンイ
品目	Artikel, Ware, Liste der Artikel	ひんもく

Reihenfolge der Striche

Übung zum Schreiben

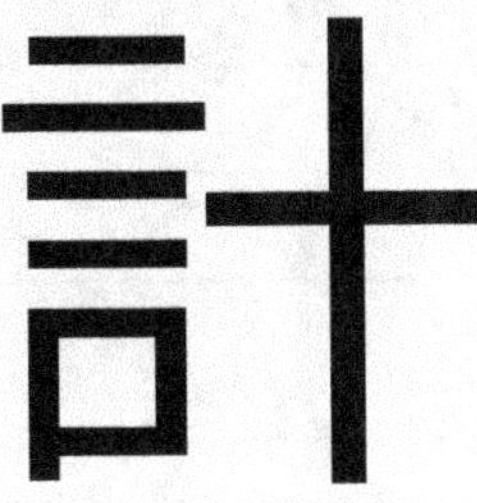

Bedeutung	Handlung, Plan	Bestandteile	十 言
Radikal	言 (言)	Kun'yomi	はか(る)
Striche	9	On'yomi	ケイ

Vokabeln	Bedeutung		Aussprache
計る	messen, wiegen, vermessen		はかる
計らう	verwalten/organisieren		はからう
計画	Plan, Projekt, Zeitplan, Schema, Programm		ケイカク
計	Plan, Meter, Messgerät		ケイ

Reihenfolge der Striche

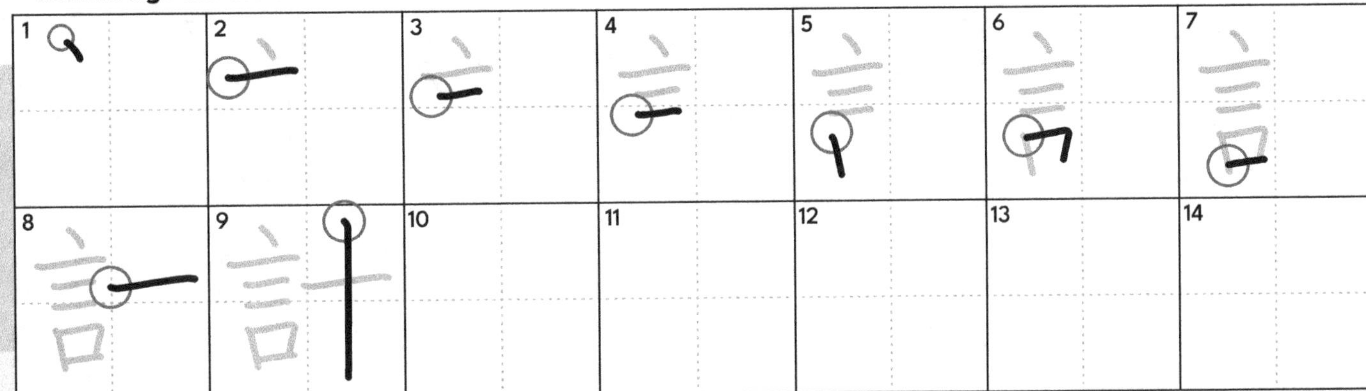

Übung zum Schreiben

死

死死

Bedeutung	Tod, sterben	**Bestandteile**	一ヒタ歹
Radikal	歹 (歺)	**Kun'yomi**	し(ぬ)
Striche	6	**On'yomi**	シ

Vokabeln	**Bedeutung**	**Aussprache**
死ぬ	*sterben, vergehen, den Geist verlieren*	しぬ
死	*Tod, Ableben, (ein) Aus*	シ
死因	*Todesursache*	シイン
死ぬ気で	*alles raus, wie die Hölle, verzweifelt*	しぬきで

Reihenfolge der Striche

Übung zum Schreiben

特

Bedeutung	Spezial	Bestandteile	土 寸 牛
Radikal	牛（牛）	Kun'yomi	
Striche	10	On'yomi	トク

Vokabeln	Bedeutung	Aussprache
特産	*lokale Spezialität*	トクサン
特異	*einzigartig, eigentümlich, singulär*	トクイ
快特	*Schnellzug (Zugverbindung)*	カイトク
在特	*Sondergenehmigung für den Aufenthalt in Japan*	ザイトク

Reihenfolge der Striche

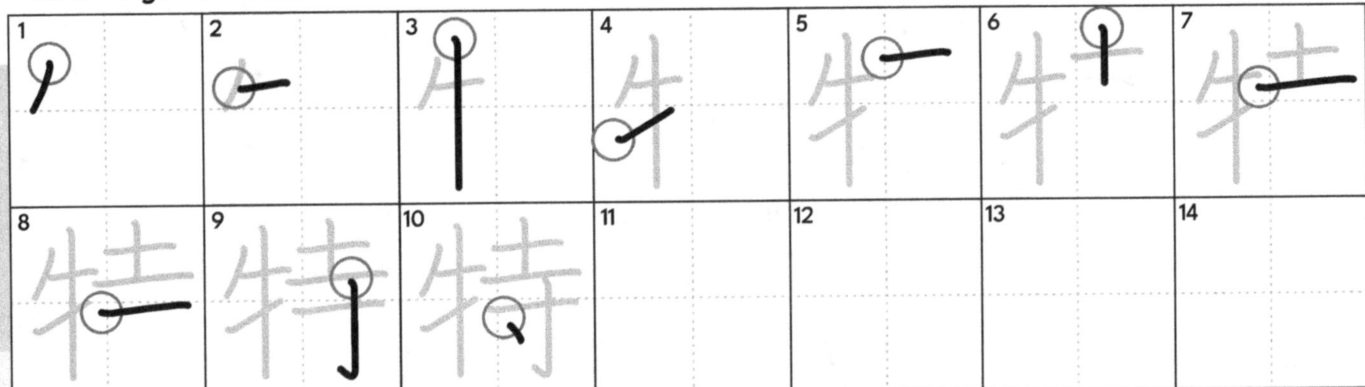

Übung zum Schreiben

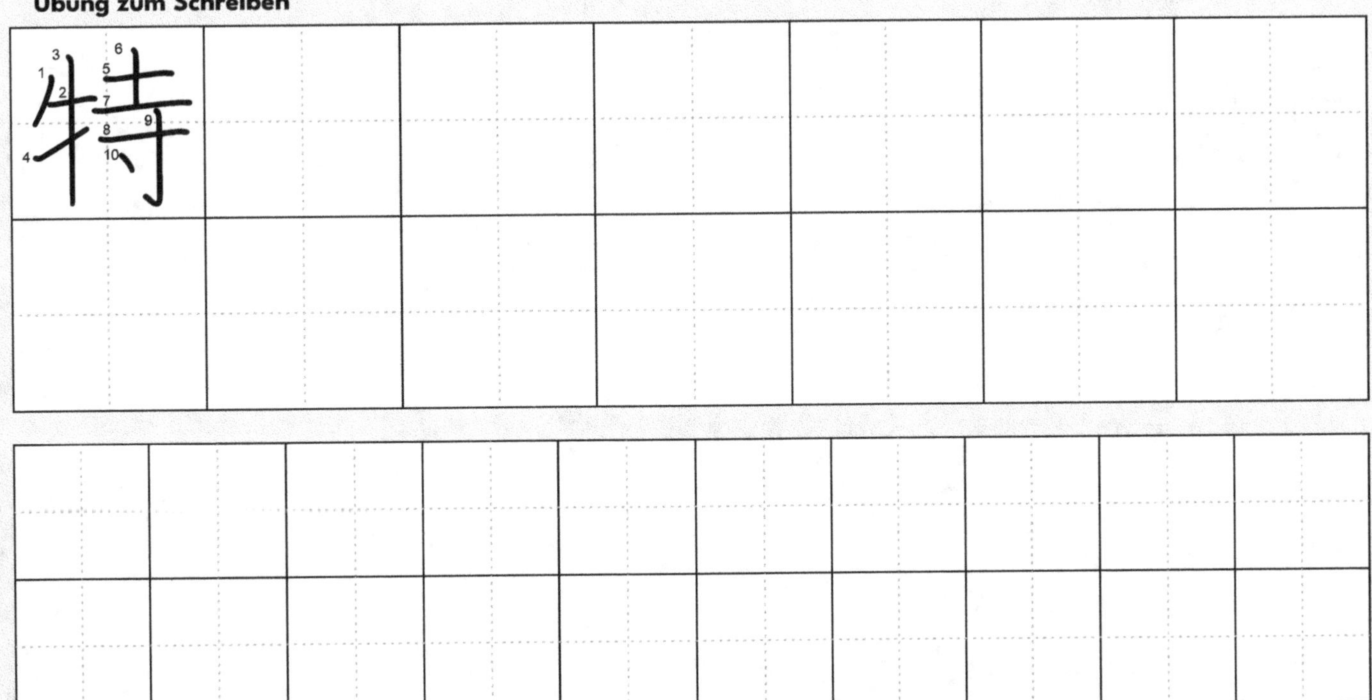

Bedeutung	privat, ich	Bestandteile	ム 禾
Radikal	禾	Kun'yomi	わたくし、わたし
Striche	7	On'yomi	シ

Vokabeln	Bedeutung	Aussprache
私	*Ich, privat*	わたくし
私	*private Angelegenheiten*	シ
私案	*privater Plan, eigener Plan*	シアン
私	*ich*	わたし

Reihenfolge der Striche

Übung zum Schreiben

Bedeutung	beginnen		Bestandteile	ム 口 女
Radikal	女		Kun'yomi	はじ(める)
Striche	8		On'yomi	シ

Vokabeln	Bedeutung	Aussprache
始める	*beginnen*	はじめる
始発	*erste Abfahrt (des Tages), erster Zug/Bus*	シハツ
始業	*Beginn der Arbeit, Arbeitsaufnahme*	シギョウ
創始	*Schaffung, Gründung, Initiierung*	ソウシ

Reihenfolge der Striche

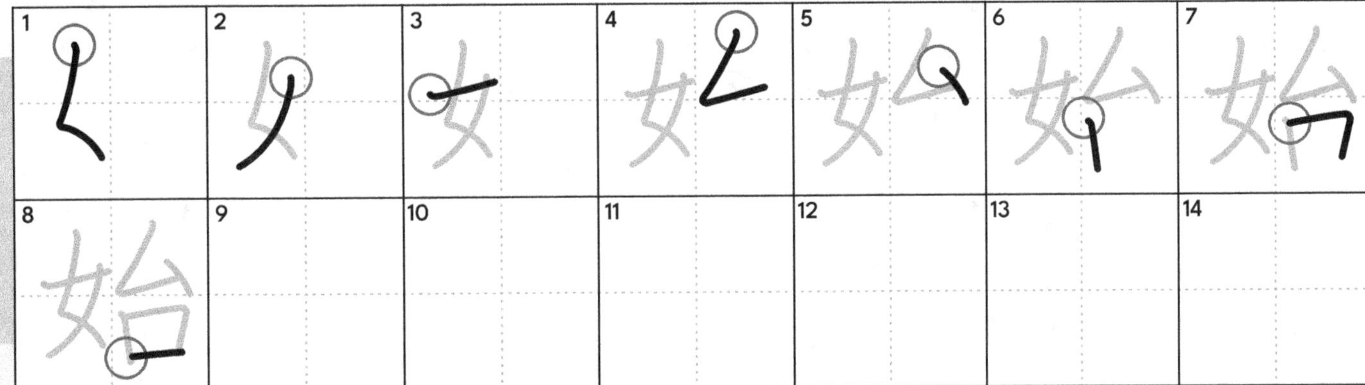

Übung zum Schreiben

Bedeutung	Morgen	**Bestandteile**	十 日 月
Radikal	月	**Kun'yomi**	あさ
Striche	12	**On'yomi**	チョウ

Vokabeln	Bedeutung	Aussprache
朝	Morgen, Frühstück, nächster Morgen	あさ
朝方	früher Morgen, frühe Stunden	あさがた
朝刊	Morgenzeitung	チョウカン
朝	Dynastie, Herrschaft, Periode, Epoche, Zeitalter	チョウ

Reihenfolge der Striche

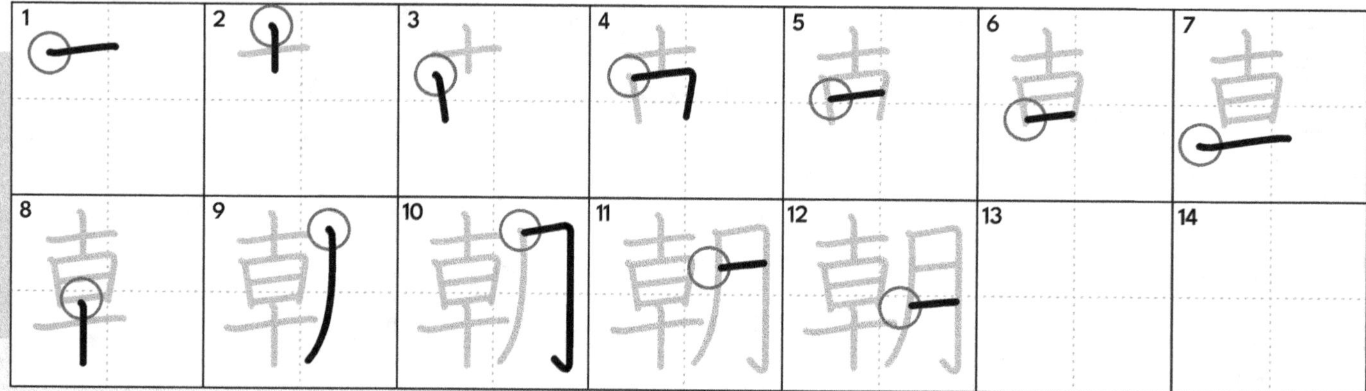

Übung zum Schreiben

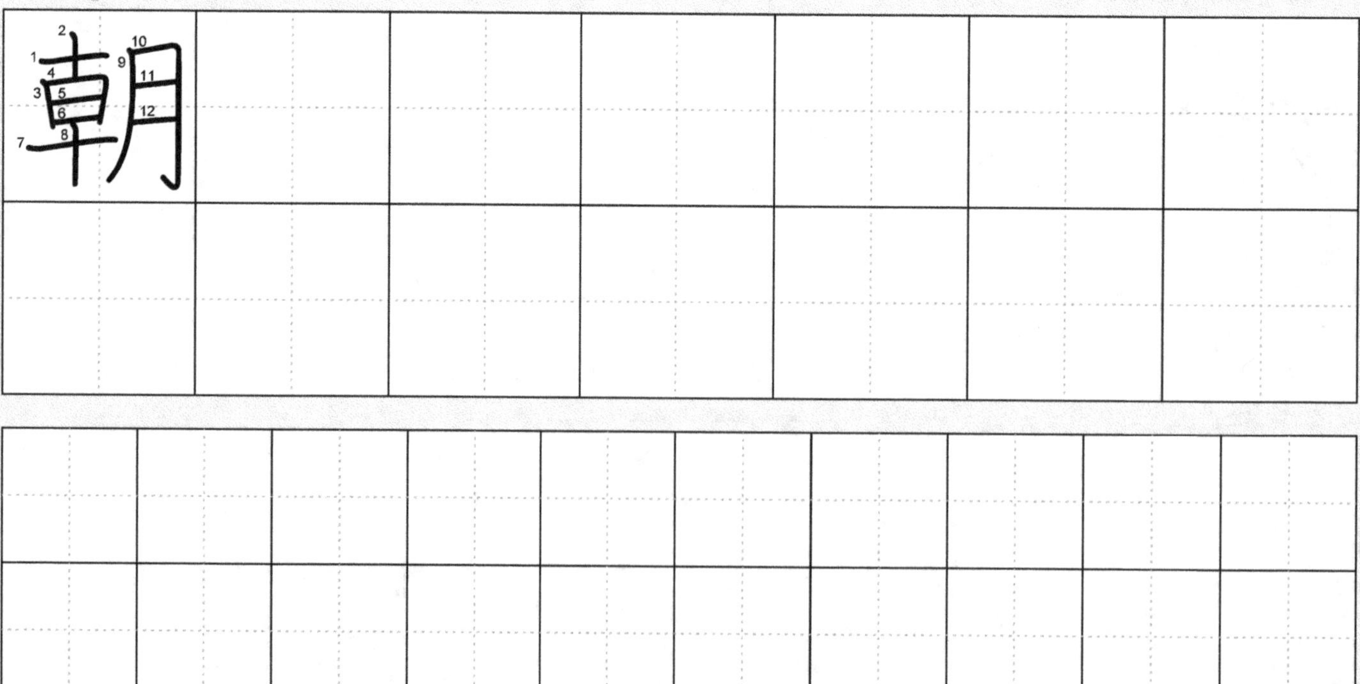

Bedeutung	trage, Glück, Schicksal	Bestandteile	冖 込 車
Radikal	辵 (辶, 辶)	Kun'yomi	はこ(ぶ)
Striche	12	On'yomi	ウン

Vokabeln	Bedeutung	Aussprache
運ぶ	*tragen, transportieren, bewegen*	はこぶ
運	*Vermögen, Glück*	ウン
運営	*Management, Verwaltung*	ウンエイ
機運	*Gelegenheit, Chance, guter Zeitpunkt (zu tun)*	キウン

Reihenfolge der Striche

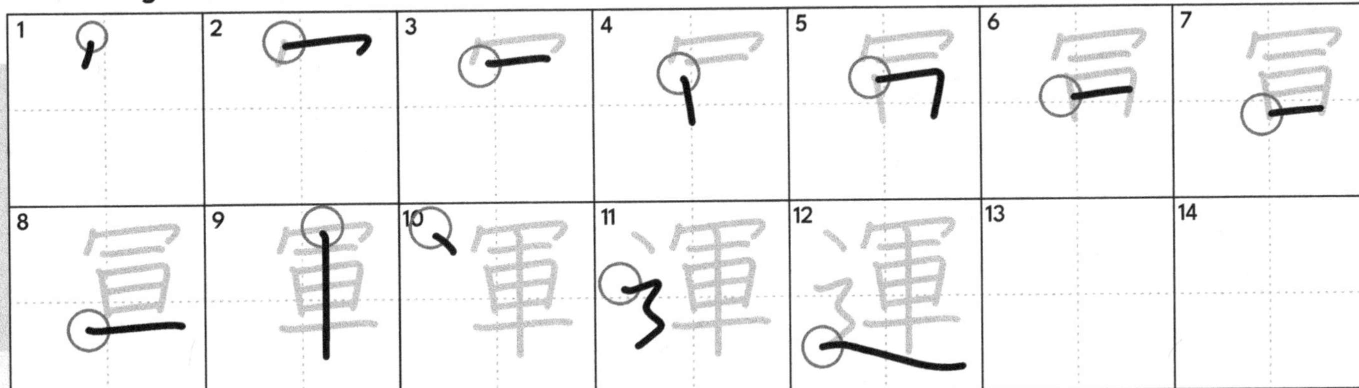

Übung zum Schreiben

Bedeutung	Ende, Schluss	Bestandteile	夂 小 幺 糸
Radikal	糸 (糸)	Kun'yomi	お(わる)
Striche	11	On'yomi	シュウ

Vokabeln	Bedeutung	Aussprache
終わる	*zu Ende gehen, zu einem Ende kommen*	終わる
終局	*Ende, Abschluss, Schlussfolgerung*	シュウキョク
終える	*zu Ende bringen, abschließen*	おえる
終	*Ende, endgültig, Ende des Lebens, Tod, nie*	つい

Reihenfolge der Striche

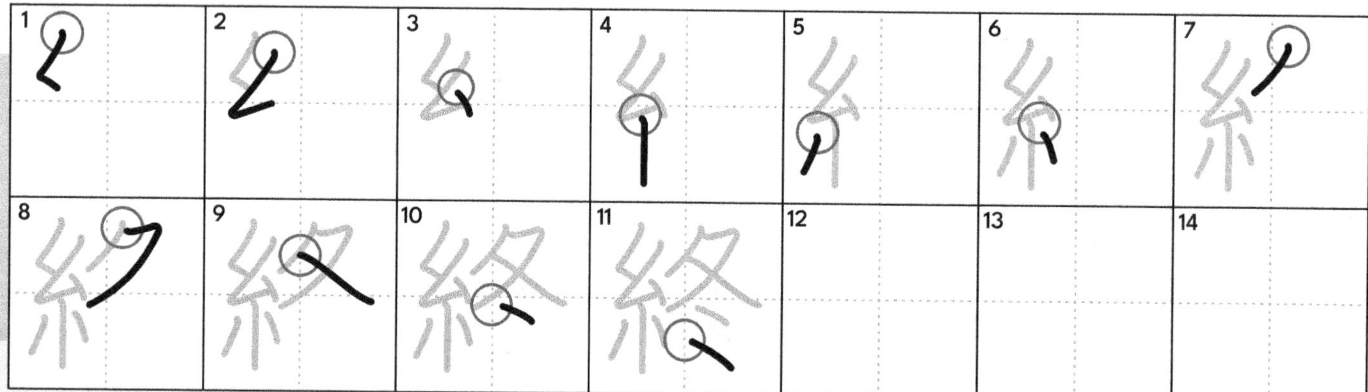

Übung zum Schreiben

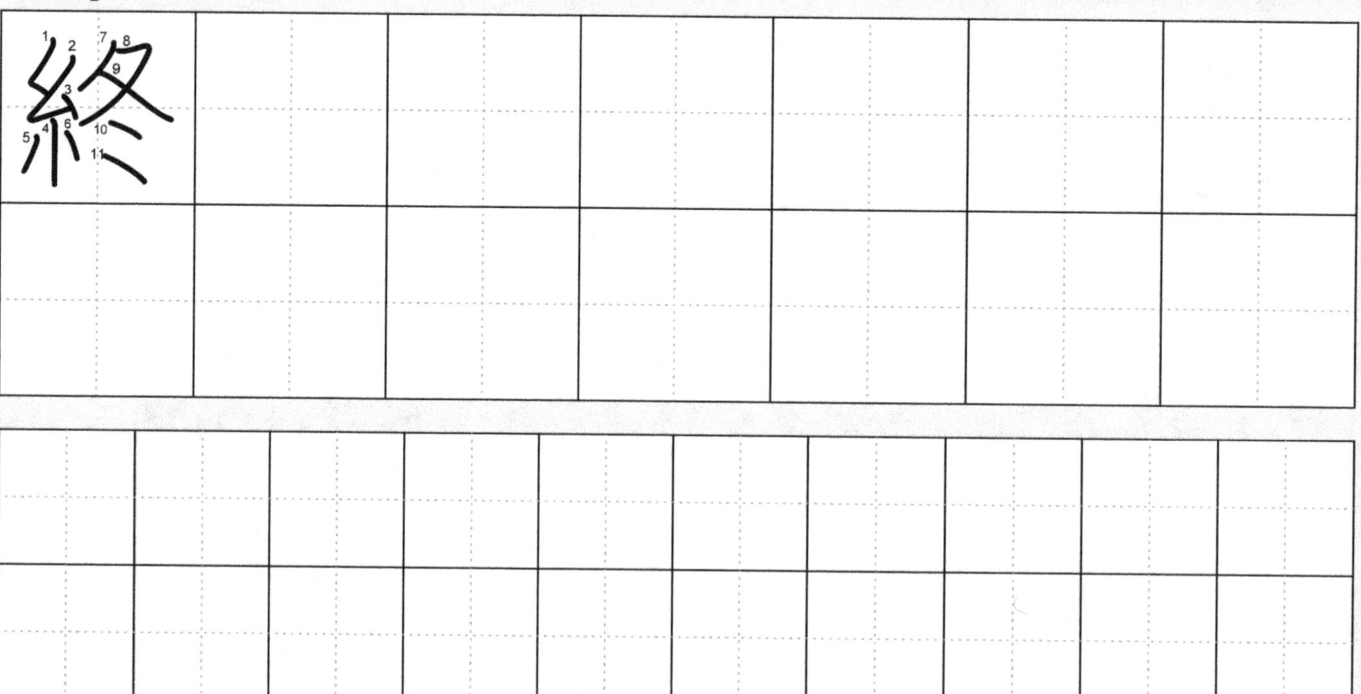

Bedeutung	Sockel, ein Ständer	Bestandteile	ム 口 女
Radikal	口	Kun'yomi	うてな
Striche	5	On'yomi	ダイ、タイ

Vokabeln	Bedeutung	Aussprache
台	*Ständer, Gestell, Tisch, Bank, Podium, Podest, Plattform, Bühne, Halter, Gestell Turm, Ständer, Podest*	ダイ
台 台 台	*Taiwan*	うてな タイ

Reihenfolge der Striche

1	2	3	4	5	6	7

8	9	10	11	12	13	14

Übung zum Schreiben

Bedeutung	weit, breit, geräumig	Bestandteile	ム 广
Radikal	广	Kun'yomi	ひろ(い)
Striche	5	On'yomi	コウ

Vokabeln	Bedeutung		Aussprache
広い	geräumig, weitläufig, breit		ひろい
広告	Anzeige, Werbung		コウコク
広域	weites Gebiet, weite Ansicht		コウイキ
広がる	ausbreiten, ausdehnen, strecken		ひろがる

Reihenfolge der Striche

Übung zum Schreiben

住

Bedeutung	verweilen, residieren	Bestandteile	丶 化 王
Radikal	人 (イ)	Kun'yomi	す(む)
Striche	7	On'yomi	ジュウ、チュウ

Vokabeln	Bedeutung	Aussprache
住む	*leben (von Menschen), residieren*	すむ
住	*wohnen, leben*	ジュウ
住居	*Wohnung, Haus, Wohnsitz, Adresse*	ジュウキョ
住まう	*leben, wohnen, bewohnen*	すまう

Reihenfolge der Striche

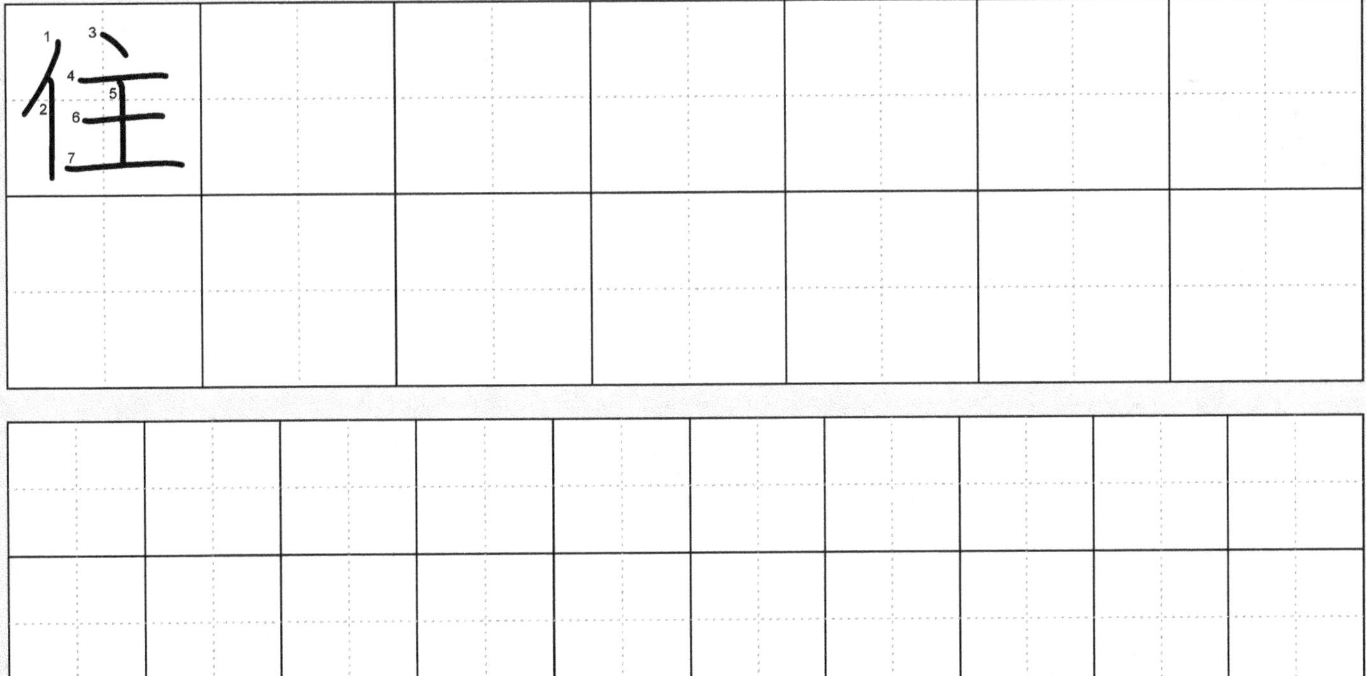

Übung zum Schreiben

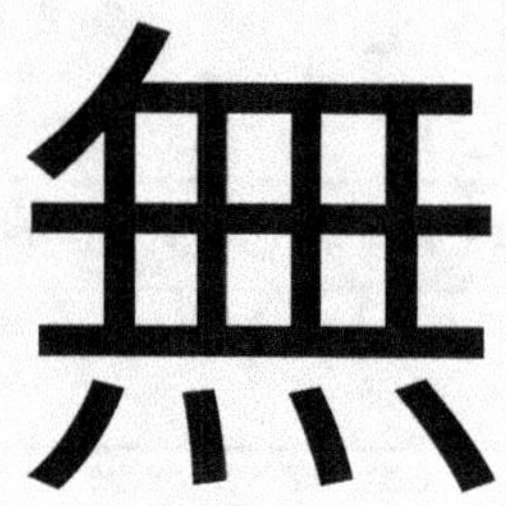

Bedeutung	Nichts, keine	Bestandteile	一丨ノ杰無乞
Radikal	火 (灬)	Kun'yomi	な(い)
Striche	12	On'yomi	ム、ブ

Vokabeln	Bedeutung	Aussprache
無い	*nicht existent, nicht (da) sein*	ない
無	*nichts, null*	ム
無	*un-, nicht, schlecht ...*	ブ
皆無	*nicht existent, null, keine*	カイム

Reihenfolge der Striche

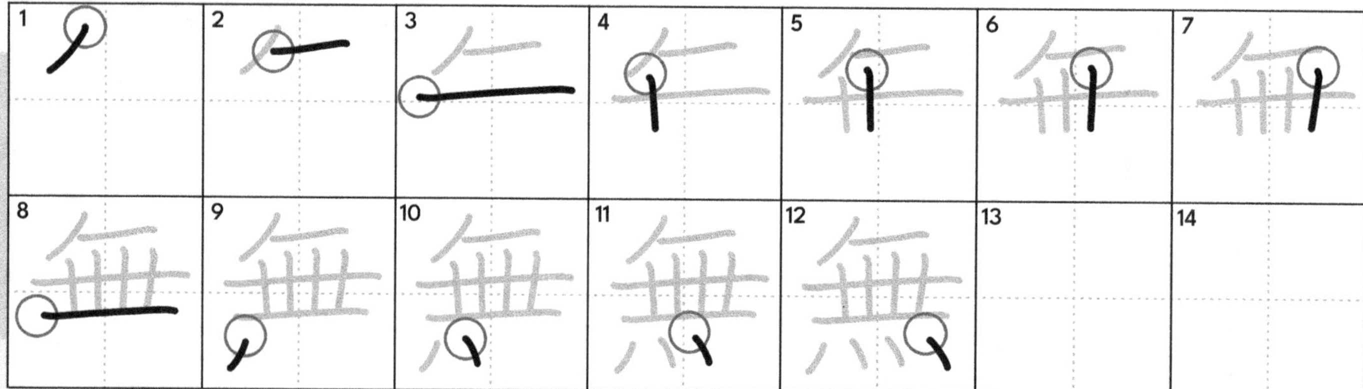

Übung zum Schreiben

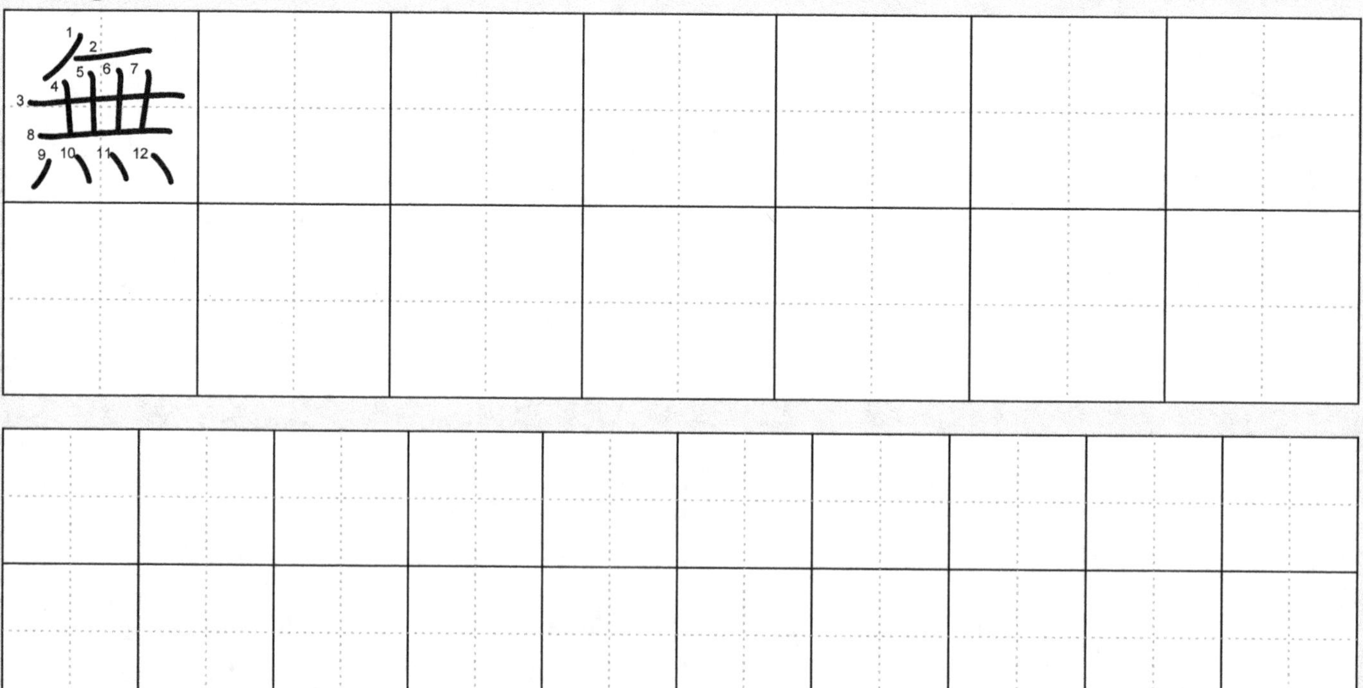

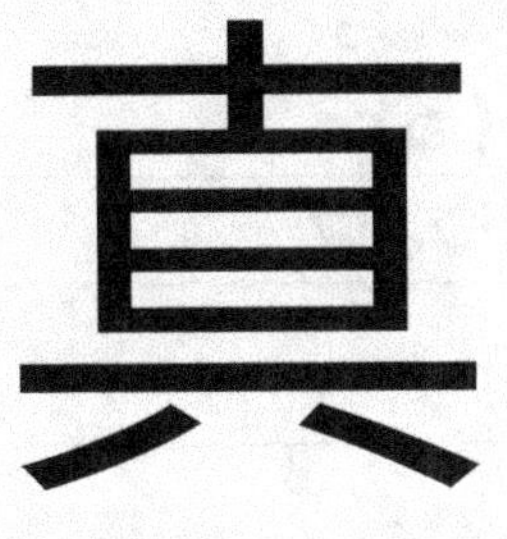

Bedeutung	wahr, realität	Bestandteile	一 八 十 目
Radikal	目	Kun'yomi	ま、まこと
Striche	10	On'yomi	シン

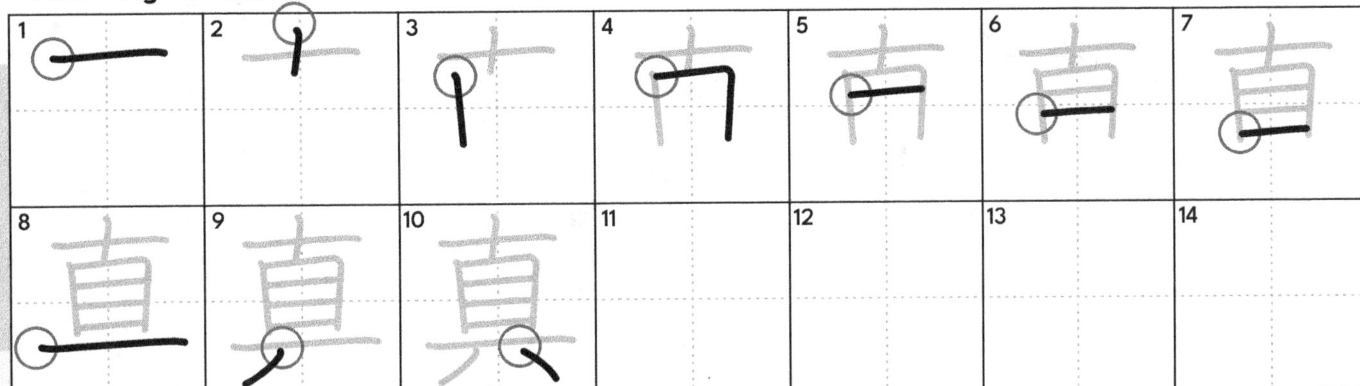

Vokabeln	Bedeutung	Aussprache
真	*gerecht, richtig, angemessen (Osten)*	ま
真	*Wahrheit, Realität, Aufrichtigkeit*	シン
迫真	*realistisch, wahrheitsgetreu*	ハクシン
実しやか	*plausibel (aber unwahr), glaubwürdig (Lüge)*	まことしやか

Reihenfolge der Striche

Übung zum Schreiben

有

有 有

Bedeutung	besitzen, haben	Bestandteile	一ノ月
Radikal	月	Kun'yomi	あ(る)
Striche	6	On'yomi	ユウ、ウ

Vokabeln	Bedeutung	Aussprache
有る	*sein, existieren, leben, haben*	ある
有	*Existenz, Besitz, Haben*	ユウ
有無	*Existenz oder Nichtexistenz*	ウム
有意義	*bedeutend, nützlich, sinnvoll*	ユウイギ

Reihenfolge der Striche

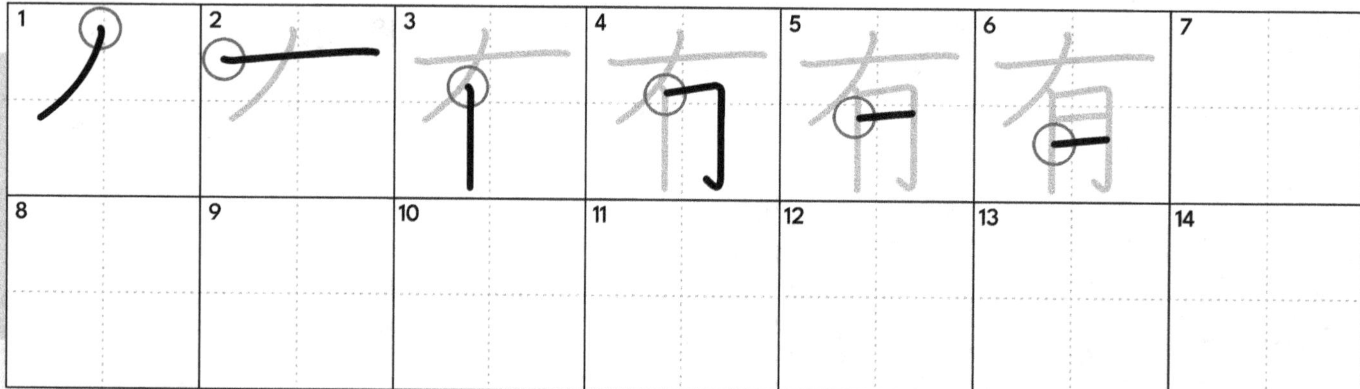

Übung zum Schreiben

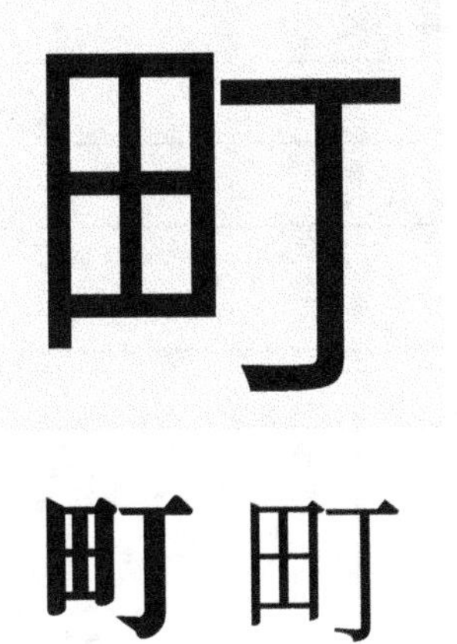

Bedeutung	Stadt, Dorf, Straße	Bestandteile	一 亅 田
Radikal	田	Kun'yomi	まち
Striche	7	On'yomi	チョウ

Vokabeln	Bedeutung	Aussprache
町	Stadt, Viertel, Nachbarschaft, Hauptstraße	まち
町	Stadt, Block, Viertel	チョウ
町議会	Stadtrat	チョウギカイ
街角	Straßenecke	まちかど

Reihenfolge der Striche

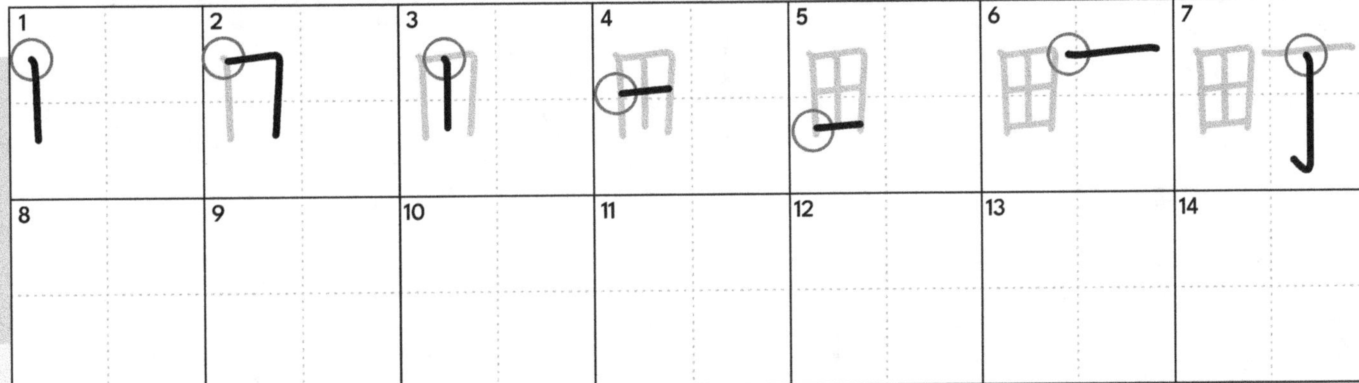

Übung zum Schreiben

Bedeutung	Gebühr, Materialien	Bestandteile	斗 米
Radikal	斗	Kun'yomi	
Striche	10	On'yomi	リョウ

Vokabeln	Bedeutung	Aussprache
料	*Gebühr, Entgelt, Tarif, Material*	リョウ
料金	*Gebühr, Preis, Tarif*	リョウキン
史料	*historische Materialien / Aufzeichnungen*	シリョウ
使用料	*Nutzungsgebühr, Miete*	ショウリョウ

Reihenfolge der Striche

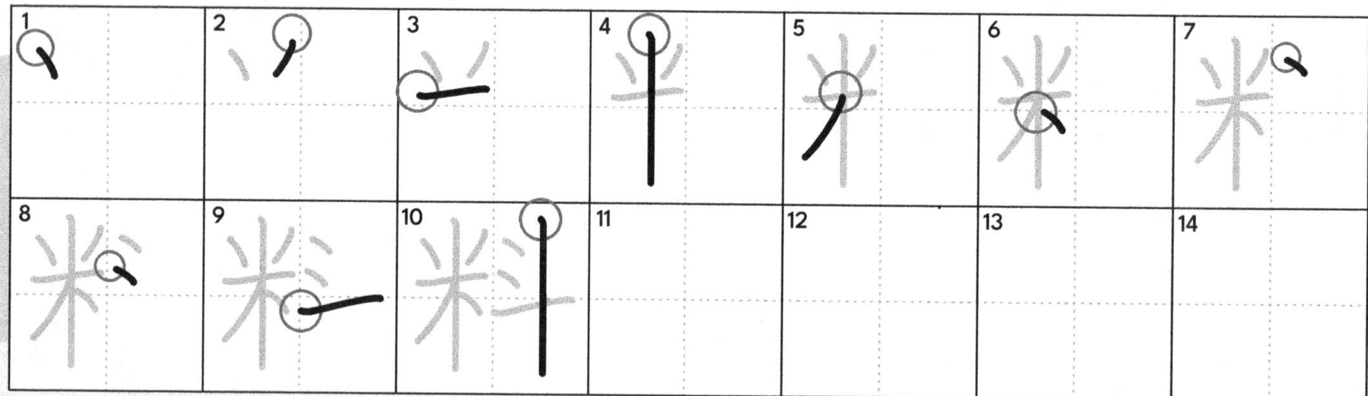

Übung zum Schreiben

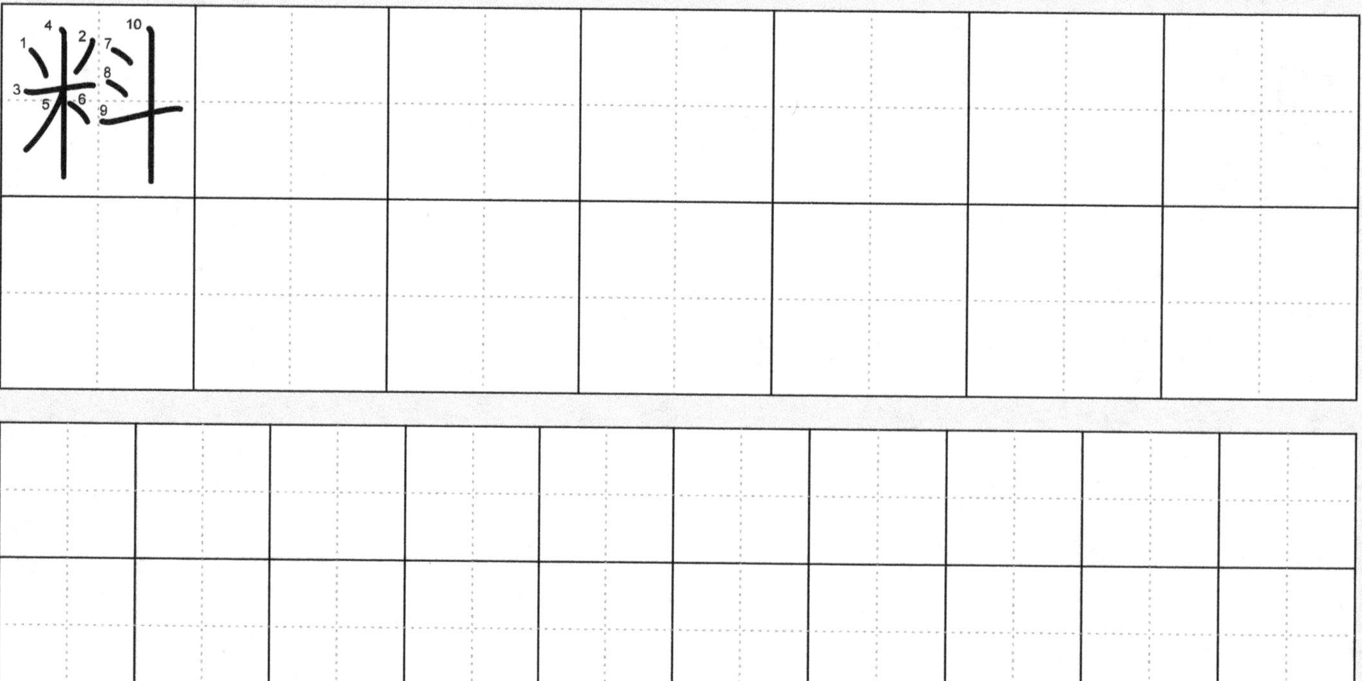

Bedeutung	Handwerk, Konstruktion	Bestandteile	工
Radikal	工	Kun'yomi	
Striche	3	On'yomi	コウ、ク、グ

Vokabeln	Bedeutung	Aussprache
工	(Fabrik-)Arbeiter	コウ
商工	Handel und Industrie	ショウコウ
工夫	Erfinden, ausdenken, ausknobeln	クフウ
竹細工	Bambusarbeiten, Bambuswaren	タケザイク

Reihenfolge der Striche

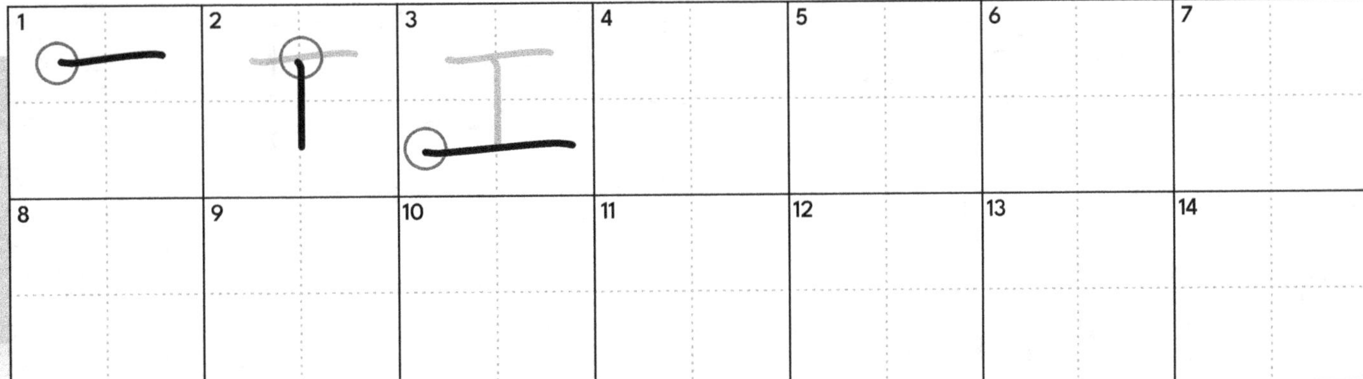

Übung zum Schreiben

Bedeutung	bauen	Bestandteile	廴 聿
Radikal	廴	Kun'yomi	た(てる)
Striche	9	On'yomi	ケン、コン

Vokabeln	Bedeutung	Aussprache
建てる	*bauen, konstruieren*	たてる
建て	*Vertrag, Verpflichtung*	たて
建立	*(Akt des) Errichtens (eines Denkmals, usw.)*	コンリュウ
建議	*Vorschlag, Antrag*	ケンギ

Reihenfolge der Striche

Übung zum Schreiben

Bedeutung	eilig, plötzlich, steil	Bestandteile	ク ヨ 心
Radikal	心 (忄, 小)	Kun'yomi	いそ(ぐ)
Striche	9	On'yomi	キュウ

Vokabeln	Bedeutung	Aussprache
急ぐ	*eilen*	いそぐ
急	*plötzlich, abrupt, unerwartet*	キュウ
急ぎ	*Eile, Expedition*	いそぎ
快急	*Eilzug (Zug)*	カイキュウ

Reihenfolge der Striche

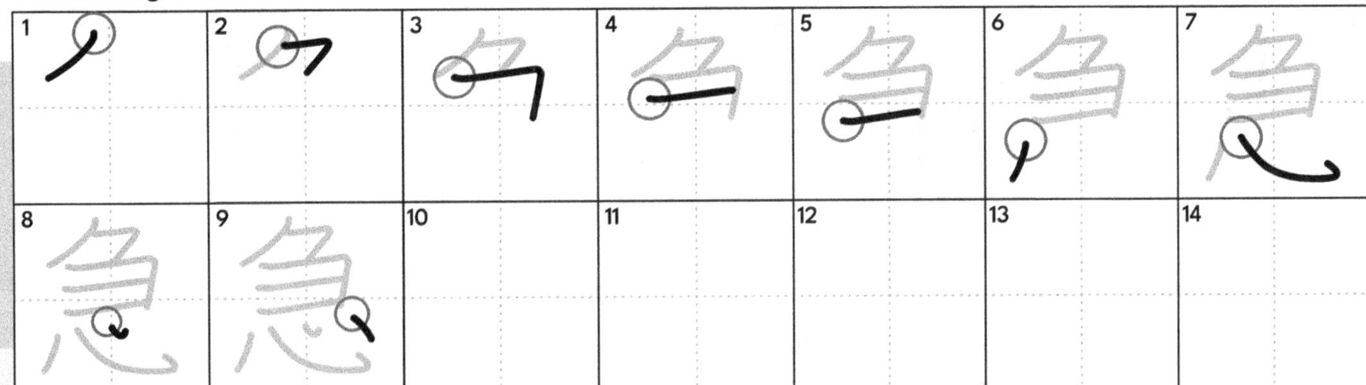

Übung zum Schreiben

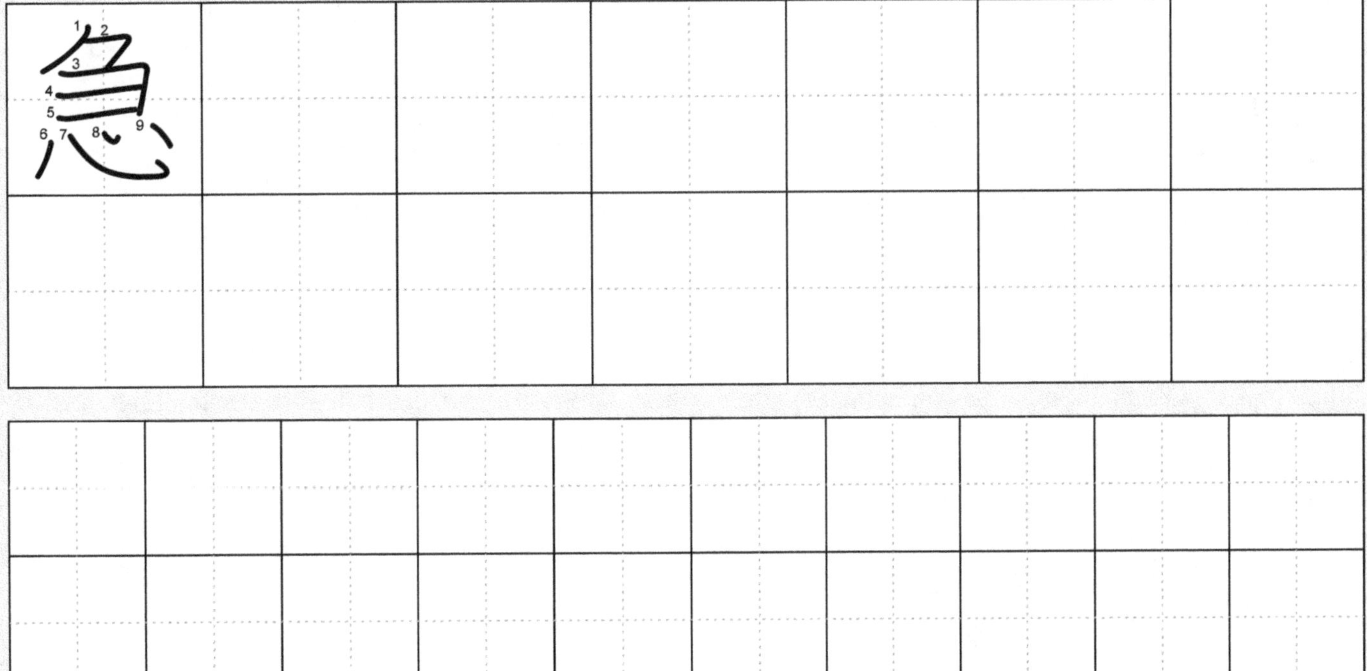

Bedeutung	stoppen	Bestandteile	止
Radikal	止	Kun'yomi	と(まる)、とど(まる)、よ(す)
Striche	4	On'yomi	シ

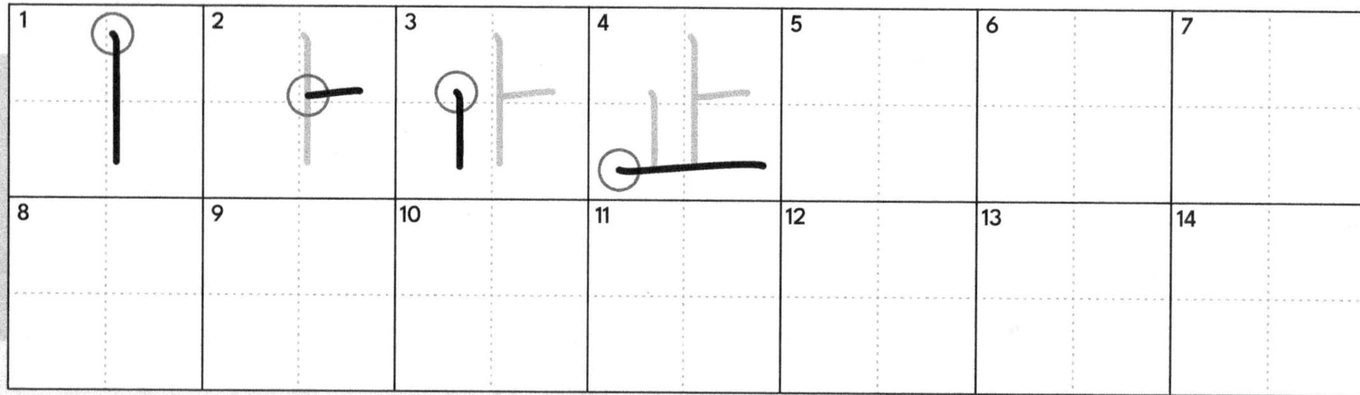

Vokabeln	Bedeutung		Aussprache
止まる	*anhalten (sich bewegen), zum Stillstand kommen*		とまる
止まる	*bleiben, verharren, (an einem Ort) bleiben*		とどまる
止める	*anhalten, abschalten, parken, verhindern*		とめる
解止	*Beendigung*		カイシ

Reihenfolge der Striche

Übung zum Schreiben

Bedeutung	eskortieren, senden	**Bestandteile**	一 二 并 込 大
Radikal	辵 (辶, 辶)	**Kun'yomi**	おく(る)
Striche	9	**On'yomi**	ソウ

Vokabeln	Bedeutung	Aussprache
送る	*senden/übermitteln (eine Sache), abschicken, (Zeit) verbringen*	おくる
送球	*einen Ball werfen, Handball*	ソウキュウ
移送	*übertragen, transportieren, befördern*	イソウ

Reihenfolge der Striche

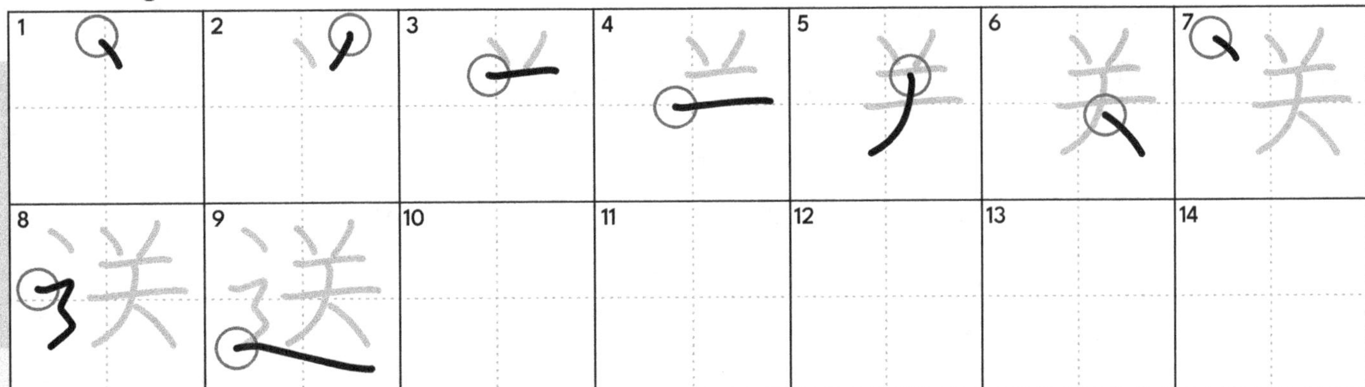

Übung zum Schreiben

Bedeutung	schneiden, abschneiden	Bestandteile	刀 ヒ
Radikal	刀 (リ)	Kun'yomi	き(る)
Striche	4	On'yomi	セツ、サイ

Vokabeln	Bedeutung	Aussprache
切る	*schneiden, durchschneiden, abtrennen, öffnen (etwas Versiegeltes), beginnen*	きる
切	*eifrig, ernsthaft, glühend, freundlich*	セツ
家財一切	*kompletter Satz von Haushaltswaren*	カザイイッサイ

Reihenfolge der Striche

Bedeutung	umdrehen, ändern	Bestandteile	ニ ム 車
Radikal	車	Kun'yomi	ころ(がる)
Striche	11	On'yomi	テン

Vokabeln	Bedeutung	Aussprache
転がる	*rollen, stürzen, umfallen, überrollen*	ころがる
転	*Änderung der Aussprache oder Bedeutung eines Wortes*	テン
転移	*Veränderung, Übergang, Umzug (Standort)*	テンイ
転ぶ	*umfallen, umkippen*	ころぶ

Reihenfolge der Striche

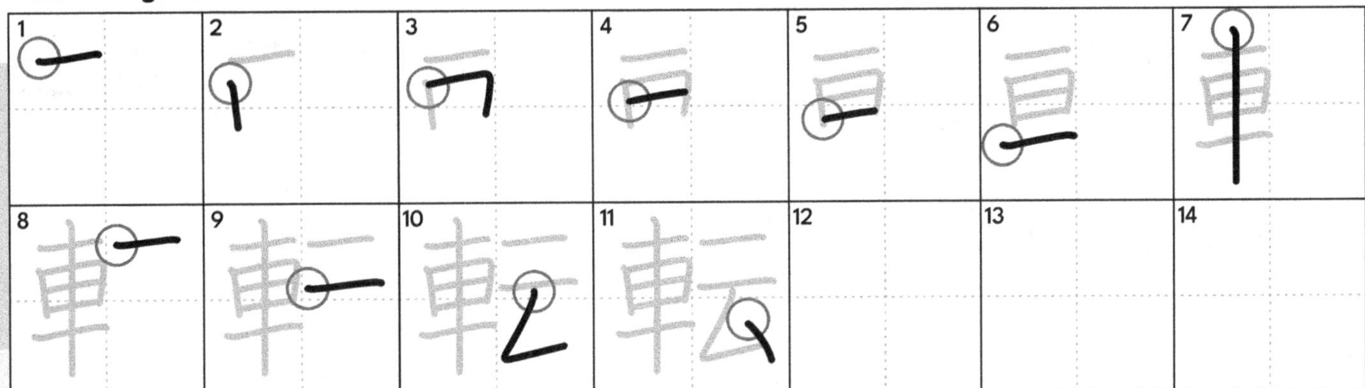

Übung zum Schreiben

Bedeutung	polieren, schärfen	Bestandteile	一｜ノ丿二口廾石
Radikal	石	Kun'yomi	と(ぐ)
Striche	9	On'yomi	ケン

Vokabeln	Bedeutung	Aussprache
研ぐ	*schärfen, polieren*	とぐ
研究	*Studie, Forschung, Untersuchung*	ケンキュウ
予研	*Nationales Institut für Gesundheit*	ヨケン
研究員	*Forscher, Laborant*	ケンキュウイン

Reihenfolge der Striche

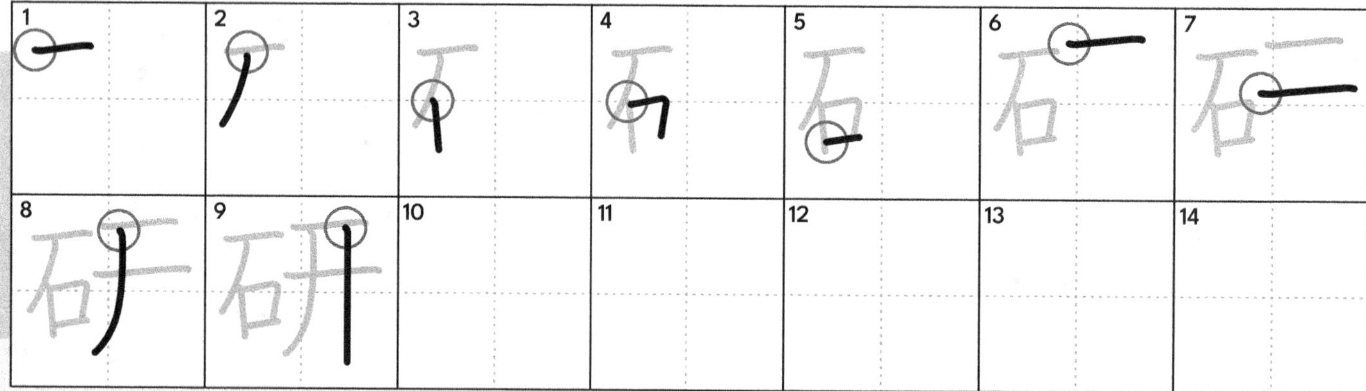

Übung zum Schreiben

Bedeutung	Forschung, Studium	Bestandteile	儿 九 宀 穴
Radikal	穴	Kun'yomi	きわめる
Striche	7	On'yomi	キュウ

Vokabeln	Bedeutung	Aussprache
極める	*zum Äußersten treiben, beherrschen*	きわめる
究明	*Untersuchung (akademisch oder wissenschaftlich)*	キュウメイ
究竟	*Kulmination, Abschluss*	クキョウ
究竟	*schließlich, am Ende, endlich, ausgezeichnet, ideal*	クッキョウ

Reihenfolge der Striche

Übung zum Schreiben

	Bedeutung	Musik, Komfort	Bestandteile	冫木白
	Radikal	木	Kun'yomi	たの(しい)
	Striche	13	On'yomi	ガク、ラク

Vokabeln	Bedeutung	Aussprache
楽しい	*erfreulich, Spaß, angenehm, glücklich*	たのしい
楽	*Komfort, Leichtigkeit, Erleichterung, leicht*	ガク
楽	*Ausflug, Exkursion, Vergnügungsreise*	ラク
行楽	*Musik, alte japanische Hofmusik*	コウラク

Reihenfolge der Striche

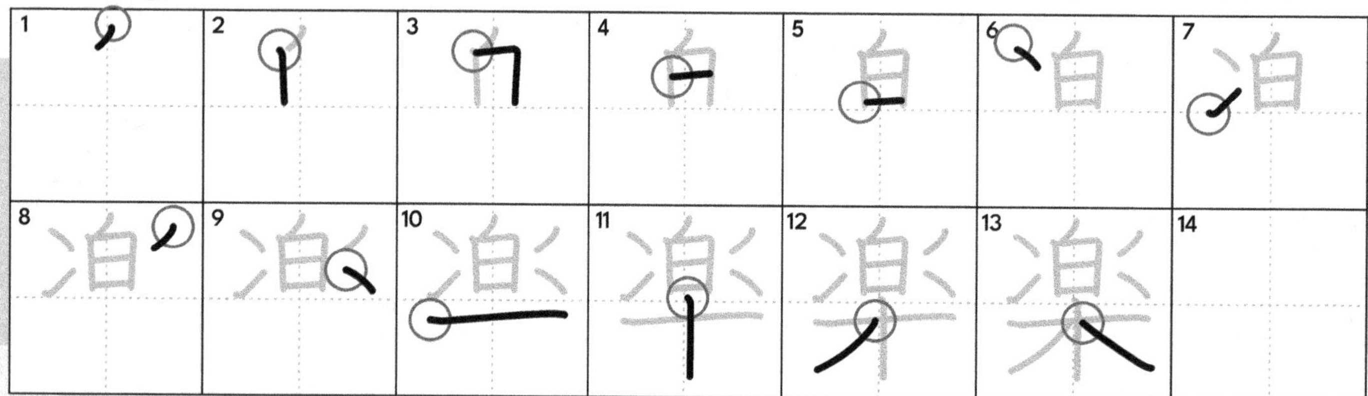

Übung zum Schreiben

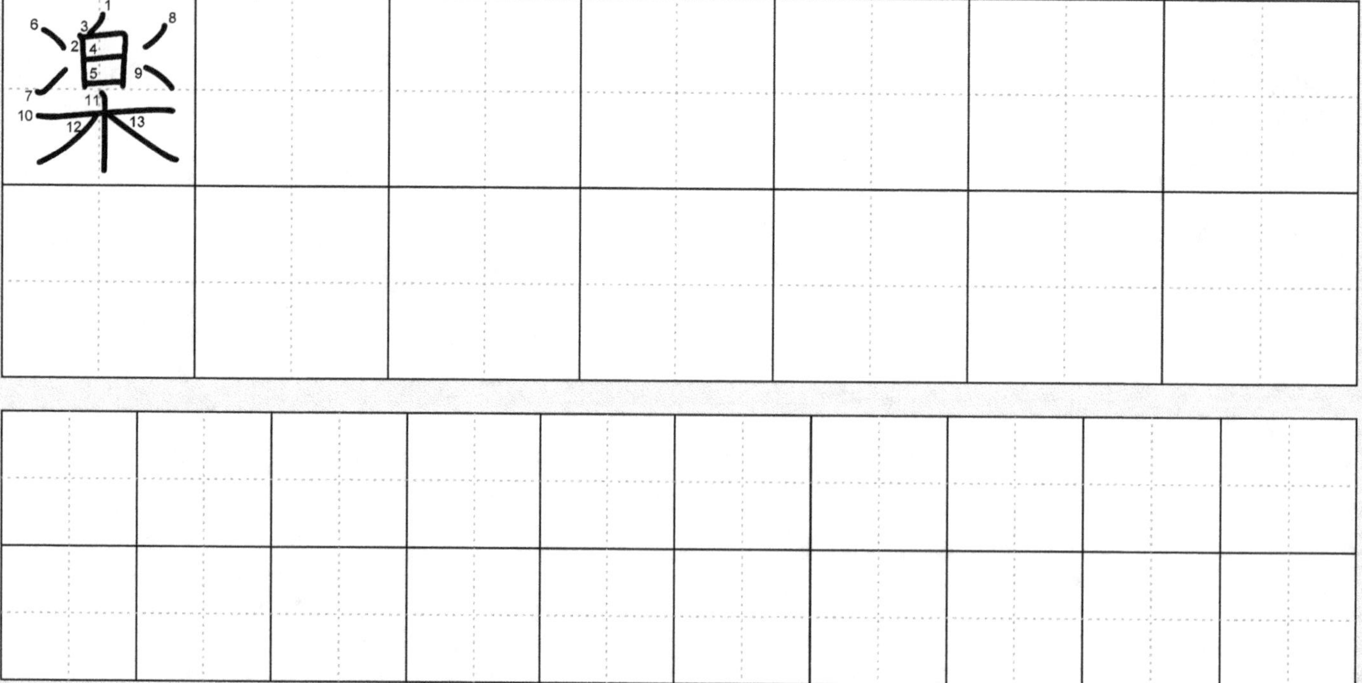

Bedeutung	aufwachen, aufstehen	Bestandteile	土 已 走
Radikal	走 (赱)	Kun'yomi	お(きる)、おこ(す)
Striche	10	On'yomi	キ

Vokabeln	Bedeutung	Aussprache
起きる	*aufstehen, sich erheben, aufwecken*	おきる
起源	*Ursprung, Anfang, Quelle, Aufstieg*	キゲン
起こる	*auftreten, geschehen*	おこる
起こす	*aufrichten, aufstehen, aufstellen, aufheben*	おこす

Reihenfolge der Striche

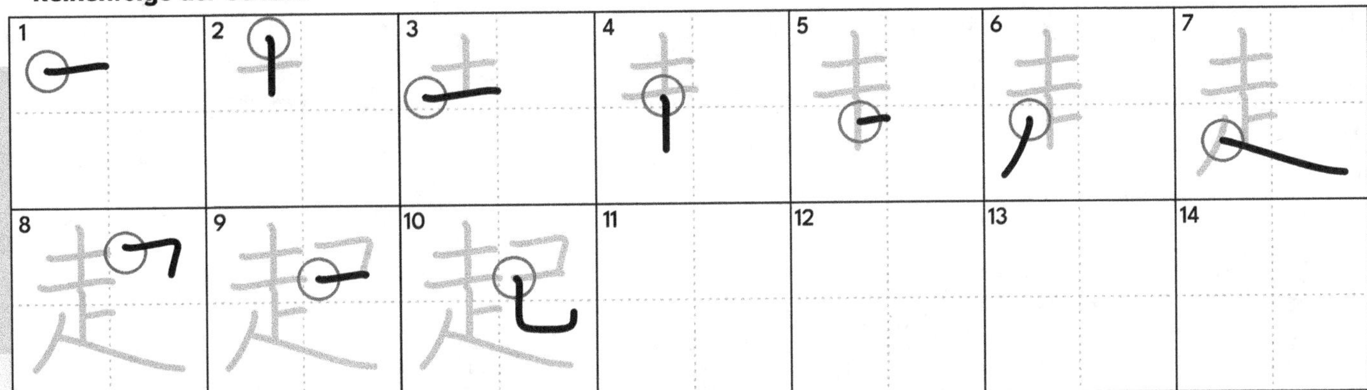

Übung zum Schreiben

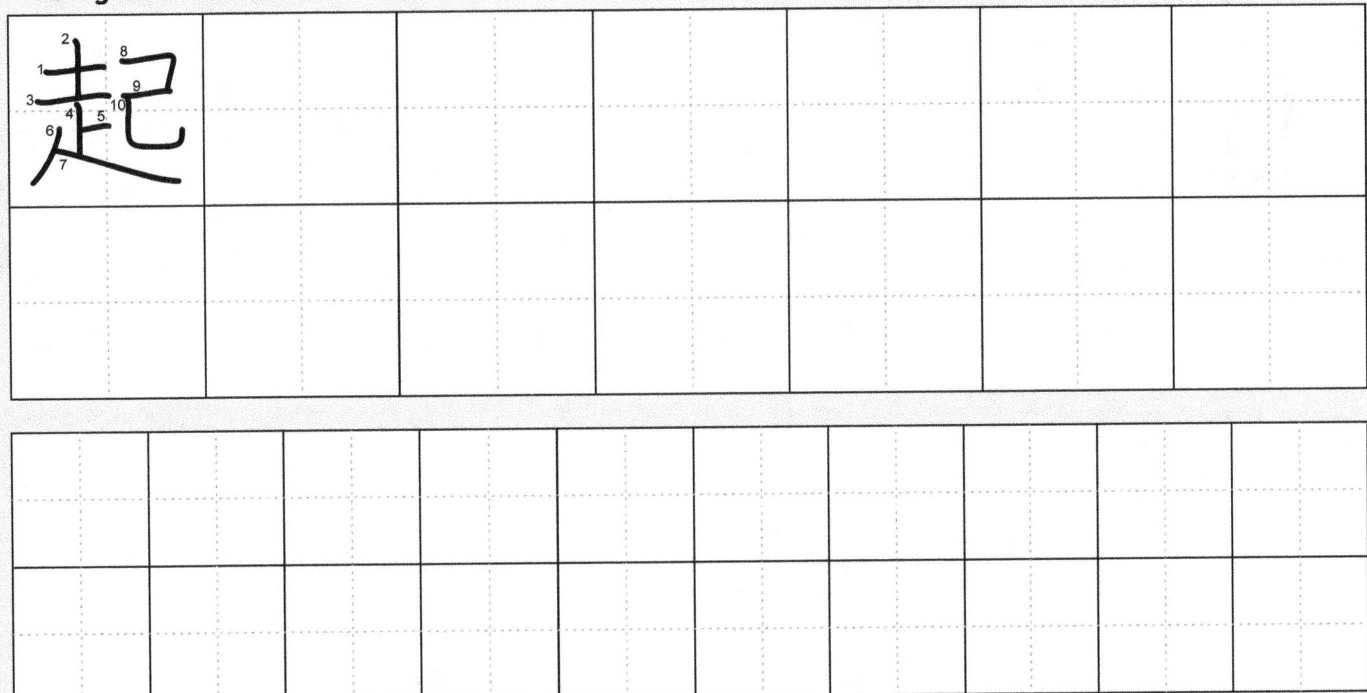

Bedeutung	ankommen, tragen	Bestandteile	ノ并王目羊
Radikal	目	Kun'yomi	き(る)、つ(く)
Striche	12	On'yomi	チャク

Vokabeln	Bedeutung		Aussprache
着る	*tragen, anziehen, ertragen*		きる
着く	*ankommen, erreichen, darauf sitzen*		つく
着	*ankommen, ankommen bei ...*		チャク
決着	*Abschluss, Entscheidung, Ende*		ケッチャク

Reihenfolge der Striche

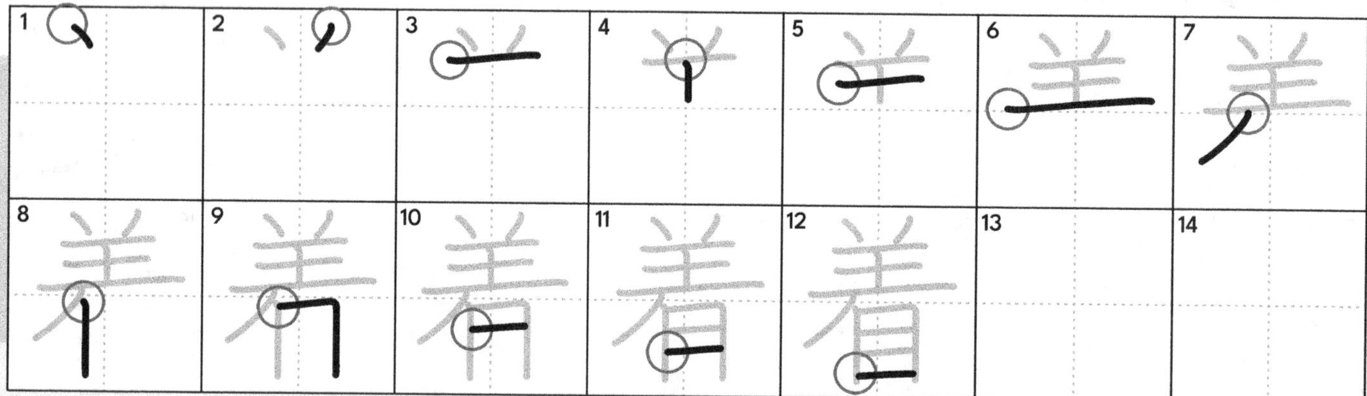

Übung zum Schreiben

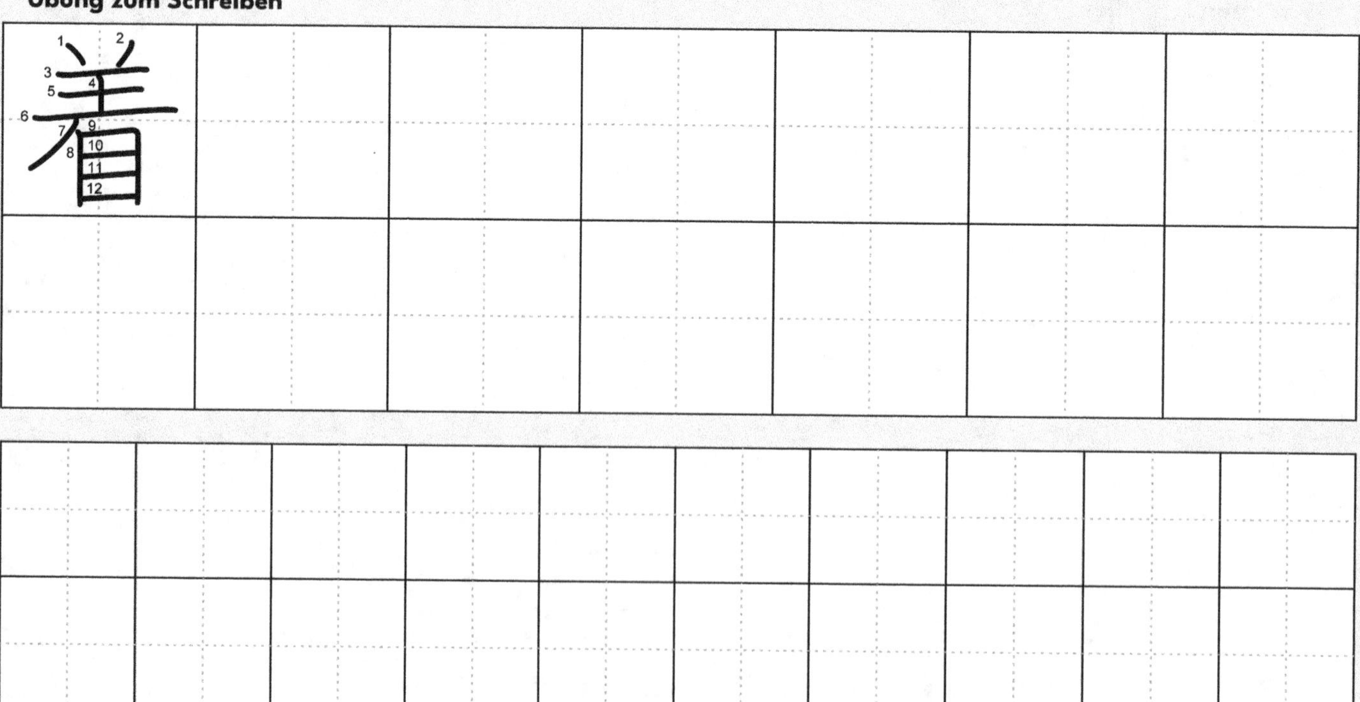

Bedeutung	schlecht, krank	Bestandteile	一 人 冂 疒
Radikal	疒	Kun'yomi	や(む)
Striche	10	On'yomi	ビョウ

Vokabeln	Bedeutung	Aussprache
病む	*krank werden, leiden an... (z. B. einer Krankheit)*	やむ
病	*Seuche, schlechte Angewohnheit, Schwäche*	やまい
病	*Krankheit*	ビョウ
病院	*Krankenhaus, Klinik, Arztpraxis, Krankenstation*	ビョウイン

Reihenfolge der Striche

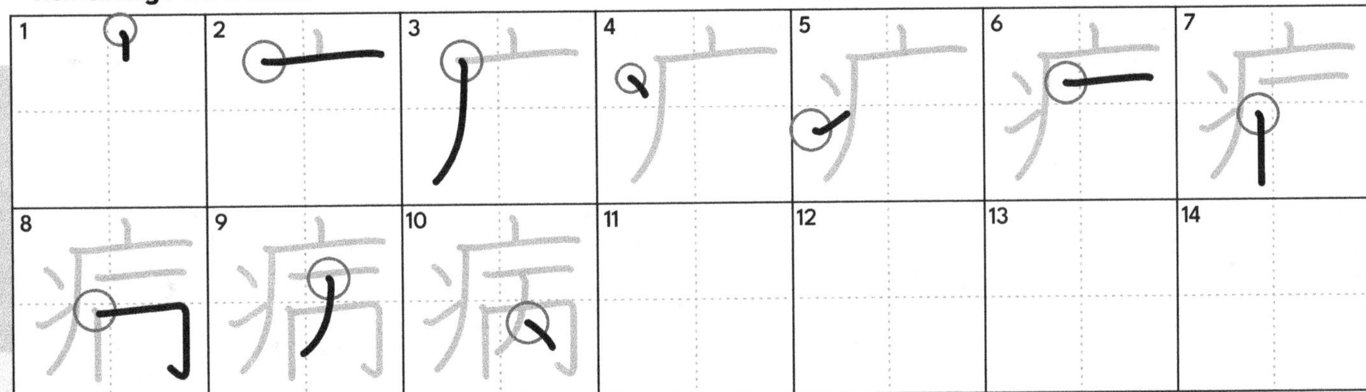

Übung zum Schreiben

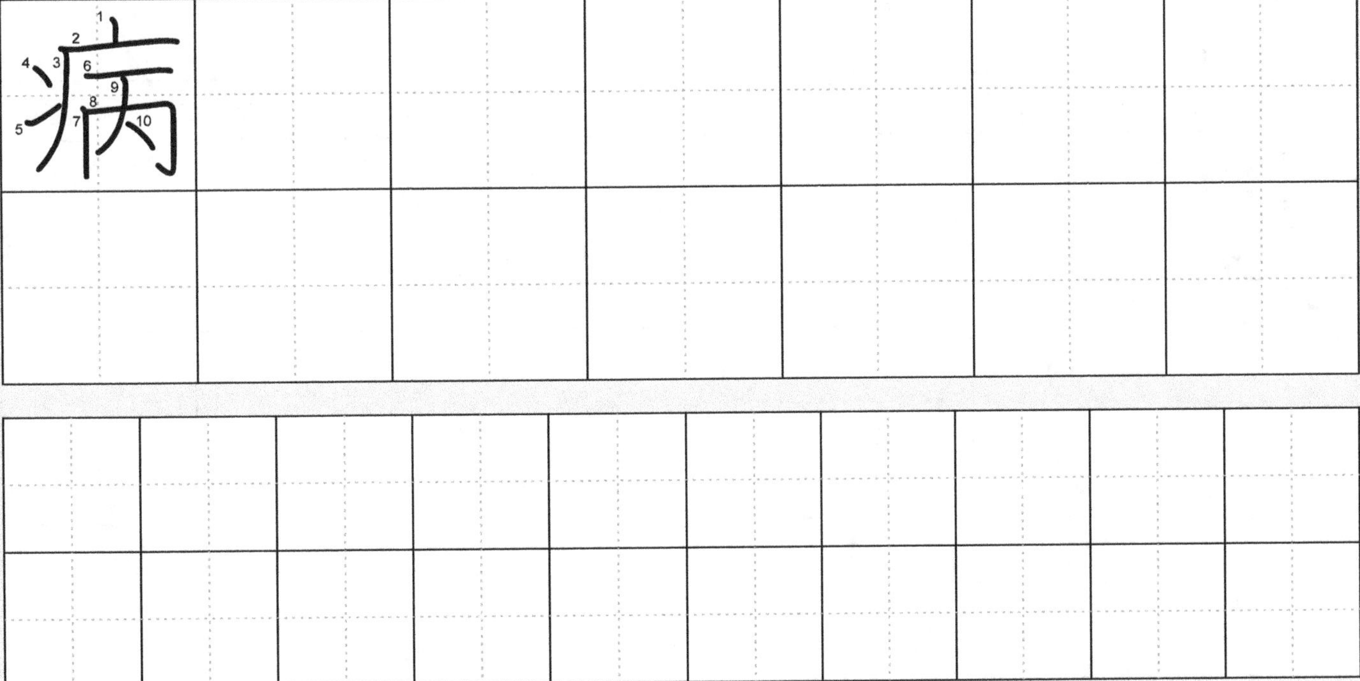

Bedeutung	Inhalt, Qualität	Bestandteile	八 斤 目 貝
Radikal	貝	Kun'yomi	たち、ただ(す)
Striche	15	On'yomi	シツ、シチ

Vokabeln	Bedeutung	Aussprache
質	Natur (einer Person), Veranlagung	たち
質質質質	Qualität, Wert, Natur, Charakter	シツ
	Pfand, Pfandgegenstand, Pfand	シチ
質す	fragen (über), sich erkundigen	ただす

Reihenfolge der Striche

Übung zum Schreiben

Bedeutung	warten, abhängen von	Bestandteile	土 寸 彳
Radikal	彳	Kun'yomi	ま(つ)
Striche	9	On'yomi	タイ

Vokabeln	Bedeutung	Aussprache
待つ	warten, abwarten, sich darauf freuen	まつ
待遇	Behandlung, Empfang, Service	タイグウ
歓待	herzlich willkommen, freundlicher Empfang	カンタイ
待機	bereitstehen, auf eine Gelegenheit warten	タイキ

Reihenfolge der Striche

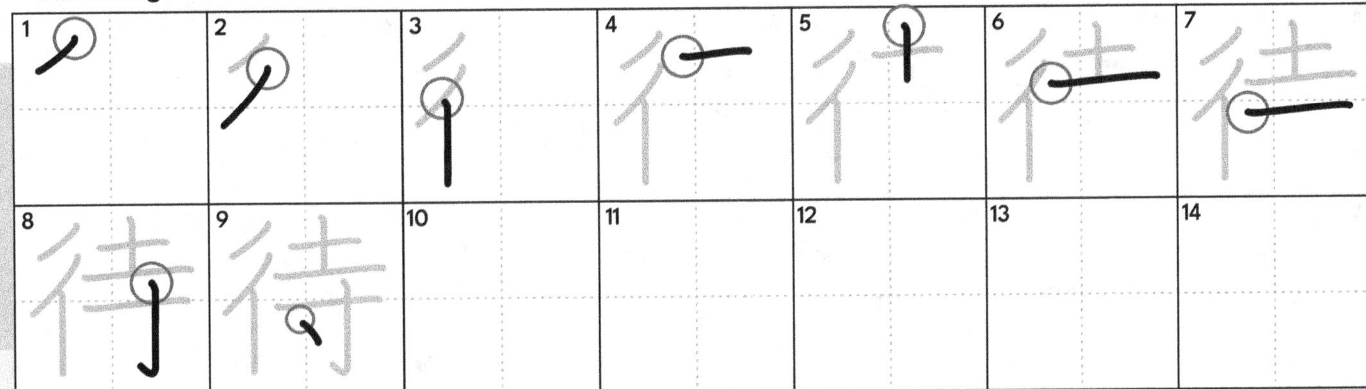

Übung zum Schreiben

Bedeutung	testen, versuchen	Bestandteile	工 弋 言
Radikal	言 (訁)	Kun'yomi	こころ(みる)、ため(す)
Striche	13	On'yomi	シ

Vokabeln	Bedeutung	Aussprache
試みる	versuchen, versuchen, etwas ausprobieren	こころみる
試	Prüfung, Experiment, Test, Untersuchung	シ
試す	ausprobieren, etwas versuchen	ためす
考試	Test, Prüfung	コウシ

Reihenfolge der Striche

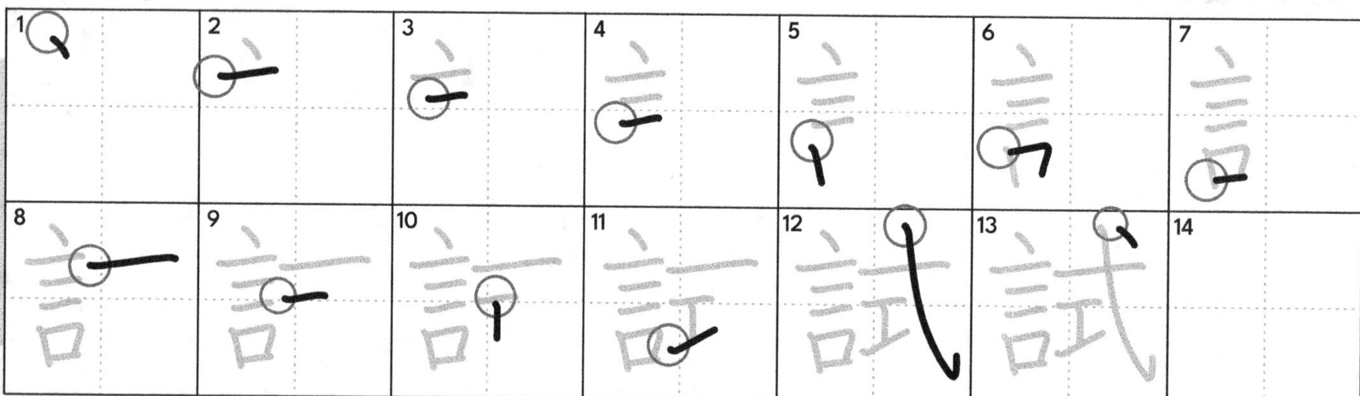

Übung zum Schreiben

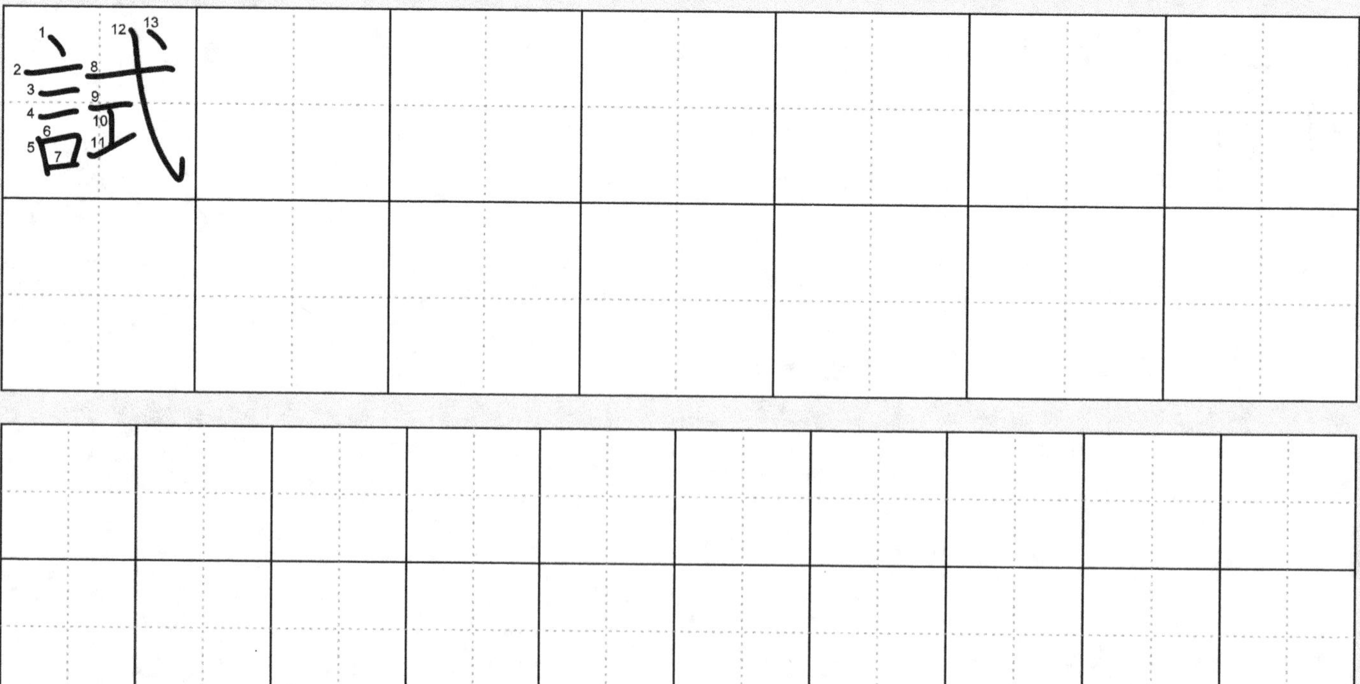

族

Bedeutung	Stamm, Familie	Bestandteile	方 矢 乞
Radikal	方	Kun'yomi	
Striche	11	On'yomi	ゾク

Vokabeln	Bedeutung	Aussprache
族	*Stamm, Clan, Band, Familie*	ゾク
族長	*Patriarch, Oberhaupt einer Familie*	ゾクチョウ
皇族	*kaiserliche Familie, Königtum*	コウゾク
王族	*Königtum*	オウゾク

Reihenfolge der Striche

Übung zum Schreiben

銀

Bedeutung	Silber	Bestandteile	艮 金
Radikal	金 (金)	Kun'yomi	
Striche	14	On'yomi	ギン

Vokabeln	Bedeutung	Aussprache
銀	Silber (Ag), Silbermünze, Geld, Silbermedaille, Silberfarbe, Bank, Silber allgemein	ぎん / ギン
銀色	Silber (Farbe)	ギンイロ
世銀	Weltbank	セギン

Reihenfolge der Striche

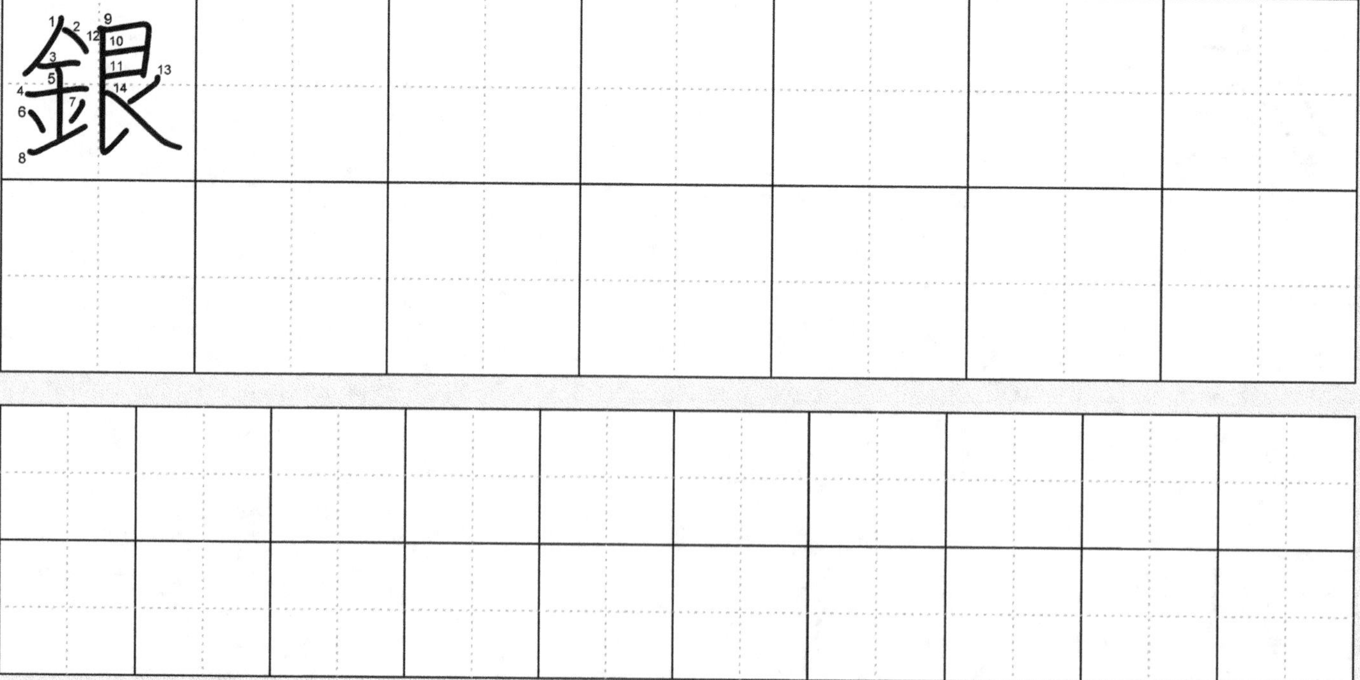

Übung zum Schreiben

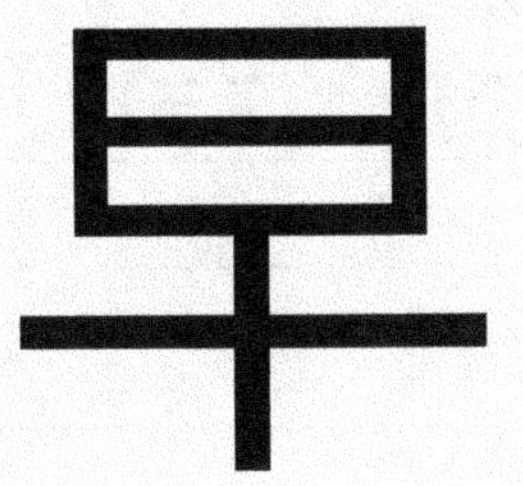

Bedeutung	früh, schnell	Bestandteile	十 日
Radikal	日	Kun'yomi	はや(い)
Striche	6	On'yomi	ソウ、サッ

Vokabeln	Bedeutung	Aussprache
早い	*schnell, zügig, prompt*	はやい
早	*bereits, jetzt, zu dieser Zeit, schnell*	はや
早急	*sofort, prompt, schnell, zügig, dringend*	ソウキュウ
早速	*sofort, unverzüglich, ohne Verzögerung*	サッソク

Reihenfolge der Striche

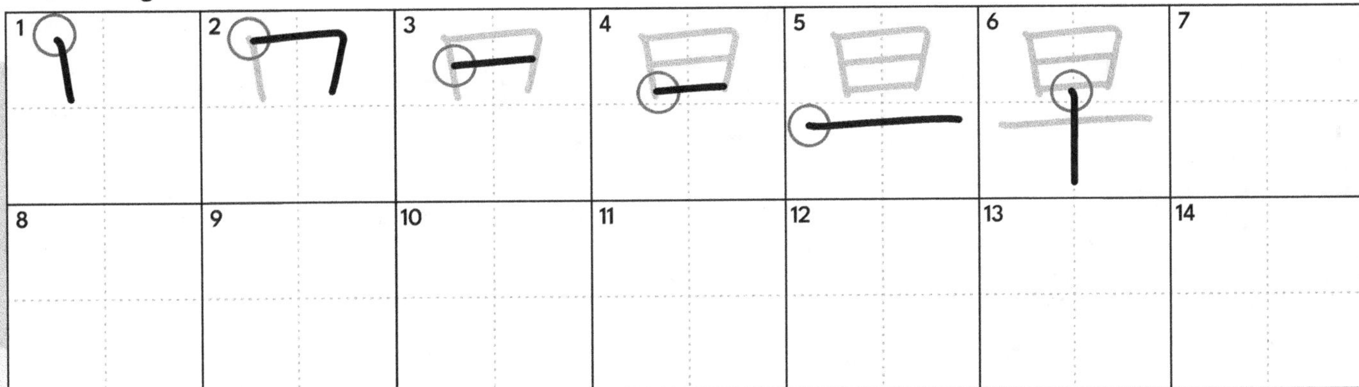

Übung zum Schreiben

Bedeutung	reflektieren, Reflexion	Bestandteile	ノ 冂 大 日
Radikal	日	Kun'yomi	うつ(る)、は(える)
Striche	9	On'yomi	エイ

Vokabeln	Bedeutung	Aussprache
映る	*reflektiert werden, harmonieren mit*	うつる
映す	*projizieren, reflektieren, Schatten werfen*	うつす
映える	*glänzen, glühen, attraktiv aussehen*	はえる
映画	*Film, Kinofilm*	エイガ

Reihenfolge der Striche

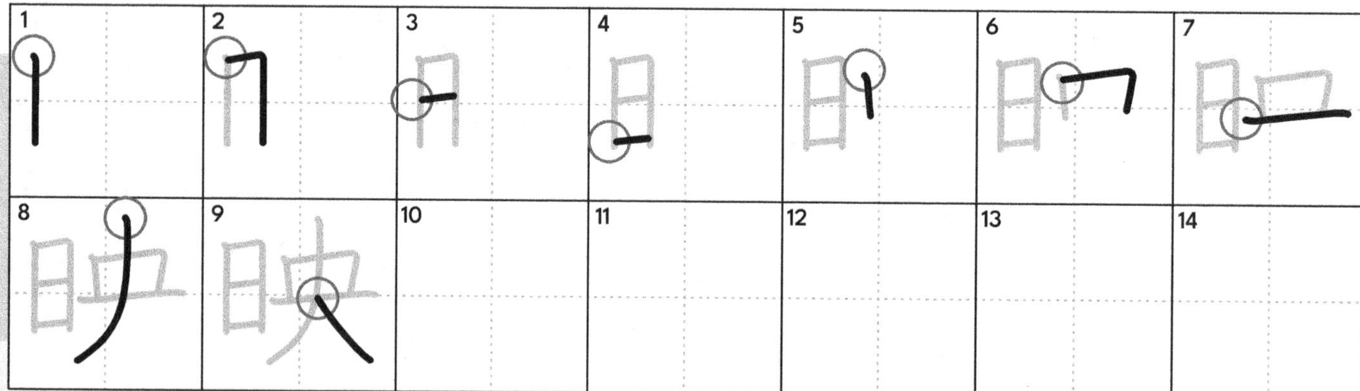

Übung zum Schreiben

Bedeutung	relativ, Vertrautheit	Bestandteile	亠 幷 木 立 見 辛
Radikal	見	Kun'yomi	おや、した(しい)
Striche	16	On'yomi	シン

Vokabeln	Bedeutung	Aussprache
親	*Eltern, Mutter und Vater, Banker*	おや
親しい	*nah, vertraut, freundlich, intim*	したしい
親	*Intimität/Nähe, Freundlichkeit, enger Verwandter*	シン
親方	*Meister, Chef, Vorarbeiter, Vorgesetzter*	おやかた

Reihenfolge der Striche

Übung zum Schreiben

験

Bedeutung	Wirkung, Prüfung	Bestandteile	人 个 口 杰 馬
Radikal	馬	Kun'yomi	
Striche	18	On'yomi	ケン

Vokabeln	Bedeutung	Aussprache
徴	*Zeichen, Hinweis, Vorzeichen*	しるし
験	*Wirkung, Wirksamkeit, Vorzeichen*	ゲン
霊験	*wundersame Wirkung, Wunder*	レイゲン
筆記試験	*schriftliche Prüfung*	ヒッキシケン

Reihenfolge der Striche

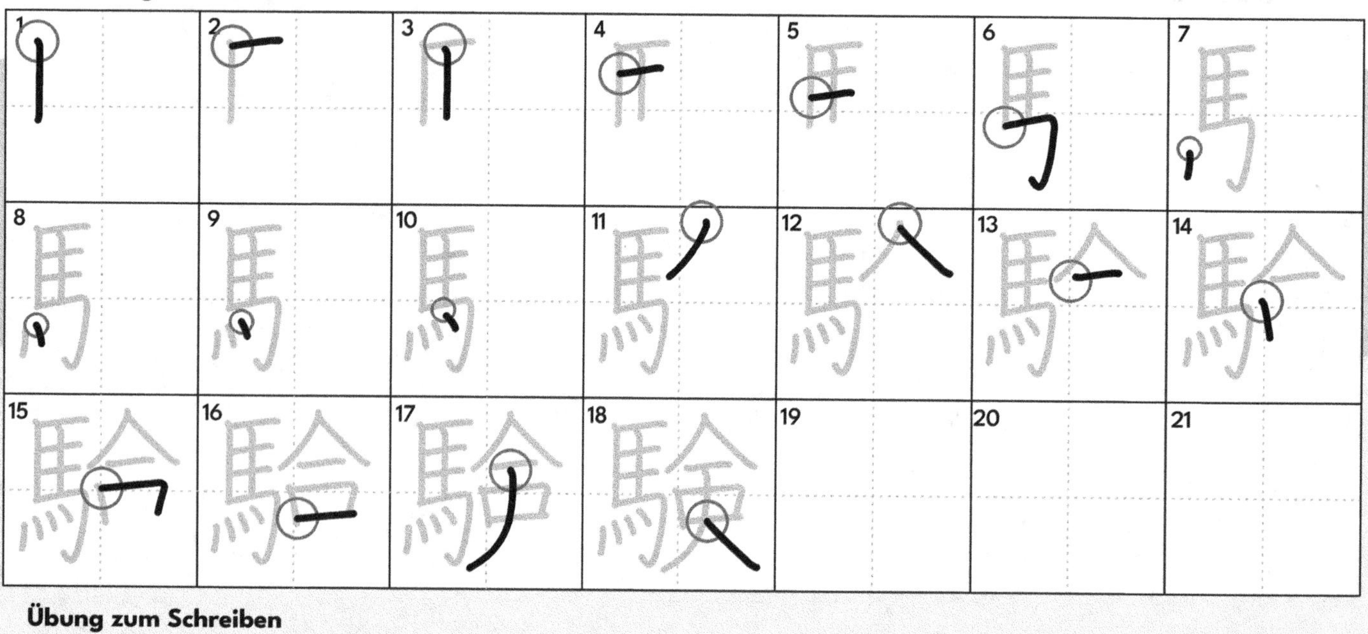

Übung zum Schreiben

Bedeutung	England, Englisch	Bestandteile	ノ 一 大 艾
Radikal	艸 (艹)	Kun'yomi	
Striche	8	On'yomi	エイ

Vokabeln	Bedeutung		Aussprache
英	Vereinigtes Königreich, Großbritannien		エイ
英語	Englisch (Sprache)		エイゴ
和英	Japanisch-Englisch (Wörterbuch)		ワエイ

Reihenfolge der Striche

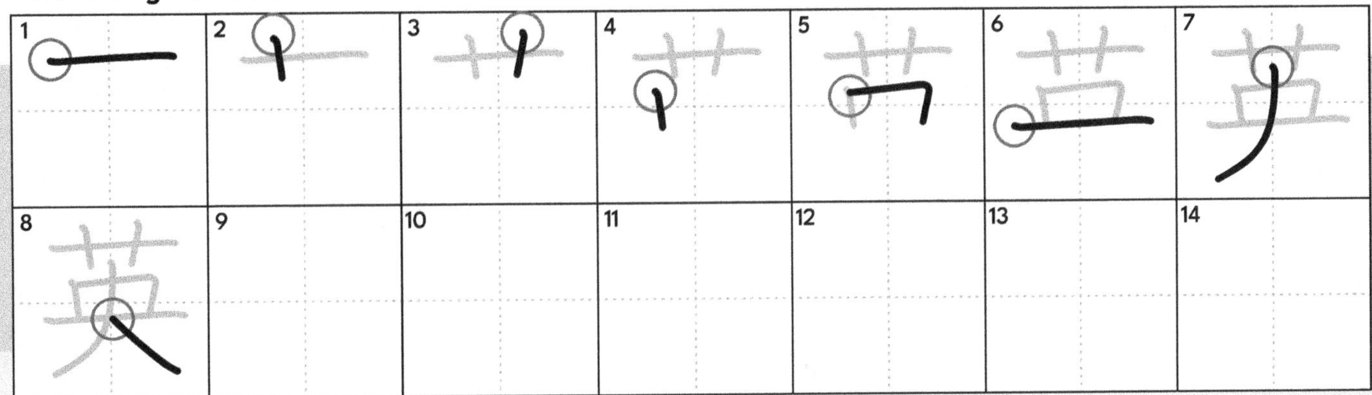

Übung zum Schreiben

Bedeutung	Arzt, Medizin	Bestandteile	匸 矢 乞
Radikal	匸	Kun'yomi	
Striche	7	On'yomi	イ

Vokabeln	Bedeutung	Aussprache
医	*Medizin, Heilkunst, Heilen, Kurieren, Arzt*	イ
医院	*Arztpraxis, Arztpraxis, Klinik*	イイン
軍医	*Militärarzt oder Chirurg*	グンイ
校医	*Schularzt*	コウイ

Reihenfolge der Striche

Übung zum Schreiben

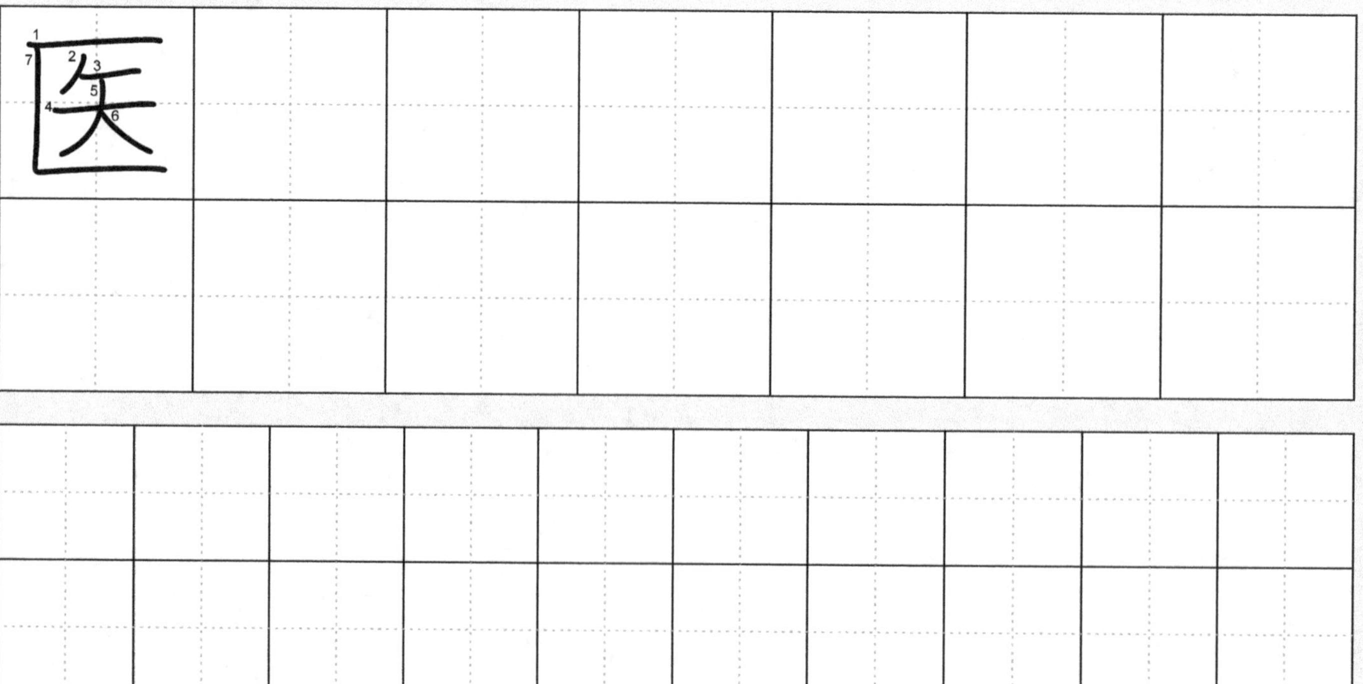

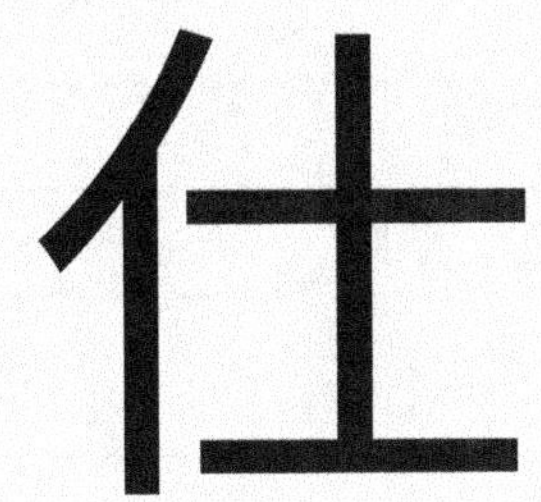

Bedeutung	teilnehmen, tun, offiziell	Bestandteile	化 士
Radikal	人（亻）	Kun'yomi	
Striche	5	On'yomi	シ

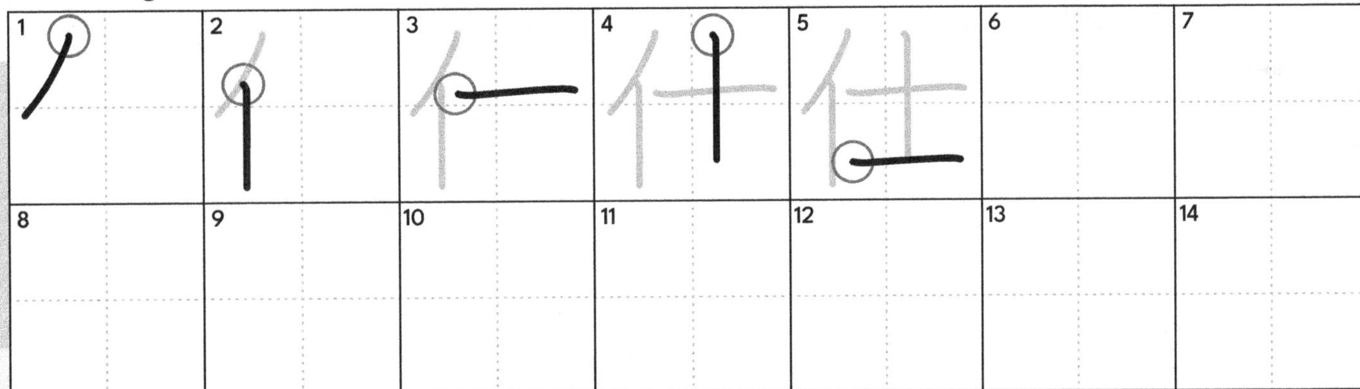

Vokabeln	Bedeutung	Aussprache
仕	*Beamter, Zivildienst*	シ
社会奉仕	*freiwilliger sozialer Dienst*	シャカイホウシ
致仕	*Rücktritt, siebzigjährig*	チシ
仕込み	*gelernt am ..., erworben am ...*	ジコミ

Reihenfolge der Striche

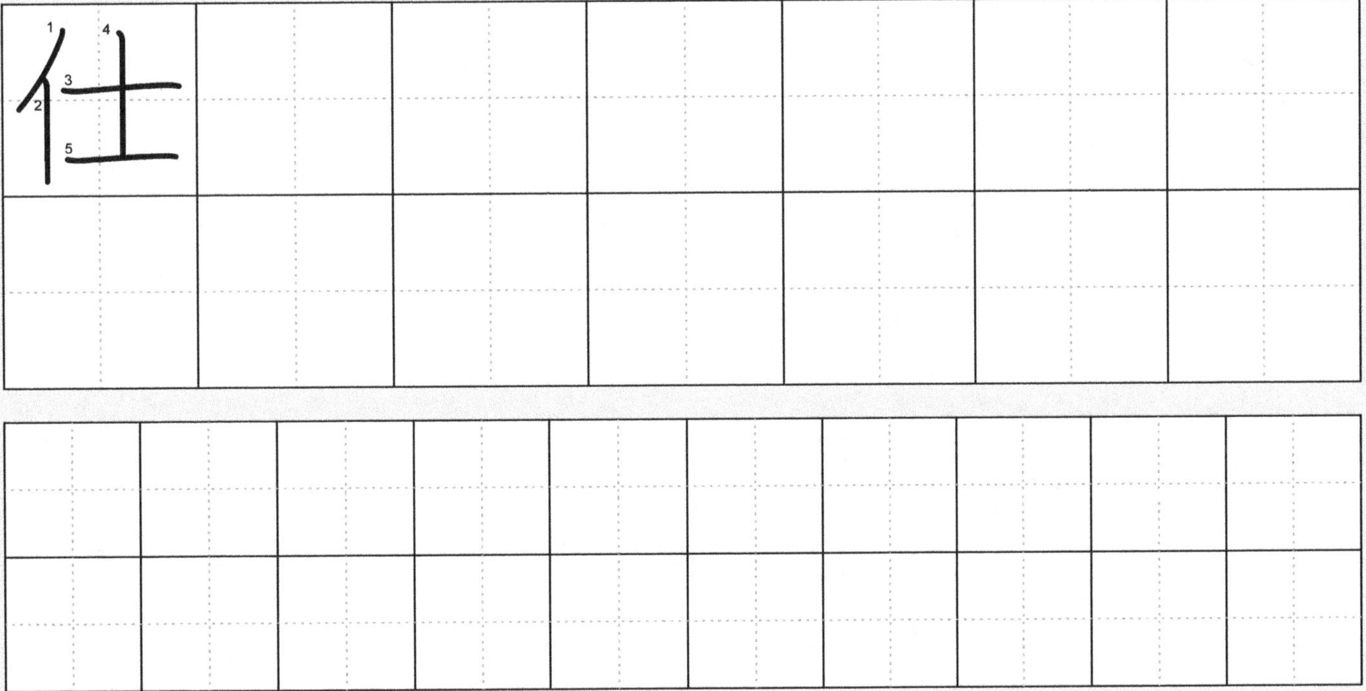

Übung zum Schreiben

Bedeutung	weg, vorbei, kündigen	Bestandteile	ム 土
Radikal	ム	Kun'yomi	さ(る)
Striche	5	On'yomi	キョ、コ

Vokabeln	Bedeutung	Aussprache
去る	verlassen, fortgehen, vergehen, vergehen	ぎんこう
去年	letztes Jahr	キョネン
大過去	Plusquamperfekt, Pluperfekt	ダイカコ
去就	gehen oder bleiben, (seine) Handlung	キョシュウ

Reihenfolge der Striche

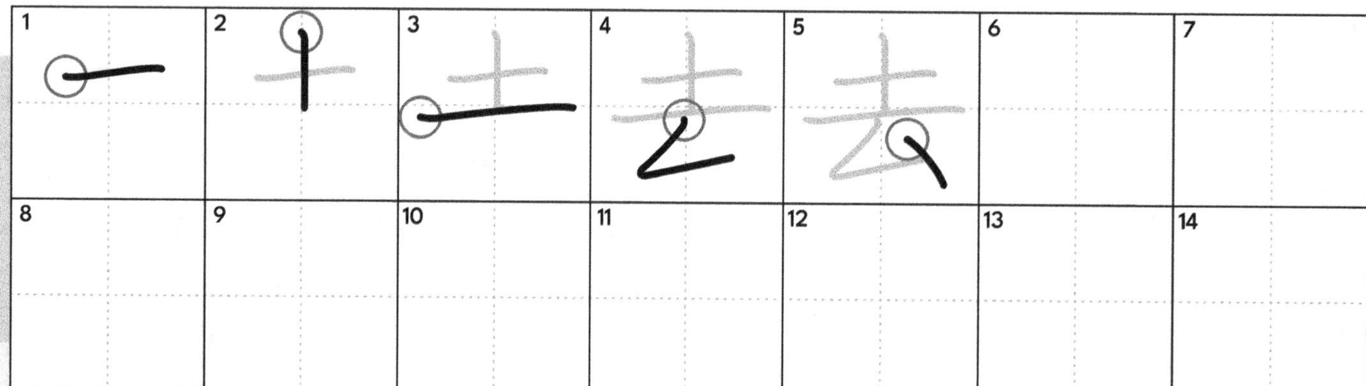

Übung zum Schreiben

Bedeutung	Aroma, Geschmack	Bestandteile	丨 二 𠂉 ハ 口 木
Radikal	口	Kun'yomi	あじ
Striche	8	On'yomi	ミ

Vokabeln	Bedeutung	Aussprache
味	Geschmack, Aroma, Charme, Attraktivität	あじ
味	Zähler für Essen und Trinken	ミ
味覚	Geschmack, Gaumen, Geschmackssinn	ミカク
味付け	Würze, Aroma, Geschmacksrichtung	あじつけ

Reihenfolge der Striche

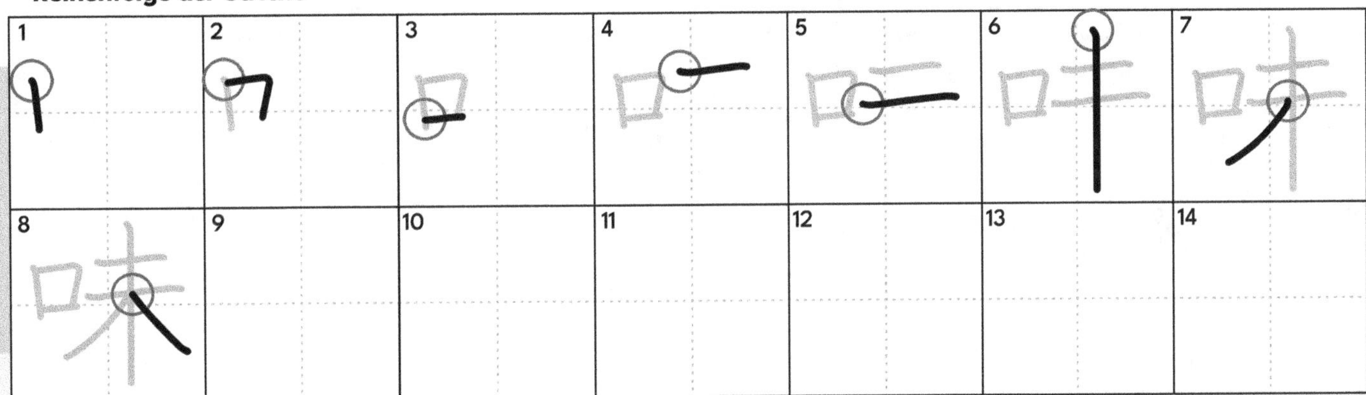

Übung zum Schreiben

Bedeutung	kopieren, beschreiben		Bestandteile	一 冖 ク
Radikal	冖		Kun'yomi	うつ(る)
Striche	5		On'yomi	シャ

Vokabeln	Bedeutung	Aussprache
写す	abzuschreiben, zu vervielfältigen / reproduzieren	うつす
写る	fotografiert werden, projiziert werden	うつる
写真	Fotografie, Foto, Bild, Schnappschuss	シャシン
活写	anschauliche Beschreibung	カッシャ

Reihenfolge der Striche

1	2	3	4	5	6	7

8	9	10	11	12	13	14

Übung zum Schreiben

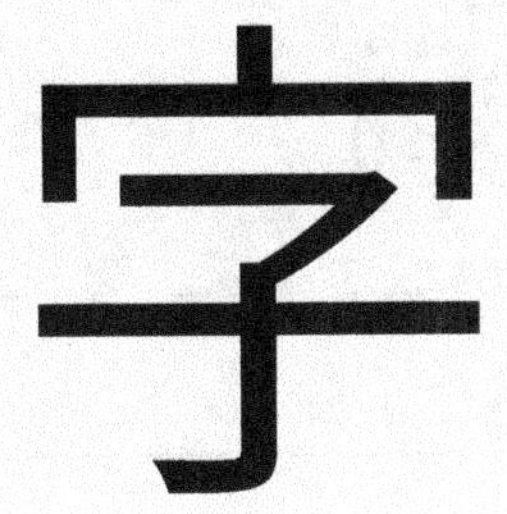

Bedeutung	Zeichen, Buchstabe	Bestandteile	子 宀
Radikal	子	Kun'yomi	
Striche	6	On'yomi	ジ

Vokabeln	Bedeutung	Aussprache
字	*Zeichen (insbesondere Kanji), Buchstabe, geschriebener Text, Handschrift, Schreibkunst*	ジ
字形	*Zeichenstil, Zeichenform*	ジケイ
英字	*Englischer Buchstabe, Alphabetisches Zeichen*	エイジ

Reihenfolge der Striche

Übung zum Schreiben

答

Bedeutung	Lösung, Antwort	**Bestandteile**	一 个 口 竹 乞
Radikal	竹 (⺮)	**Kun'yomi**	こた(える)
Striche	12	**On'yomi**	トウ

Vokabeln	Bedeutung	Aussprache
答える	*antworten*	こたえる
答申	*Bericht, Antwort, Ergebnisse*	トウシン
答え	*Antwort, Lösung*	こたえ
正答	*richtige Antwort*	セイトウ

Reihenfolge der Striche

Übung zum Schreiben

Bedeutung	Nacht, Abend	Bestandteile	亠 化 夕
Radikal	夕	Kun'yomi	よ、よる
Striche	8	On'yomi	ヤ

Vokabeln	Bedeutung		Aussprache
夜	*Abend, Nacht, Abendessen*		よる
夜明け	*Morgendämmerung, Tagesanbruch*		よあけ
夜	*Zähler für Nächte*		ヤ
同夜	*dieselbe Nacht, diese Nacht*		ドウヤ

Reihenfolge der Striche

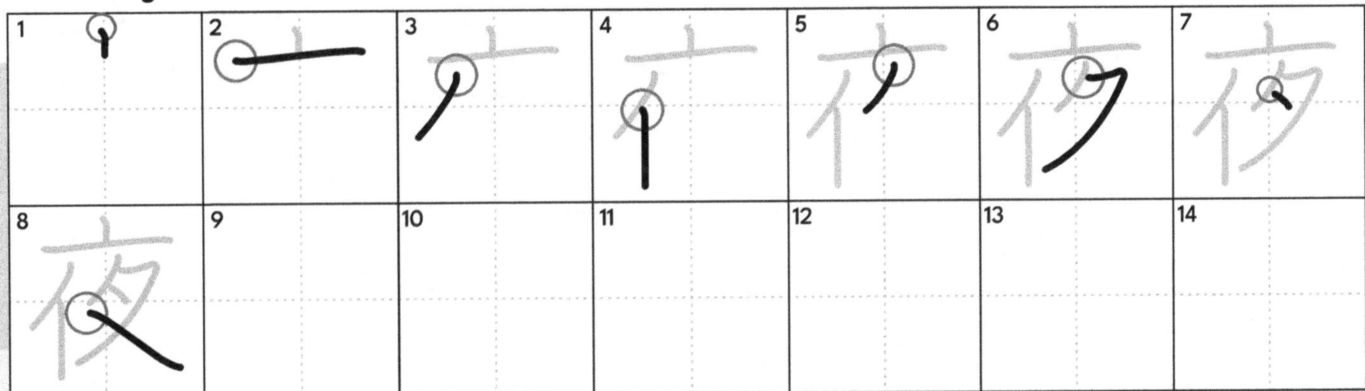

Übung zum Schreiben

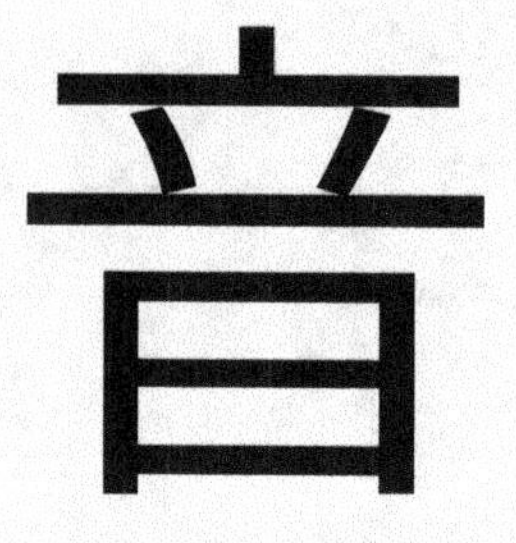

Bedeutung	Klang, Lärm		Bestandteile	日 立 音
Radikal	音 (sound)		Kun'yomi	おと、ね
Striche	9		On'yomi	オン

Vokabeln	Bedeutung	Aussprache
音	*Klang, Lärm, Bericht, Notiz, Ruhm*	おと/オト
弱音	*schwache Beschwerde, Wimmern*	よわね
音楽	*Musik*	オンガク
音信	*Korrespondenz, Nachrichten, Brief, Nachricht*	オンシン

Reihenfolge der Striche

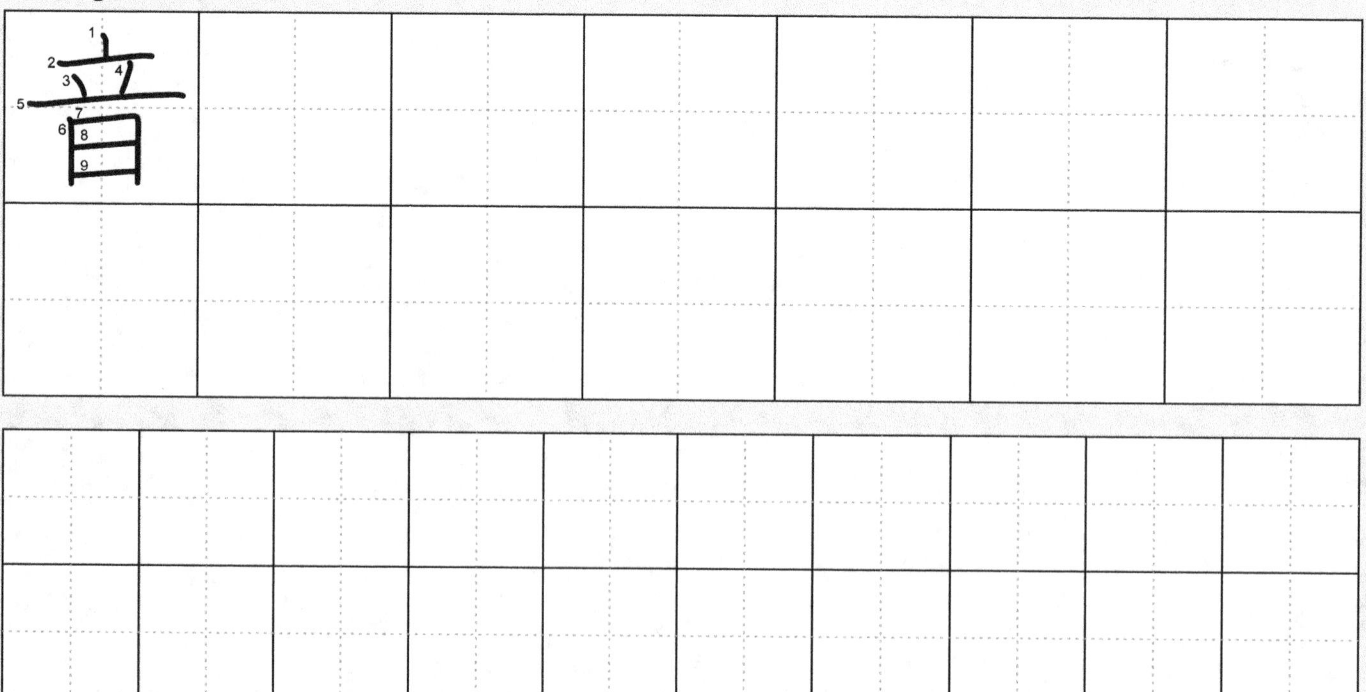

Übung zum Schreiben

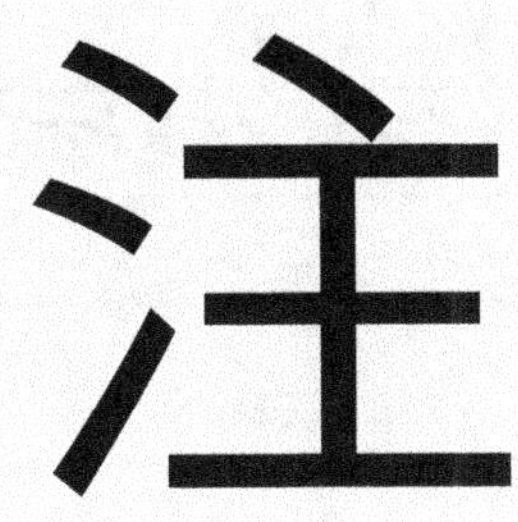

Bedeutung	gießen, bewässern	Bestandteile	丶 汁 王
Radikal	水 (氵, 氺)	Kun'yomi	そそ(ぐ)、さ(す)、つ(ぐ)
Striche	8	On'yomi	チュウ

Vokabeln	Bedeutung	Aussprache
注ぐ	*aufgießen, aufstreuen (von oben)*	そそぐ
注す	*einfüllen (Flüssigkeit), servieren (Getränke)*	さす
注	*Bemerkung, Erläuterung, Kommentar*	チュウ
注意	*Aufmerksamkeit, Hinweis, Beachtung, Sorgfalt*	チュウイ

Reihenfolge der Striche

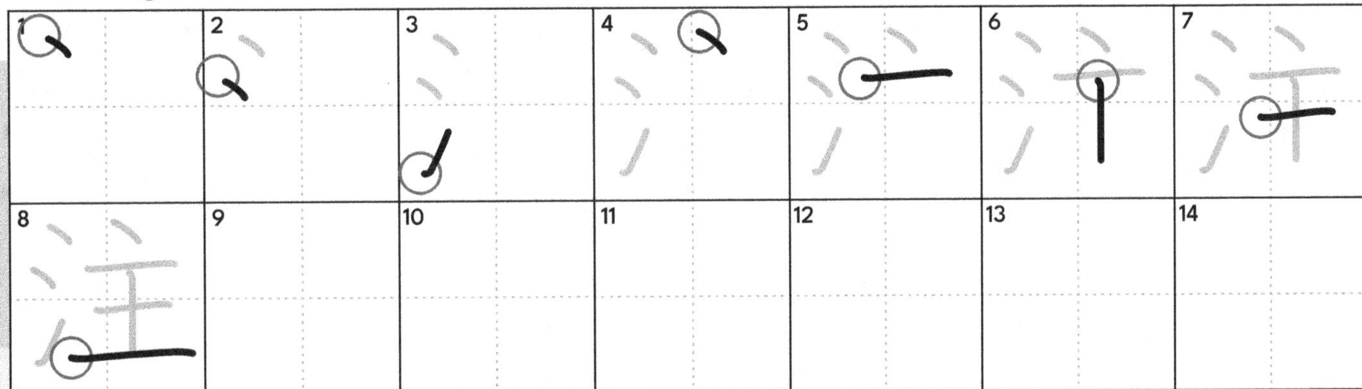

Übung zum Schreiben

Bedeutung	führen, bewirken	Bestandteile	⼀ 刈 巾 ヨ
Radikal	巾	Kun'yomi	かえ(る)、かえ(す)
Striche	10	On'yomi	キ

Vokabeln	Bedeutung	Aussprache
帰る	*zurückkehren, nach Hause kommen/gehen*	かえる
帰還	*(jemanden) zurück / nach Hause schicken*	キカン
帰す	*Rückkehr (nach), Revolution, Wiederkehr*	かえす
回帰	*Rückkehr (nach Hause), Repatriierung*	カイキ

Reihenfolge der Striche

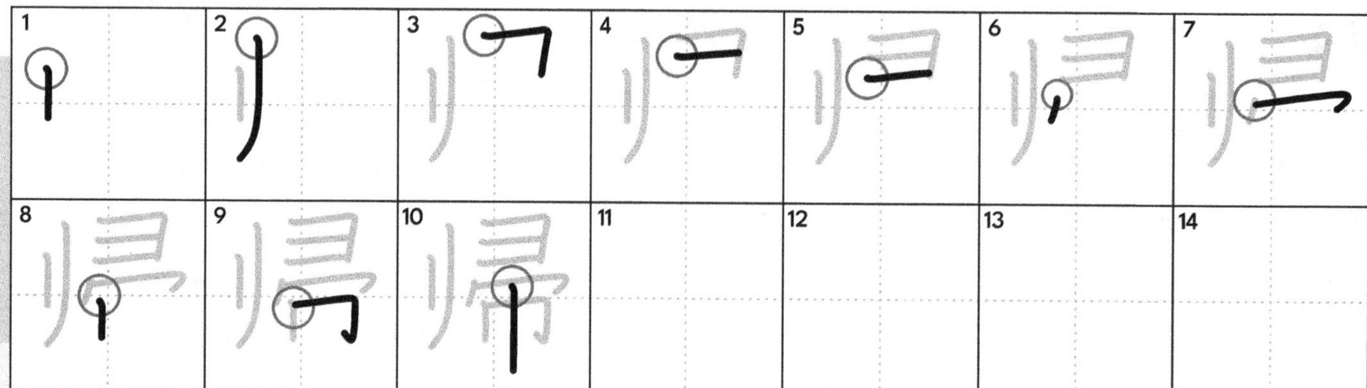

Übung zum Schreiben

Bedeutung	Lied, singen	Bestandteile	一 亅 口 欠
Radikal	欠	Kun'yomi	うた、うた(う)
Striche	14	On'yomi	カ

Vokabeln	Bedeutung	Aussprache
歌	*Lied, Gesang, klassisches japanisches Gedicht*	うた
歌劇	*Oper*	カゲキ
歌曲	*Melodie, Melodie, Lied*	カキョク
歌う	*in einem Gedicht (von der Liebe usw.) singen*	うたう

Reihenfolge der Striche

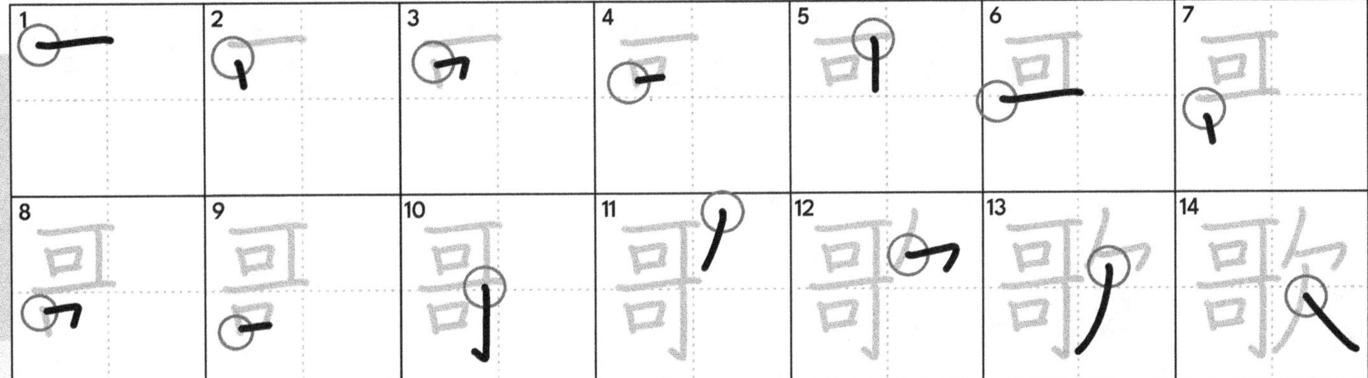

Übung zum Schreiben

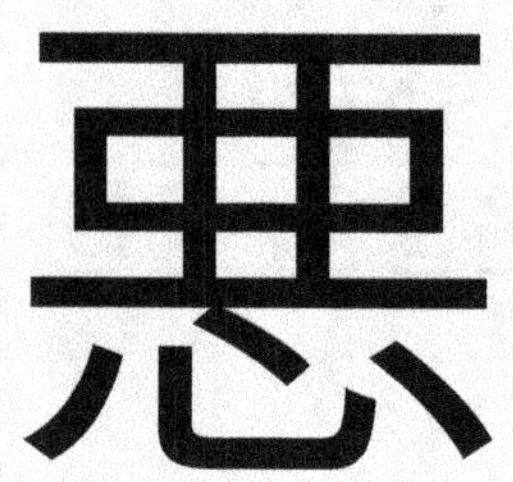

Bedeutung	schlecht, böse, falsch	Bestandteile	一 丨 口 心
Radikal	心 (忄, 小)	Kun'yomi	わる(い)
Striche	11	On'yomi	アク

Vokabeln	Bedeutung	Aussprache
悪い	*schlecht (Qualität), unerwünscht , minderwertig*	わるい
悪	*böse, Schlechtigkeit*	アク
好悪	*Vorlieben und Abneigungen*	コウオ
悪し	*schlecht, böse*	あし

Reihenfolge der Striche

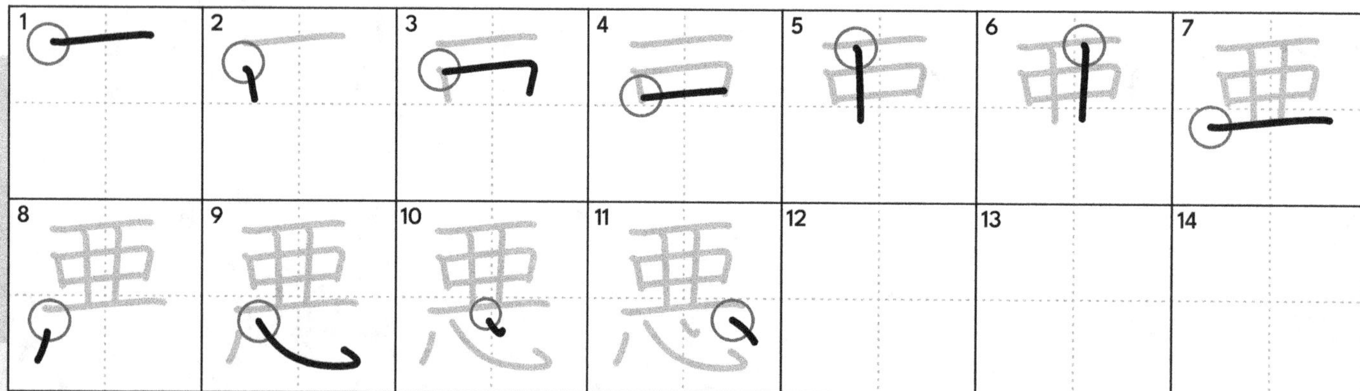

Übung zum Schreiben

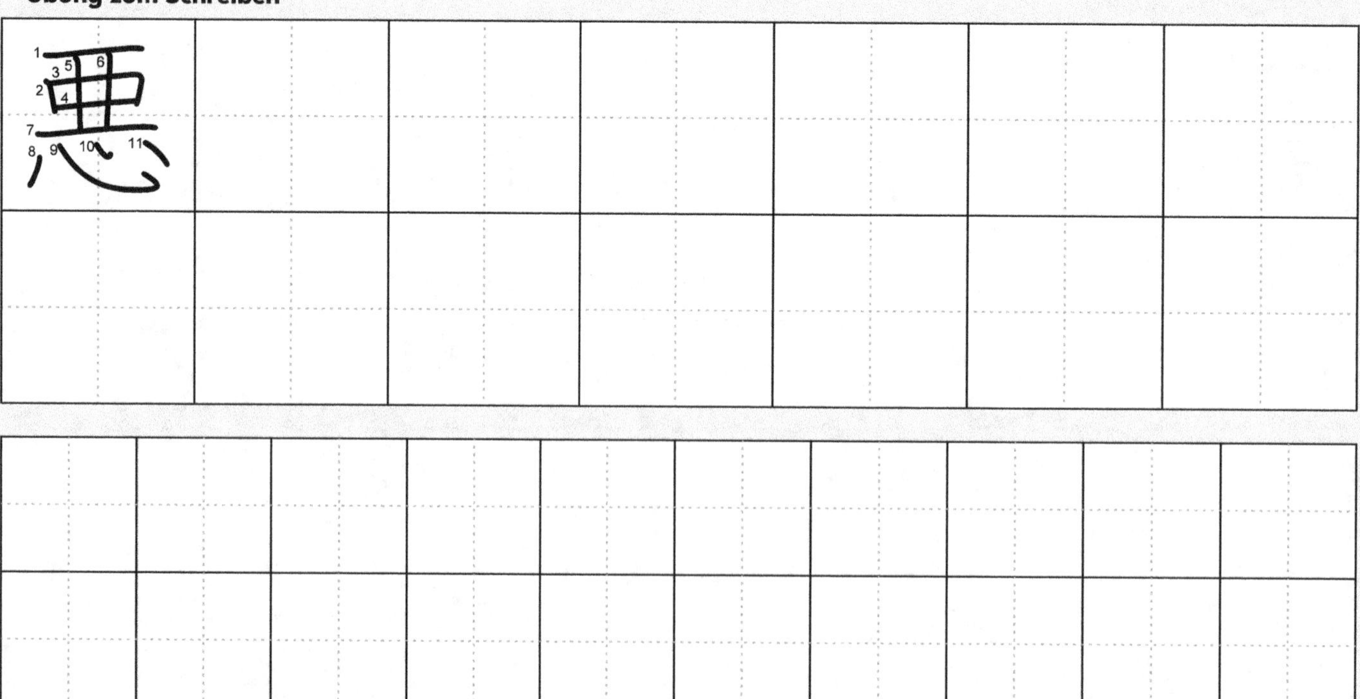

Bedeutung	Karte, Zeichnung	Bestandteile	口 斗
Radikal	口	Kun'yomi	はか(る)
Striche	7	On'yomi	ズ、ト

Vokabeln	Bedeutung	Aussprache
図る	*planen, versuchen, ersinnen, planen, sich verschwören, einen Plan schmieden, ein Ziel verfolgen*	はかる
図	*Zeichnung, Bild, Diagramm, Figur, Illustration*	ズ
図書	*Bücher*	トショ

Reihenfolge der Striche

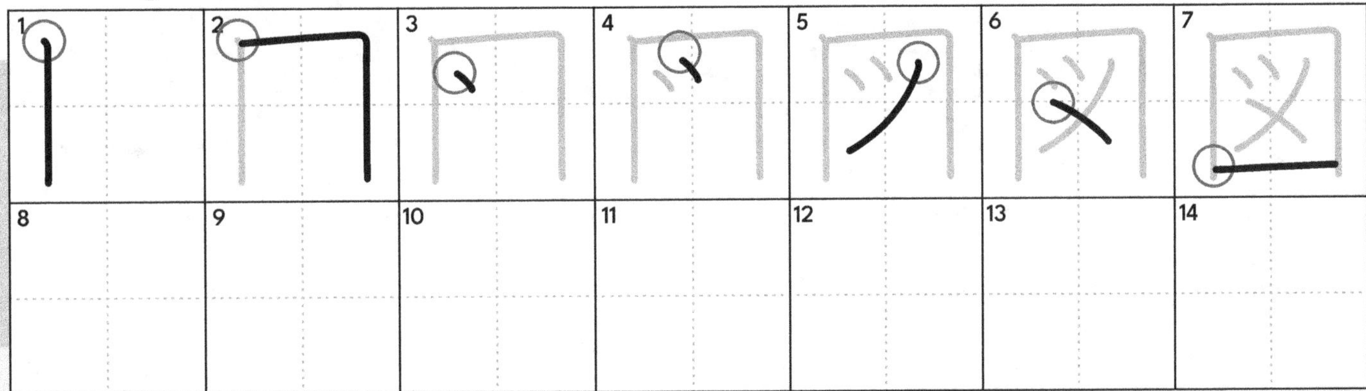

Übung zum Schreiben

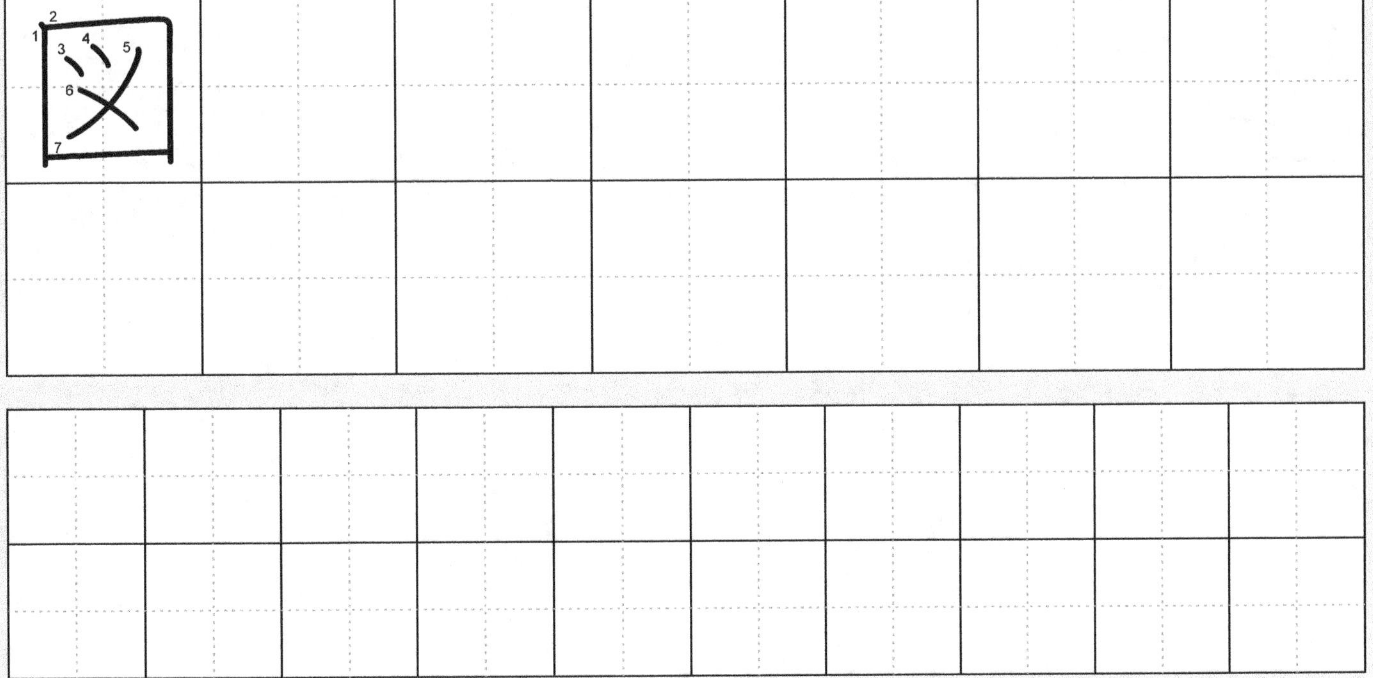

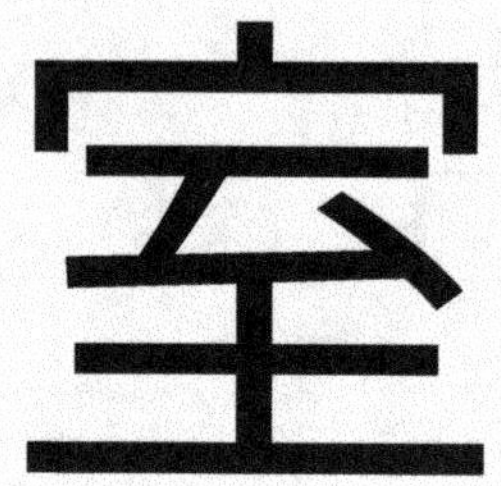

Bedeutung	Zimmer, Wohnung	Bestandteile	ム 土 宀 至
Radikal	宀	Kun'yomi	むろ
Striche	9	On'yomi	シツ

Vokabeln	Bedeutung		Aussprache
室	*Gewächshaus, Eishaus, Keller*		むろ
室室	*Zimmer, Ehefrau (von jemandem von hohem Rang)*		シツ
同室	*dasselbe Zimmer, ein Zimmer teilen*		ドウシツ

Reihenfolge der Striche

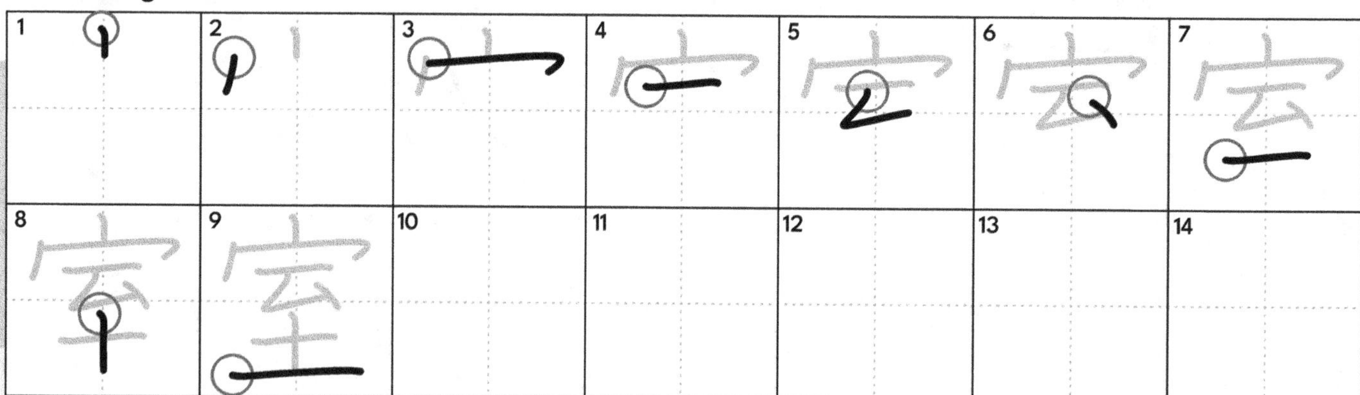

Übung zum Schreiben

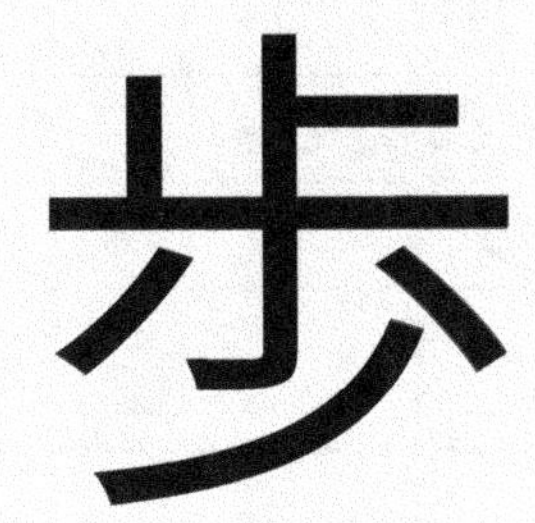

Bedeutung	Zähler für Schritte	Bestandteile	ノ 小 止
Radikal	止	Kun'yomi	ある(く)、あゆ(む)
Striche	8	On'yomi	ホ、ブ

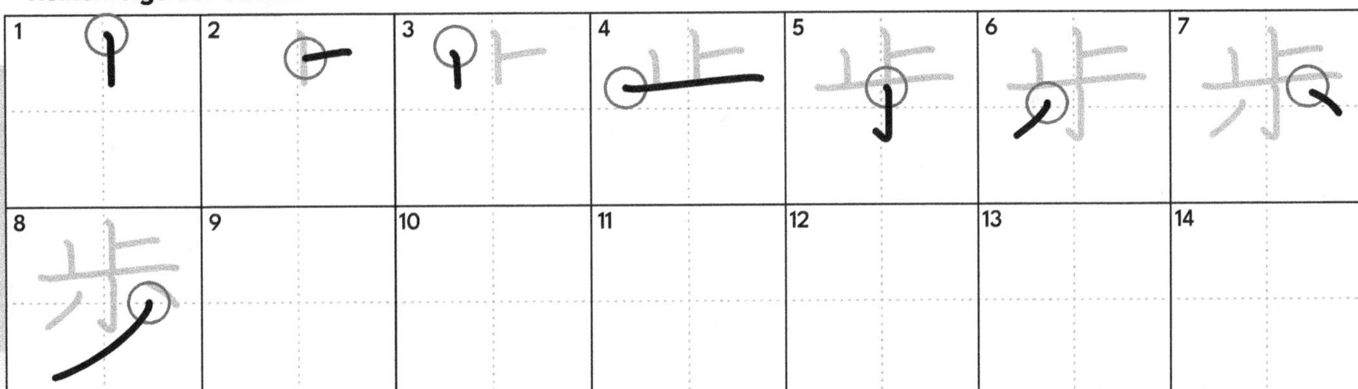

Vokabeln	Bedeutung	Aussprache
歩く	*zu Fuß gehen*	あるく
歩む	*gehen, zu Fuß gehen, folgen*	あゆむ
歩	*Schritt, Zähler für Schritte*	ホ
歩合	*Rate, Verhältnis, Prozentsatz, Provision*	ブアイ

Reihenfolge der Striche

Übung zum Schreiben

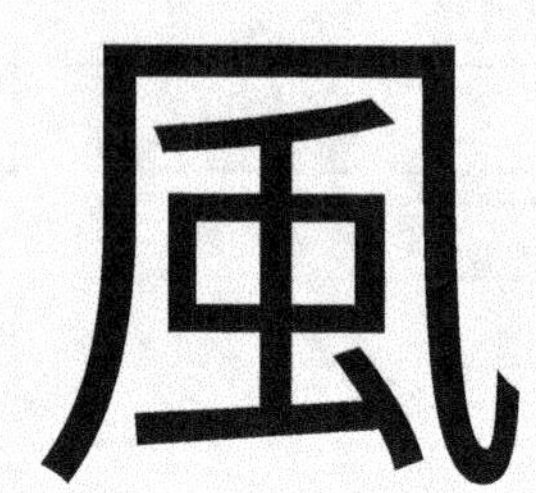

Bedeutung	Wind, Luft, Stil	Bestandteile	ノ几虫風
Radikal	風	Kun'yomi	かぜ、かざ-
Striche	9	On'yomi	フウ、フ

Vokabeln	Bedeutung	Aussprache
風	*Wind, Brise, Luftzug, Art und Weise, Verhalten*	かぜ
風	*Methode, Weise, Art und Weise, Stil, Aussehen*	フウ
風格	*kühle Brise, erfrischende Brise*	フウカク
涼風	*Persönlichkeit, Stil, Erscheinungsbild*	りょうふう

Reihenfolge der Striche

Übung zum Schreiben

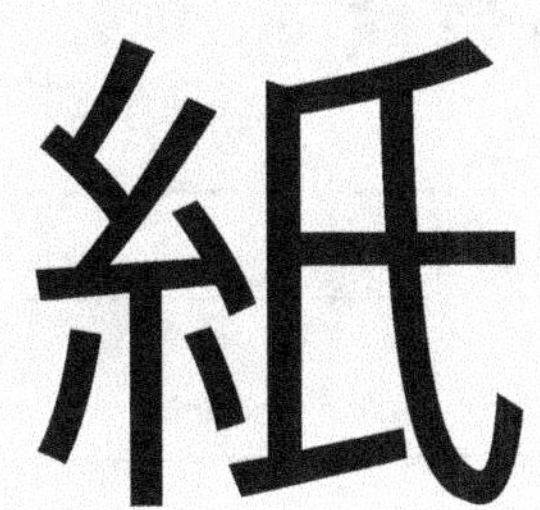

Bedeutung	Papier	Bestandteile	小 幺 氏 糸
Radikal	糸 (糸)	Kun'yomi	かみ
Striche	10	On'yomi	シ

Vokabeln	Bedeutung	Aussprache
紙	*Papier*	かみ
紙	*Zeitung*	シ
紙上	*auf Papier, in den Zeitungen, in einem Brief*	シジョウ
製紙	*Papiermacherei, Papierherstellung*	セイシ

Reihenfolge der Striche

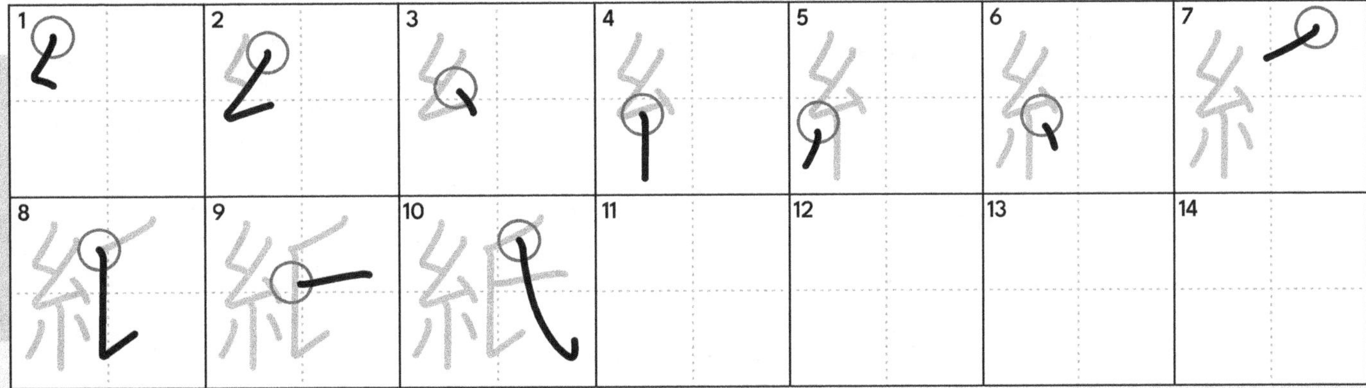

Übung zum Schreiben

Bedeutung	schwarz		Bestandteile	杰 里 黒
Radikal	黒		Kun'yomi	くろ
Striche	11		On'yomi	コク

Vokabeln	Bedeutung	Aussprache
黒	*Schwarz, Schuld*	くろ
黒煙	*schwarzer Rauch*	コクエン
黒衣	*schwarze Kleidung*	コクイ
黒い	*schwarz, dunkel, schwärzlich*	くろい

Reihenfolge der Striche

Übung zum Schreiben

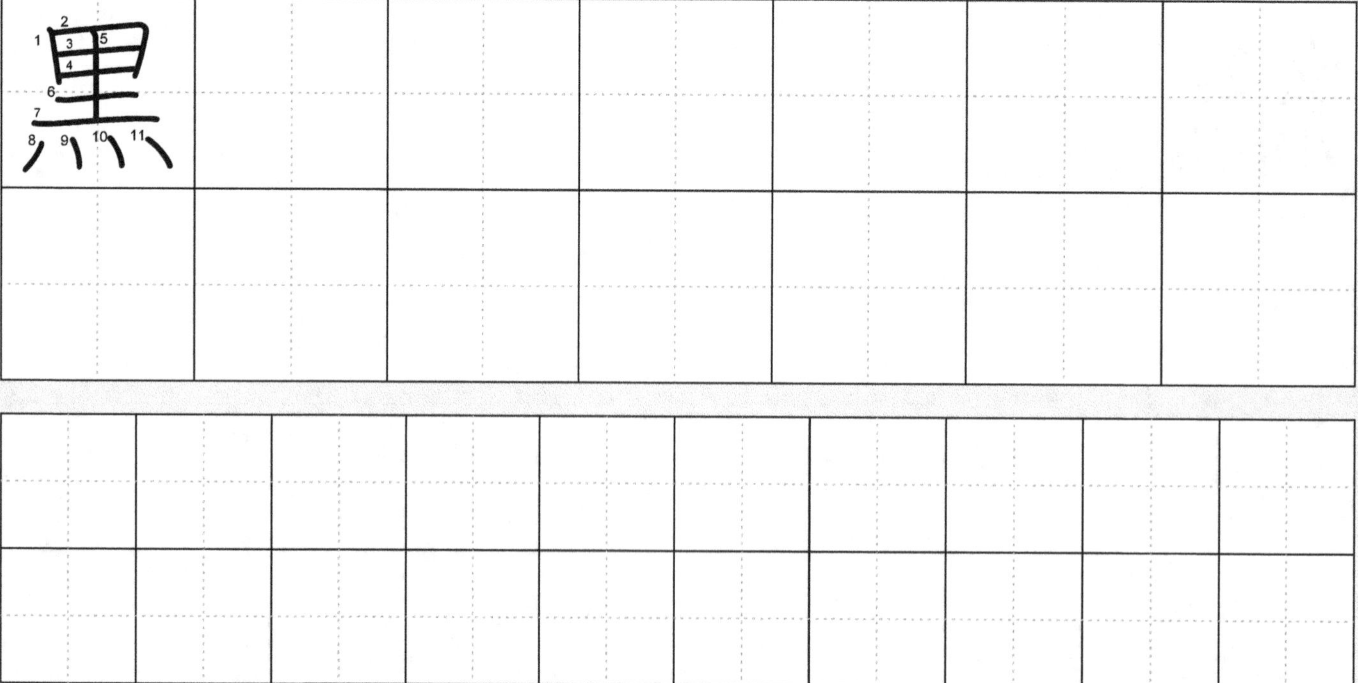

春

Bedeutung	Frühling		Bestandteile	一 二 人 大 日
Radikal	日		Kun'yomi	はる
Striche	9		On'yomi	シュン

Vokabeln	Bedeutung	Aussprache
春	Frühling, Frühjahr, Neujahr	はる
春秋	Frühling und Herbst	シュンジュウ
春季	Frühlingssaison	シュンキ
毎春	jeder Frühling	まいしゅん

Reihenfolge der Striche

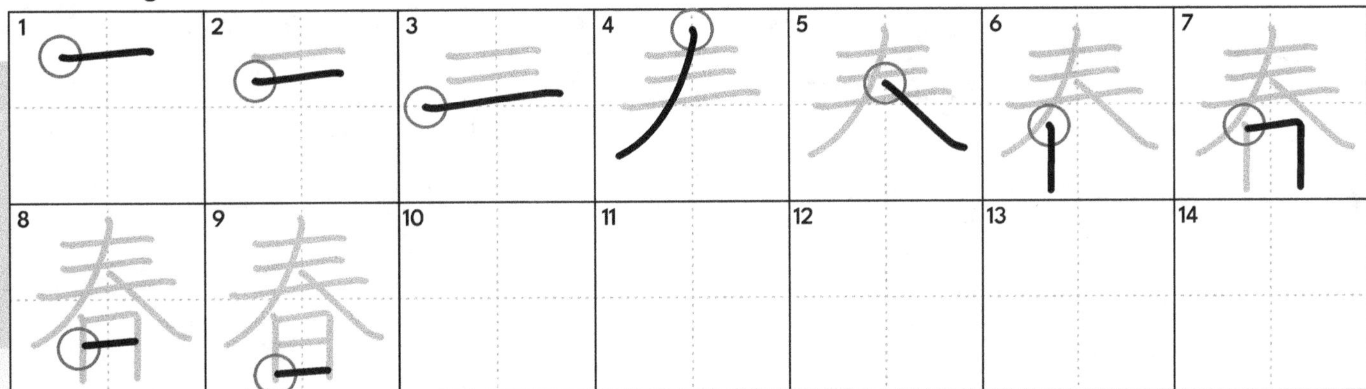

Übung zum Schreiben

Bedeutung	rot		Bestandteile	土 赤
Radikal	赤		Kun'yomi	あか(い)
Striche	7		On'yomi	セキ、シャク

Vokabeln	Bedeutung	Aussprache
赤	rot, karminrot, scharlachrot, kupfer, perfekt	あか
真赤	leuchtend rot, tiefrot	まあか
赤らむ	röten, erröten	あからむ
赤銅色	braun, hellbraun	シャクドウイロ

Reihenfolge der Striche

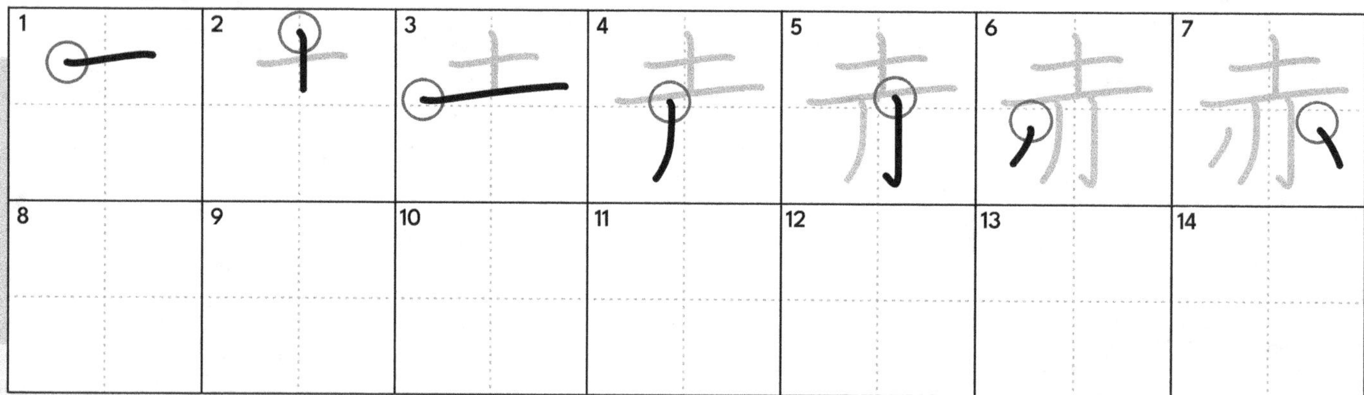

Übung zum Schreiben

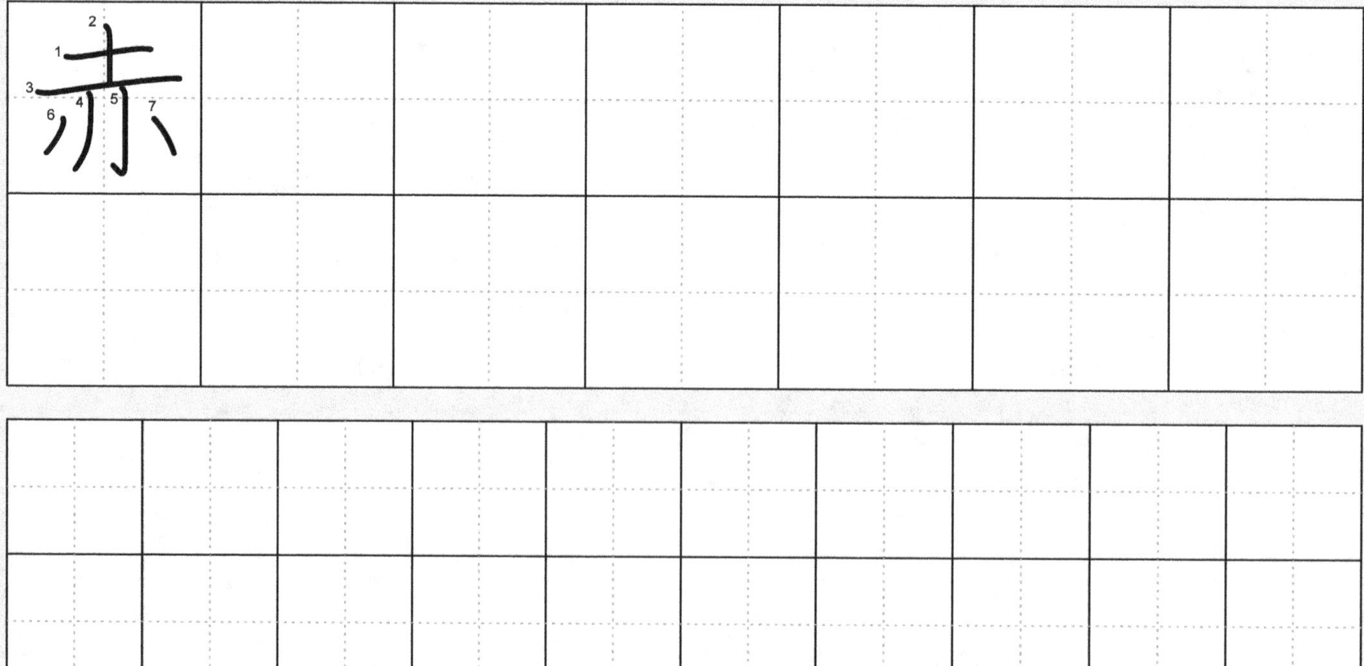

Bedeutung	blau	**Bestandteile**	二 ㄊ 土 月 青
Radikal	青 (青)	**Kun'yomi**	あお(い)
Striche	8	**On'yomi**	セイ、ショウ

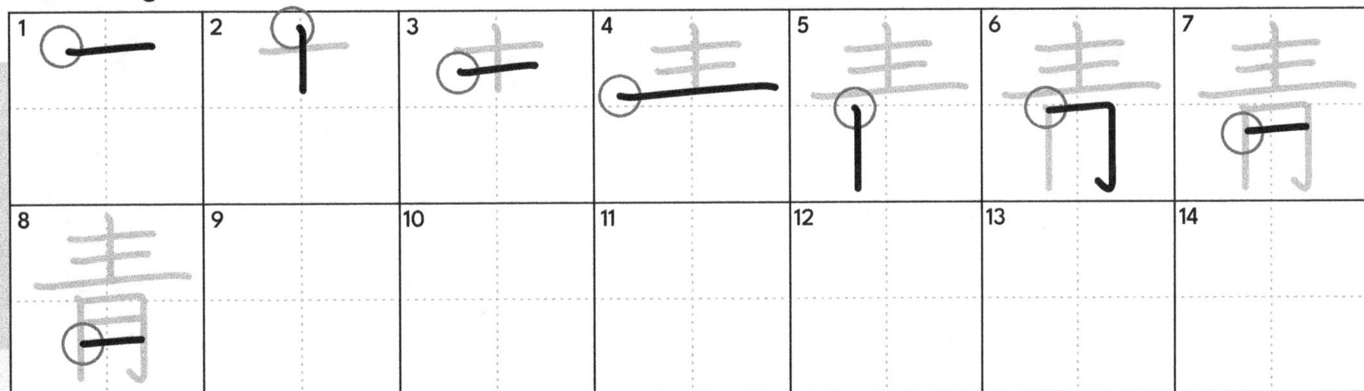

Vokabeln	Bedeutung	Aussprache
青	*blaue, grüne Ampel*	あお
青い	*blau, azurblau, blass, grau*	あおい
青果	*Obst und Gemüse, Produkte*	セイカ
緑青	*Grünspan, Grünrost, Kupferrost*	ロクショウ

Reihenfolge der Striche

Übung zum Schreiben

Bedeutung	Gebäude, Herrenhaus	**Bestandteile**	丨 口 宀 食
Radikal	食 (𩙿)	**Kun'yomi**	やかた
Striche	16	**On'yomi**	カン

Vokabeln	Bedeutung	Aussprache
館	*Schloss, Palast, Herrenhaus, Burg*	やかた
館	*(großes) Gebäude, öffentliches Gebäude, Halle*	カン
公館	*Amtssitz*	コウカン
館長	*Hausverwalter, Direktor, Kurator*	カンチョウ

Reihenfolge der Striche

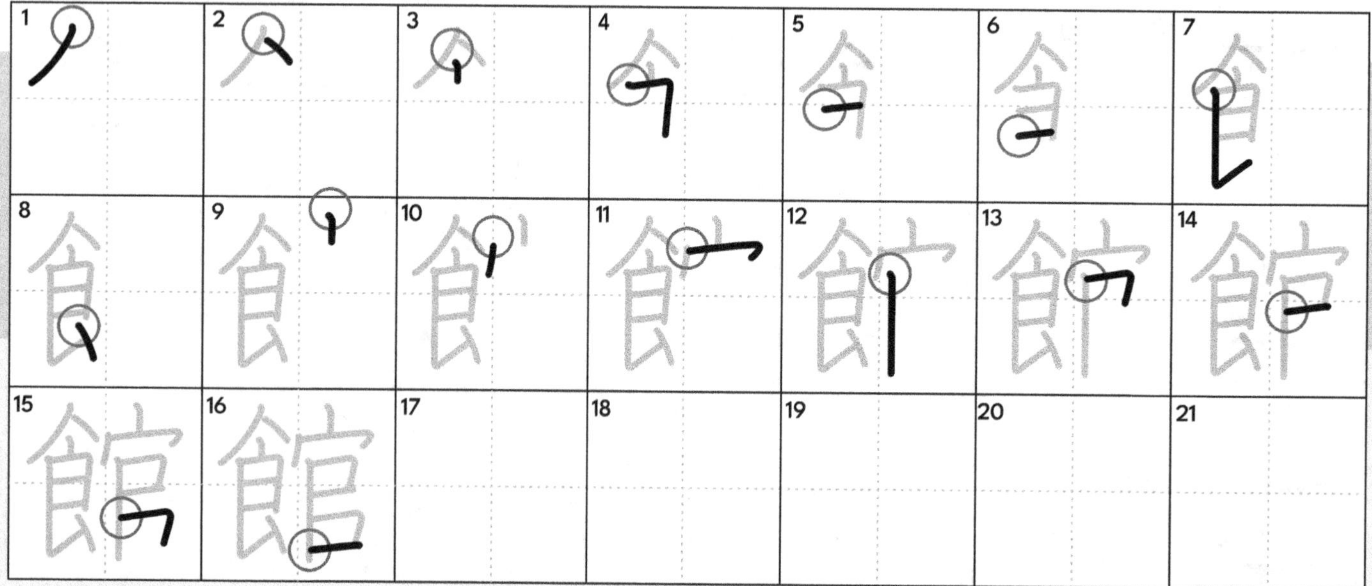

Übung zum Schreiben

Bedeutung	Dach, Haus, Geschäft	Bestandteile	ム 土 尸 至
Radikal	尸	Kun'yomi	や
Striche	9	On'yomi	オク

Vokabeln	Bedeutung	Aussprache
屋	Geschäft, Laden, Restaurant, jemand, der (etwas) verkauft oder als solcher arbeitet, Dach	や
屋	Haus, Gebäude, Dach	オク
屋外	im Freien, außerhalb	オクガイ

Reihenfolge der Striche

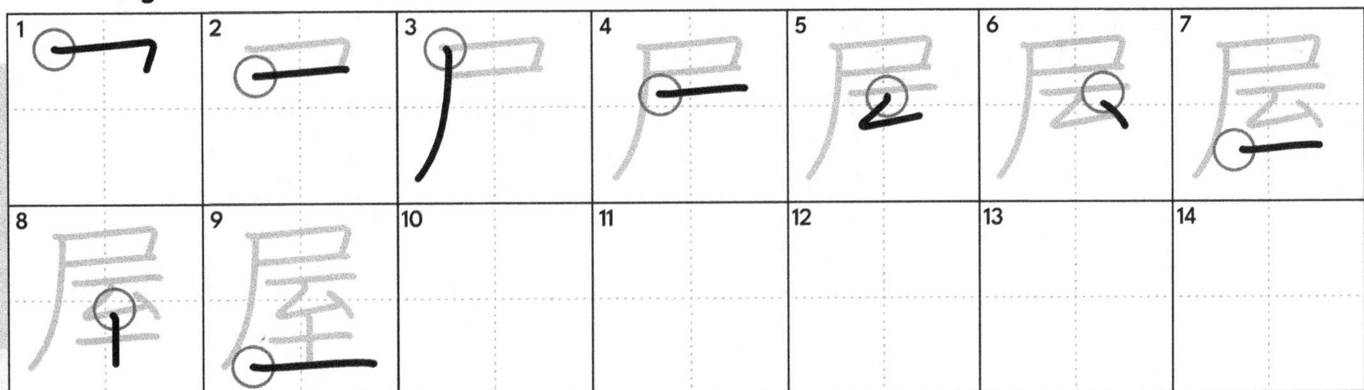

Übung zum Schreiben

Bedeutung	Farbe		Bestandteile	ク 巴 色
Radikal	色		Kun'yomi	いろ
Striche	6		On'yomi	ショク、シキ

Vokabeln	Bedeutung	Aussprache
色	*Farbe, Farbton, Tönung, Schattierung*	いろ
色	*Zähler für Farben*	ショク
色彩	*Farbe, Farbton, Tönung*	シキサイ
色合い	*Färbung, Farbton, Schattierung*	いろあい

Reihenfolge der Striche

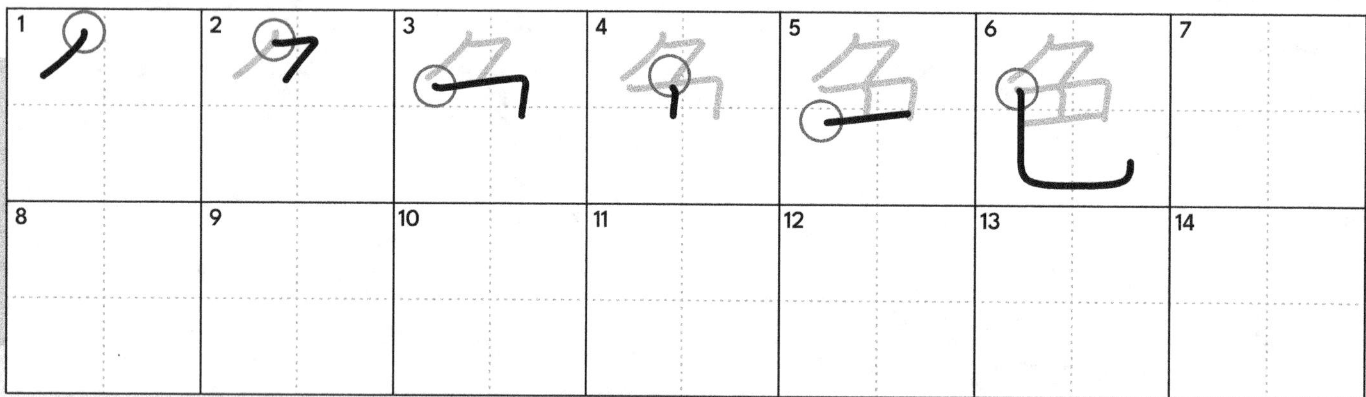

Übung zum Schreiben

Bedeutung	laufen.	Bestandteile	土 走
Radikal	走 (走)	Kun'yomi	はし(る)
Striche	7	On'yomi	ソウ

Vokabeln	Bedeutung	Aussprache
走	laufen, laufen (eines Fahrzeugs), fahren, reisen, sich bewegen, segeln, rasen/rennen	はしる
走	laufen, rennen	ソウ
快走	sich schnell bewegen, schnell laufen	カイソウ

Reihenfolge der Striche

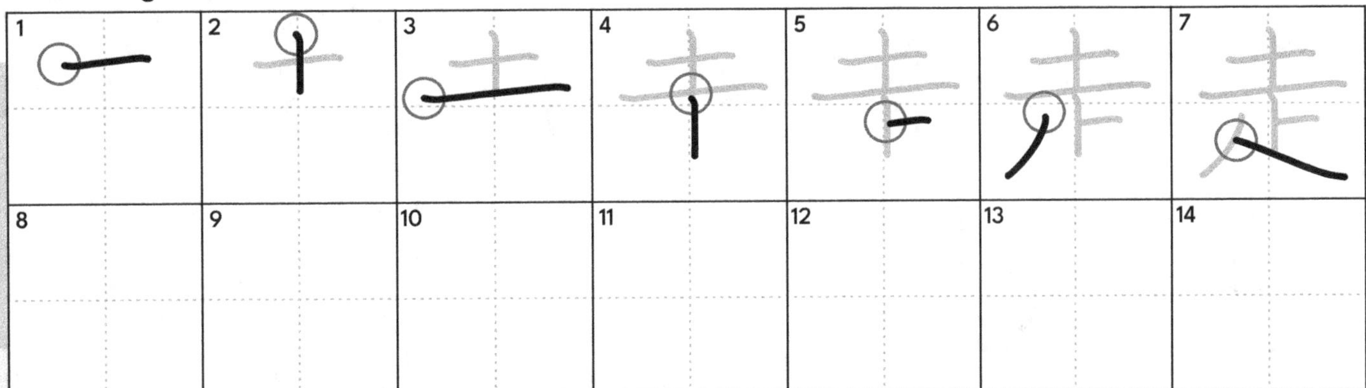

Übung zum Schreiben

Bedeutung	Herbst		Bestandteile	火 禾
Radikal	禾		Kun'yomi	あき
Striche	9		On'yomi	シュウ

Vokabeln	Bedeutung	Aussprache
秋	*Herbst*	あき
秋季	*Herbstsaison*	シュウキ
秋風	*Herbstbrise*	アキカゼ
秋口	*Herbstanfang*	あきぐち

Reihenfolge der Striche

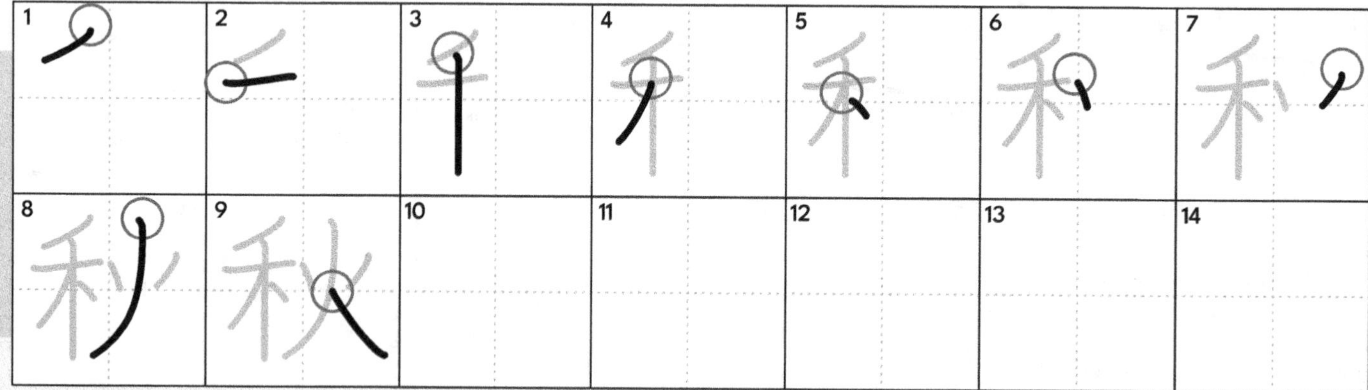

Übung zum Schreiben

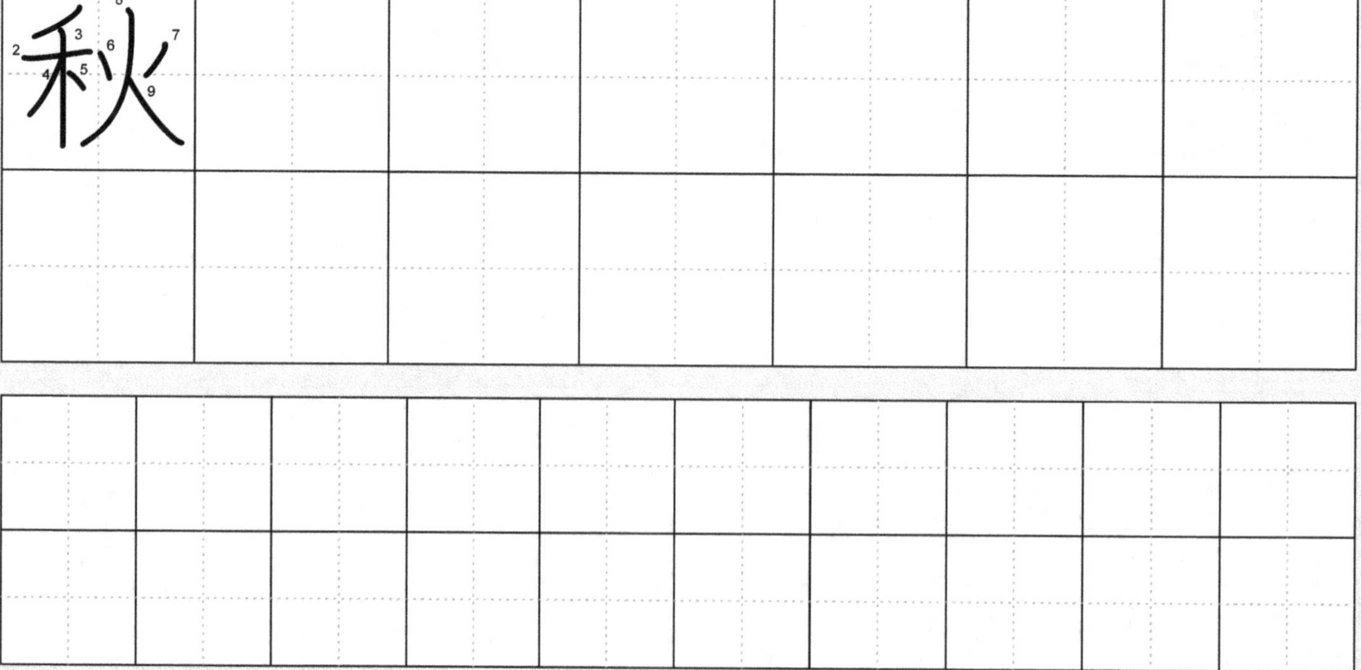

Bedeutung	Sommer		Bestandteile	一 夂 目自
Radikal	夊		Kun'yomi	なつ
Striche	10		On'yomi	カ、ゲ

Vokabeln	Bedeutung	Aussprache
夏	*Sommer*	なつ
夏季	*Sommersaison*	カキ
夏至	*Sommersonnenwende*	ゲシ
初夏	*Frühsommer, vierter Monat (Mondkalender)*	しょか

Reihenfolge der Striche

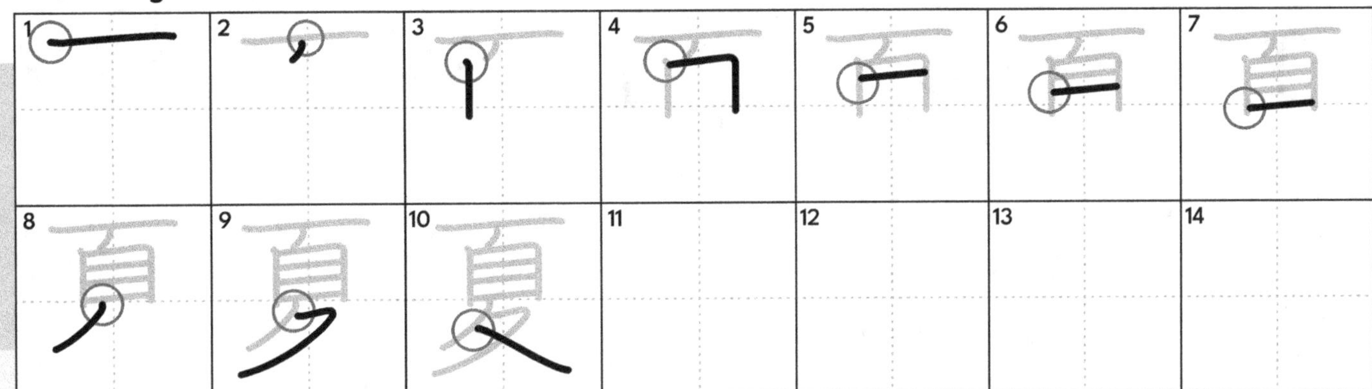

Übung zum Schreiben

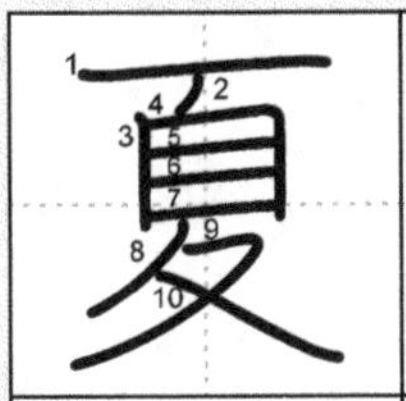

Bedeutung	lernen		Bestandteile	冫 白 羽
Radikal	羽		Kun'yomi	なら(う)
Striche	11		On'yomi	シュウ

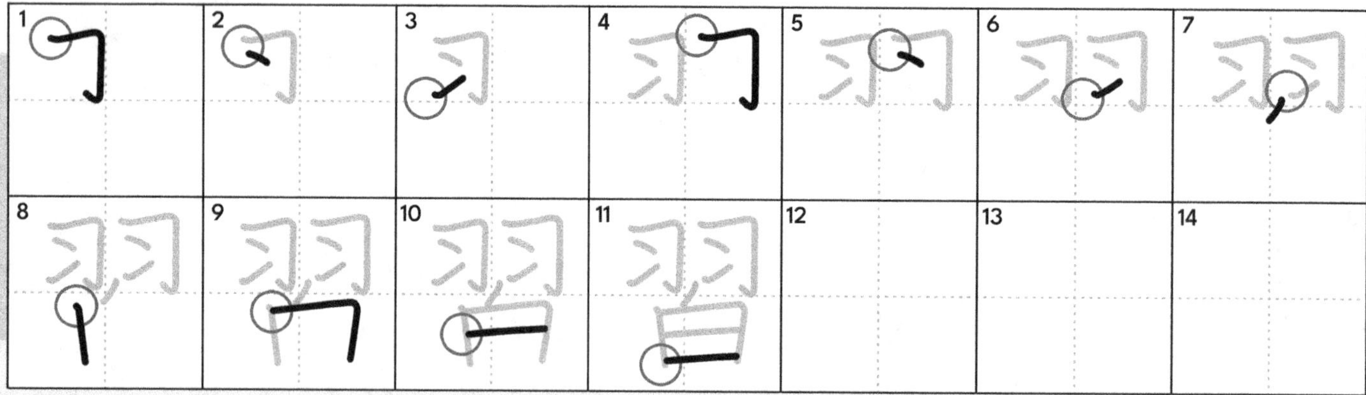

Vokabeln	Bedeutung	Aussprache
習う	*Unterricht nehmen, unterrichtet werden, lernen*	ならう
習性	*Gewohnheit, Verhalten, Charaktereigenschaft, Natur*	シュウセイ
演習	*Praxis, Übung, Drill, militärische Übung*	エンシュウ
見習い	*Lehre, Probezeit, Lehrling/Auszubildender*	みならい

Reihenfolge der Striche

Übung zum Schreiben

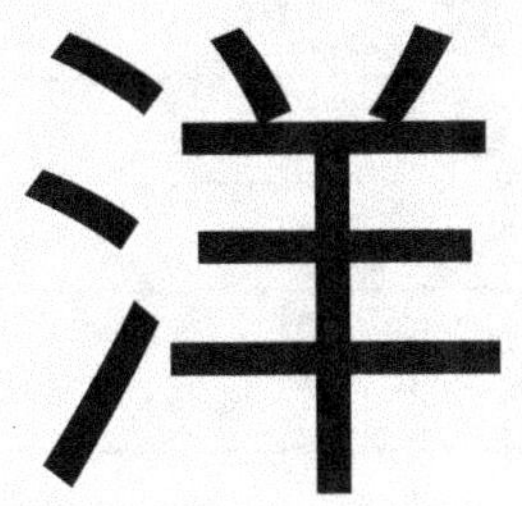

Bedeutung	Ozean, Ausland, Fremde	Bestandteile	并 汁 王 羊
Radikal	水 (氵, 氺)	Kun'yomi	
Striche	9	On'yomi	ヨウ

Vokabeln	Bedeutung	Aussprache
洋	*Okzident und Orient, Ozean, Meer, fremd, westlich, europäisch*	ヨウ
洋画	*Westliche Malerei, westlicher Film/Film*	ヨウガ
南氷洋	*Antarktischer Ozean*	ナンヒョウヨウ

Reihenfolge der Striche

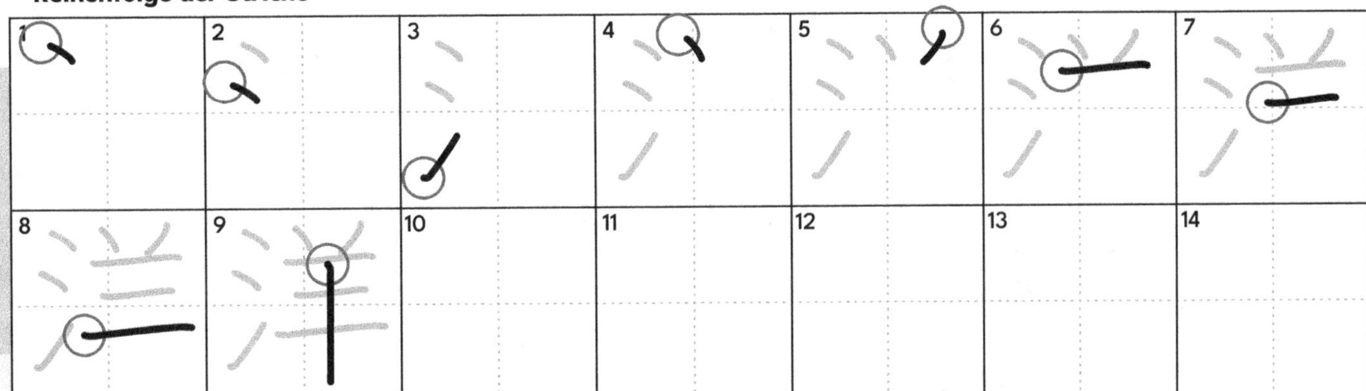

Übung zum Schreiben

旅

Bedeutung	Reise, Reisen	Bestandteile	ノ 方 乞
Radikal	方	Kun'yomi	たび
Striche	10	On'yomi	リョ

Vokabeln	Bedeutung	Aussprache
旅	*Reise*	たび
旅客	*Passagier, Reisender, Tourist*	リョカク
旅先	*Zielort*	たびさき
修旅	*Ausflug, Exkursion, Schulausflug*	シュウリョ

Reihenfolge der Striche

Übung zum Schreiben

Bedeutung	Kleidung, zugeben, obery	Bestandteile	卩 又 月
Radikal	月	Kun'yomi	
Striche	8	On'yomi	フク

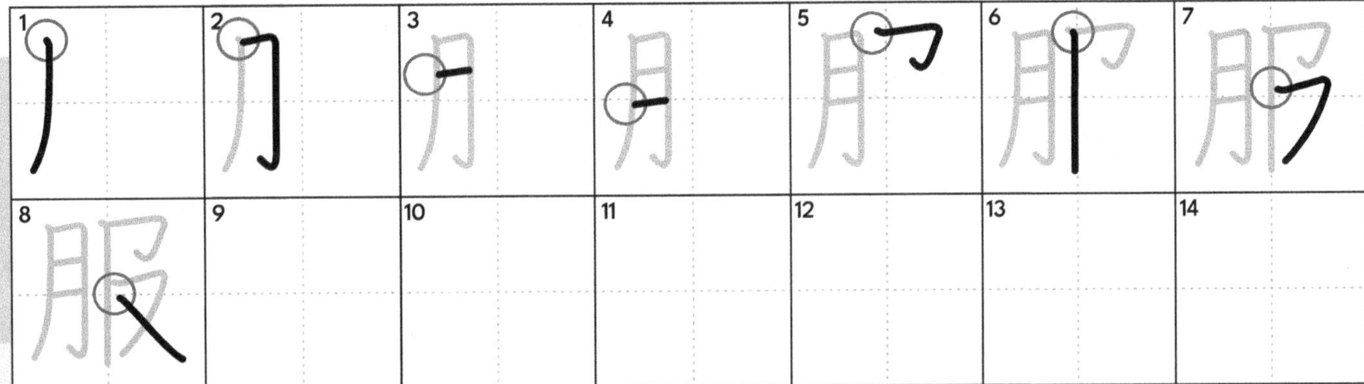

Vokabeln	Bedeutung	Aussprache
服	*Kleidung (vor allem westliche Kleidung), Schlucke Tee*	フク
服役	*Strafvollzug, Verbüßung einer Haftstrafe*	フクエキ
私服	*Zivilkleidung, einfache Kleidung*	シフク
呉服	*Stoff (für japanische Kleidung), Kimonostoffe*	ゴフク

Reihenfolge der Striche

Übung zum Schreiben

Bedeutung	Abend	Bestandteile	夕
Radikal	夕 (evening, sunset)	Kun'yomi	ゆう
Striche	3	On'yomi	

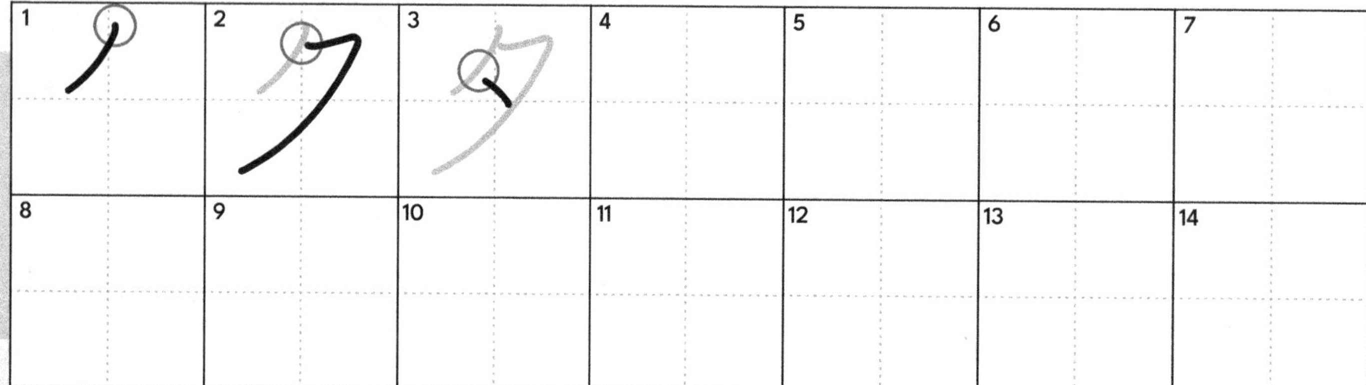

Vokabeln	Bedeutung		Aussprache
夕	*Abendzeitung*		ゆう
夕刊	*Abendzeitung*		ゆうかん
昨夕	*gestern Abend, letzte Nacht*		さくゆう
春の夕	*Frühlingsabend*		はるのゆう

Reihenfolge der Striche

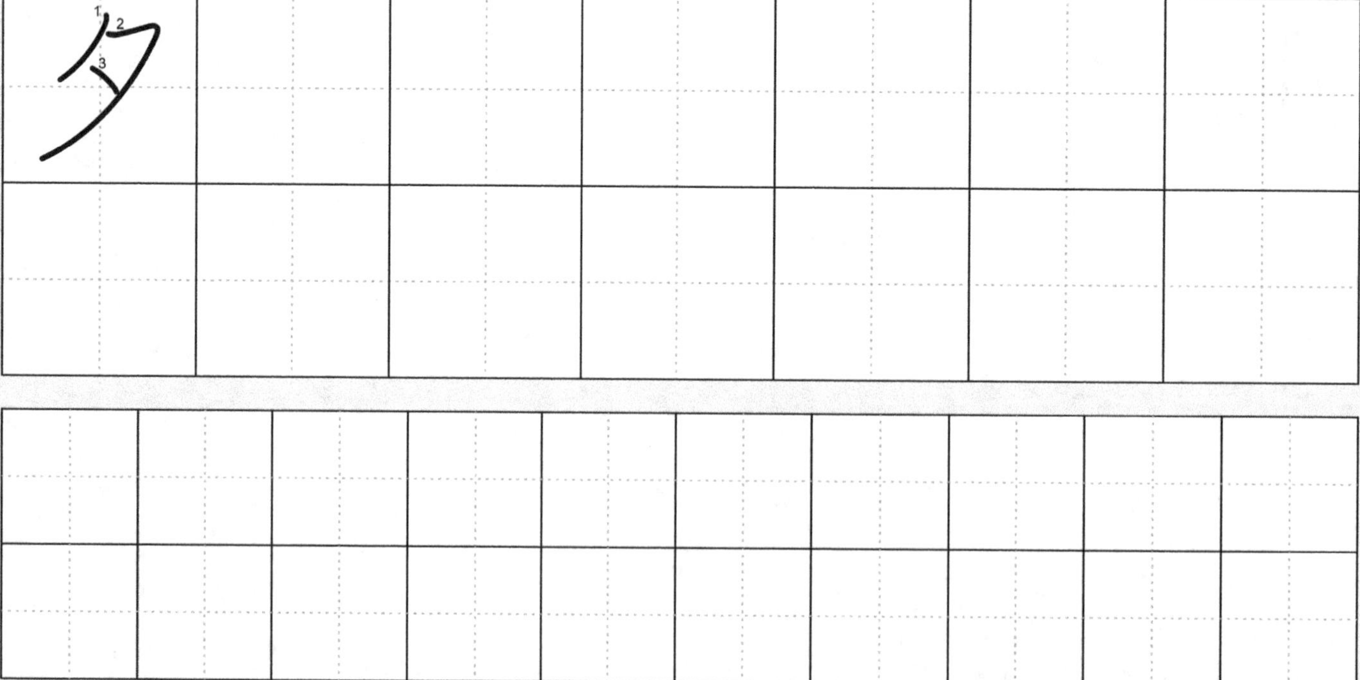

Übung zum Schreiben

Bedeutung	leihen, mieten	Bestandteile	二 化 卄 日
Radikal	人 (イ)	Kun'yomi	か(りる)
Striche	10	On'yomi	シャク

Vokabeln	Bedeutung	Aussprache
借りる	leihen, einen Kredit haben, mieten/vermieten	かりる
借家	gemietetes Haus, Haus zu vermieten	シャクヤ
賃借	mieten, pachten, leasen	チンシャク
借地	gepachtetes Land	シャクチ

Reihenfolge der Striche

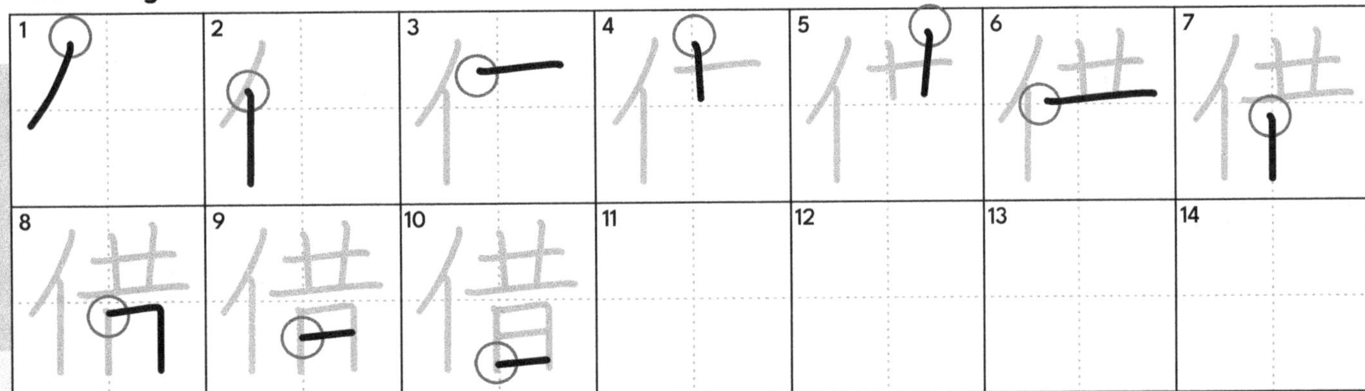

Übung zum Schreiben

Bedeutung	Wochentag	Bestandteile	ヨ 日 隹
Radikal	日	Kun'yomi	
Striche	18	On'yomi	ヨウ

Vokabeln	Bedeutung		Aussprache
曜日	*Tag der Woche*		ヨウビ
曜霊	*die Sonne*		ヨウレイ
晃曜	*gleißende Helligkeit*		コウヨウ

Reihenfolge der Striche

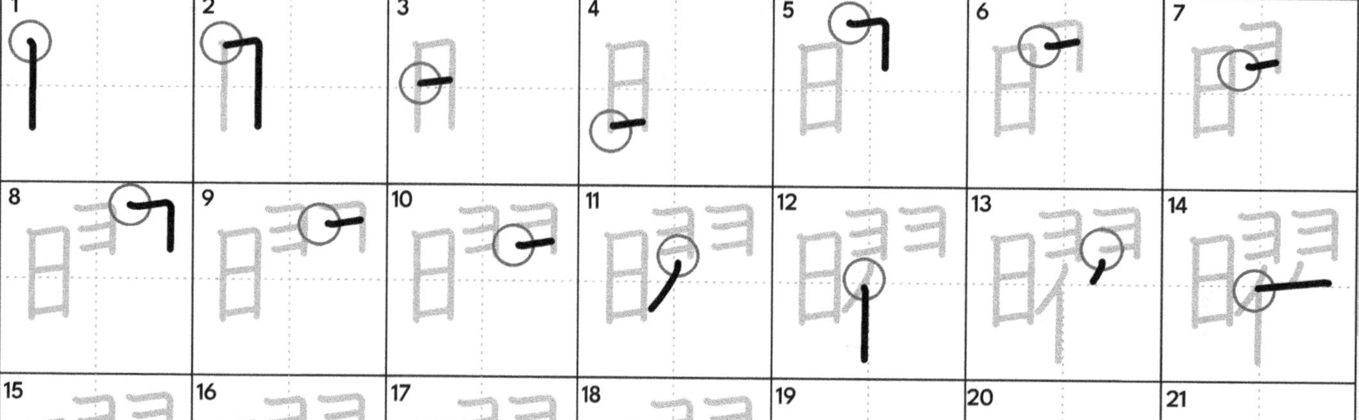

Übung zum Schreiben

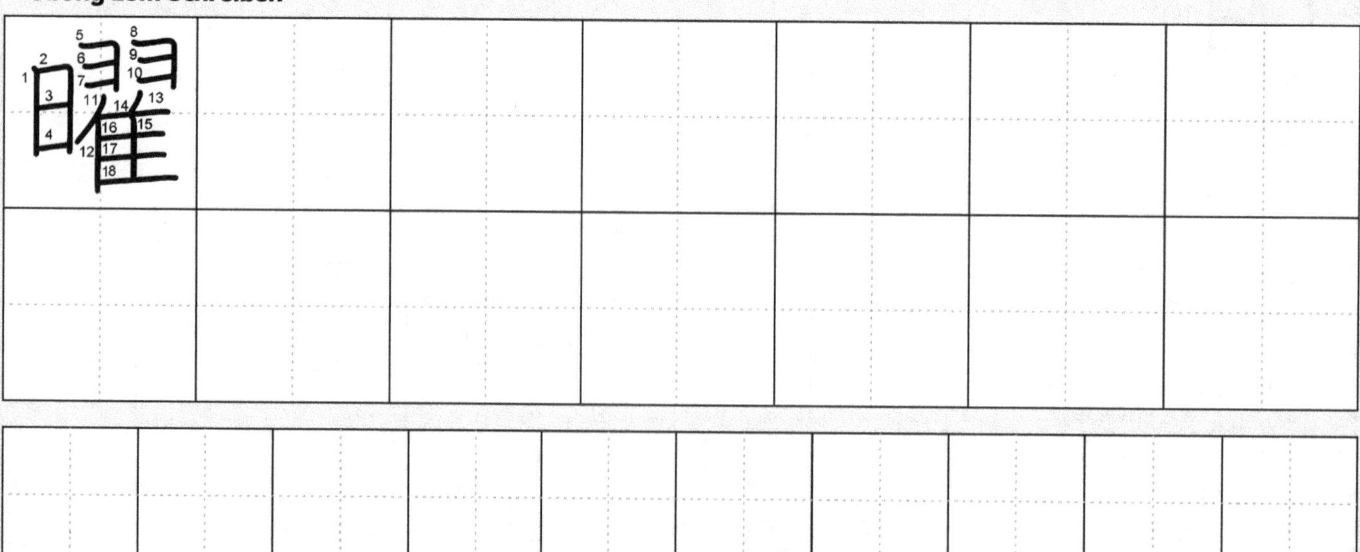

Bedeutung	Fleisch	Bestandteile	人冂肉
Radikal	肉 (月)	Kun'yomi	
Striche	6	On'yomi	ニク

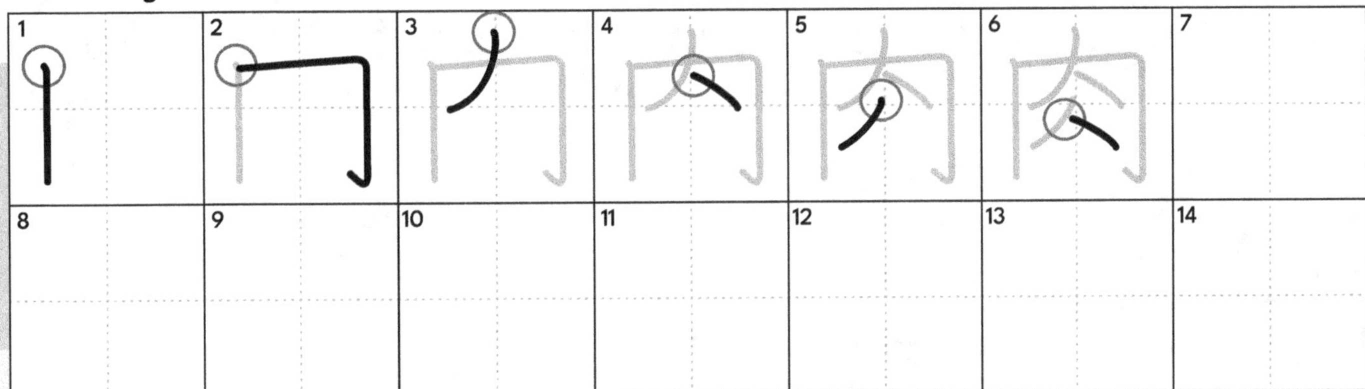

Vokabeln	Bedeutung	Aussprache
肉	*Fleisch (einer Frucht), Fruchtfleisch, Dicke, Inhalt, Substanz, Fleisch, Stempelkissen*	ニク
食肉	*Fleisch (zum Verzehr)*	ショクニク
中肉	*mittlerer Körperbau, Fleisch von mittlerer Qualität*	チュウニク

Reihenfolge der Striche

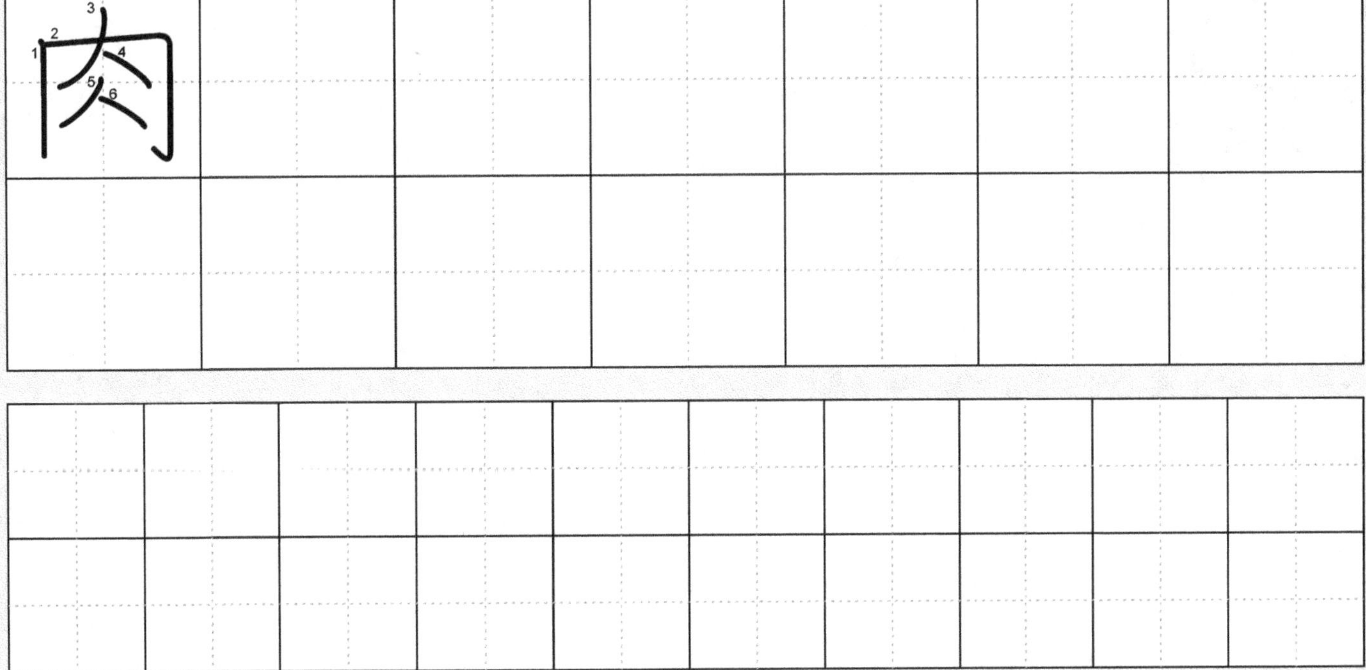

Übung zum Schreiben

Bedeutung	leihen		Bestandteile	化 ハ 弋 目 貝
Radikal	貝		Kun'yomi	か(す)、かし
Striche	12		On'yomi	タイ

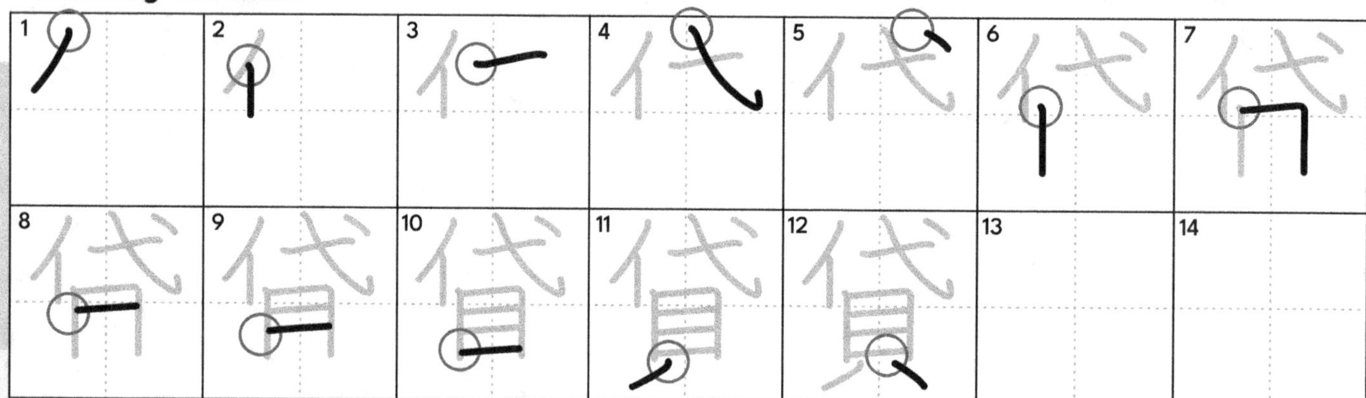

Vokabeln	Bedeutung	Aussprache
貸す	*leihen, verleihen, vermieten, vermieten*	かす
貸与	*leihen, verleihen*	タイヨ
貸借	*Darlehen, Soll und Haben, Leihen und Borgen*	タイシャク
転貸	*Untervermietung*	テンタイ

Reihenfolge der Striche

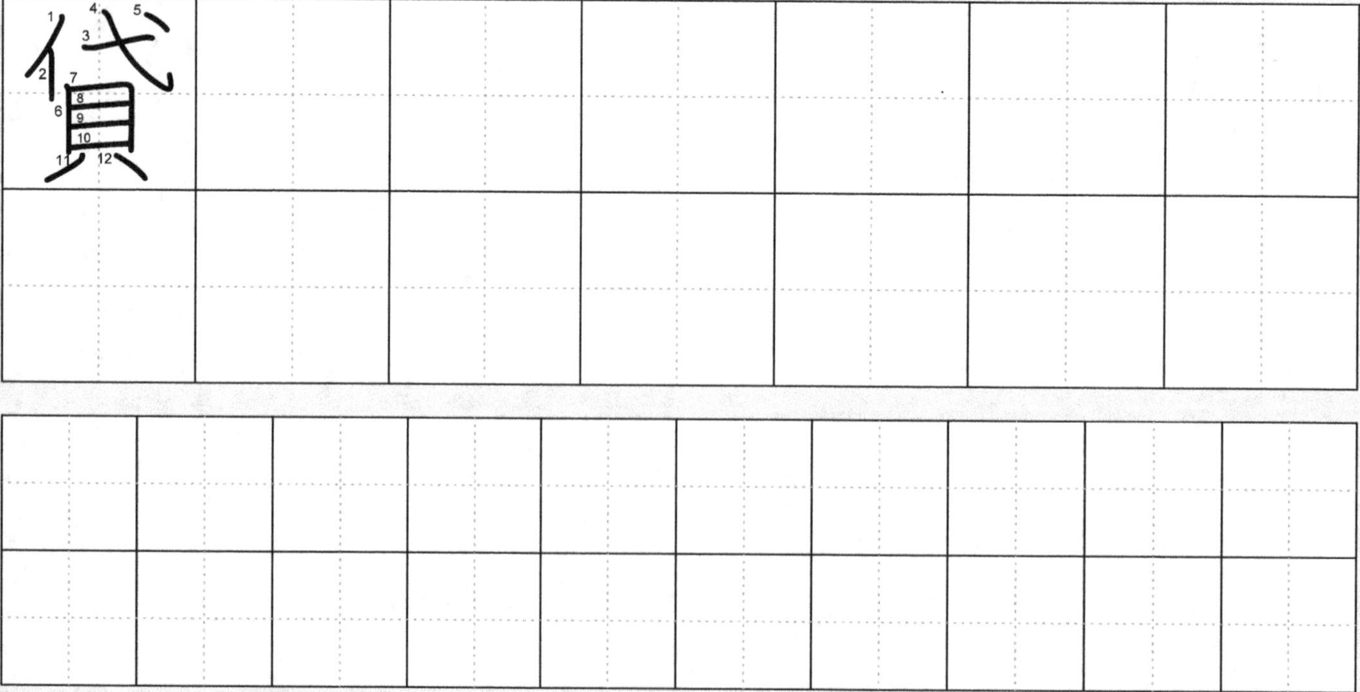

Übung zum Schreiben

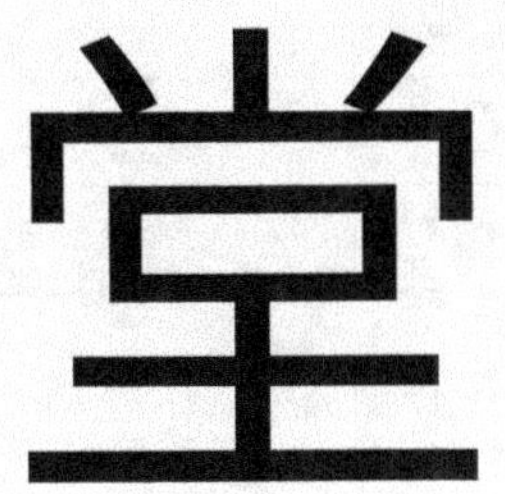

Bedeutung	öffentlicher Raum, Saal	Bestandteile	冖 口 土 尚
Radikal	土	Kun'yomi	
Striche	11	On'yomi	ドウ

Vokabeln	Bedeutung	Aussprache
堂	Tempel, Schrein, Kapelle, Halle, Firma	ドウ
堂々	prächtig, großartig, eindrucksvoll, würdevoll	ドウドウ
	majestätisch, imposant, stattlich, schön, quadratisch	
殿堂	Palast, Halle, Schrein, Tempel, Heiligtum	デンドウ

Reihenfolge der Striche

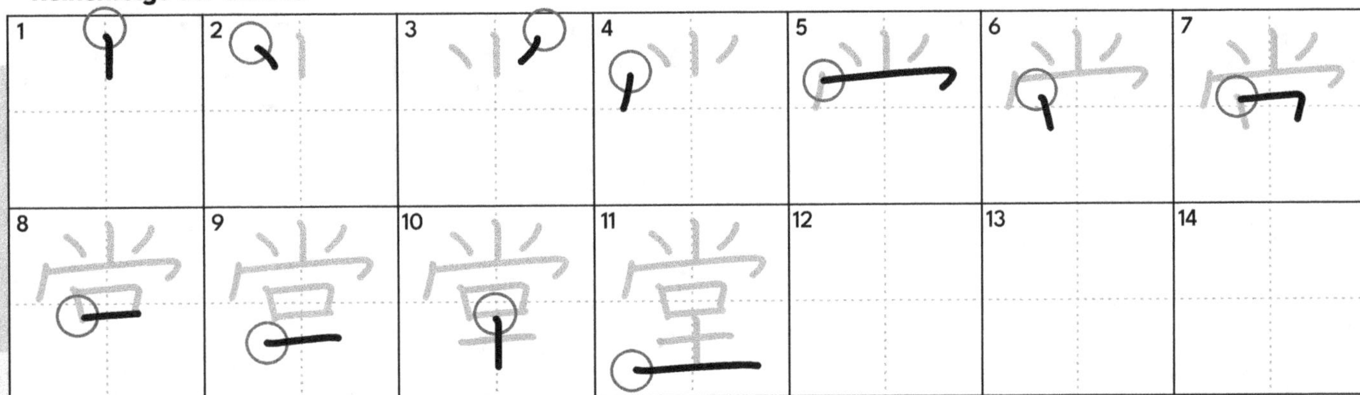

Übung zum Schreiben

Bedeutung	Vogel, Huhn	Bestandteile	杰 鳥
Radikal	鳥	Kun'yomi	とり
Striche	11	On'yomi	チョウ

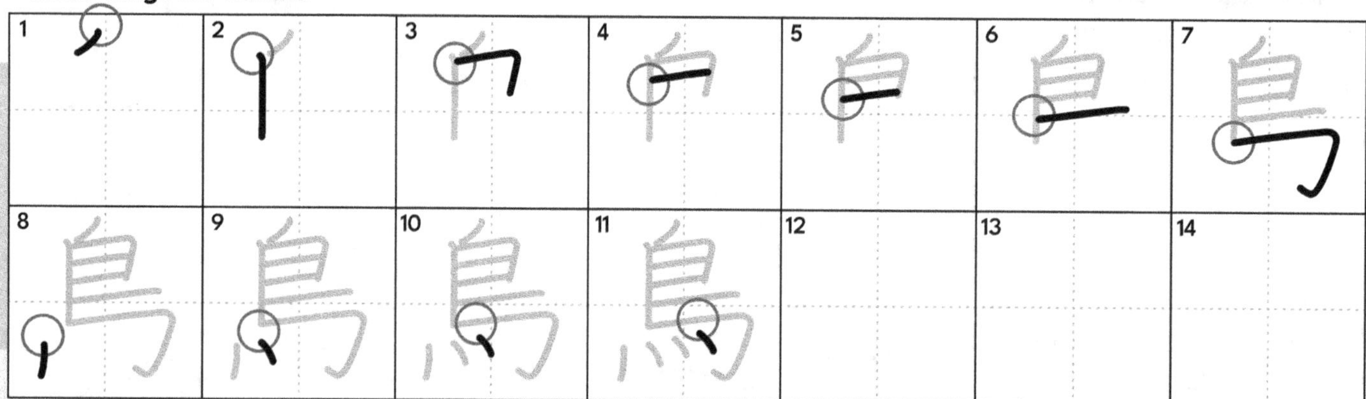

Vokabeln	Bedeutung	Aussprache
鳥	*Vogel, Vogelfleisch (v.a. Huhn), Geflügel*	とり
鳥居	*torii, Torbogen eines Shinto-Schreins*	とりい
鶏肉	*Hühnerfleisch, Geflügel, Vogelfleisch*	トリニク
鳥獣	*Vögel und Wildtiere*	チョウジュウ

Reihenfolge der Striche

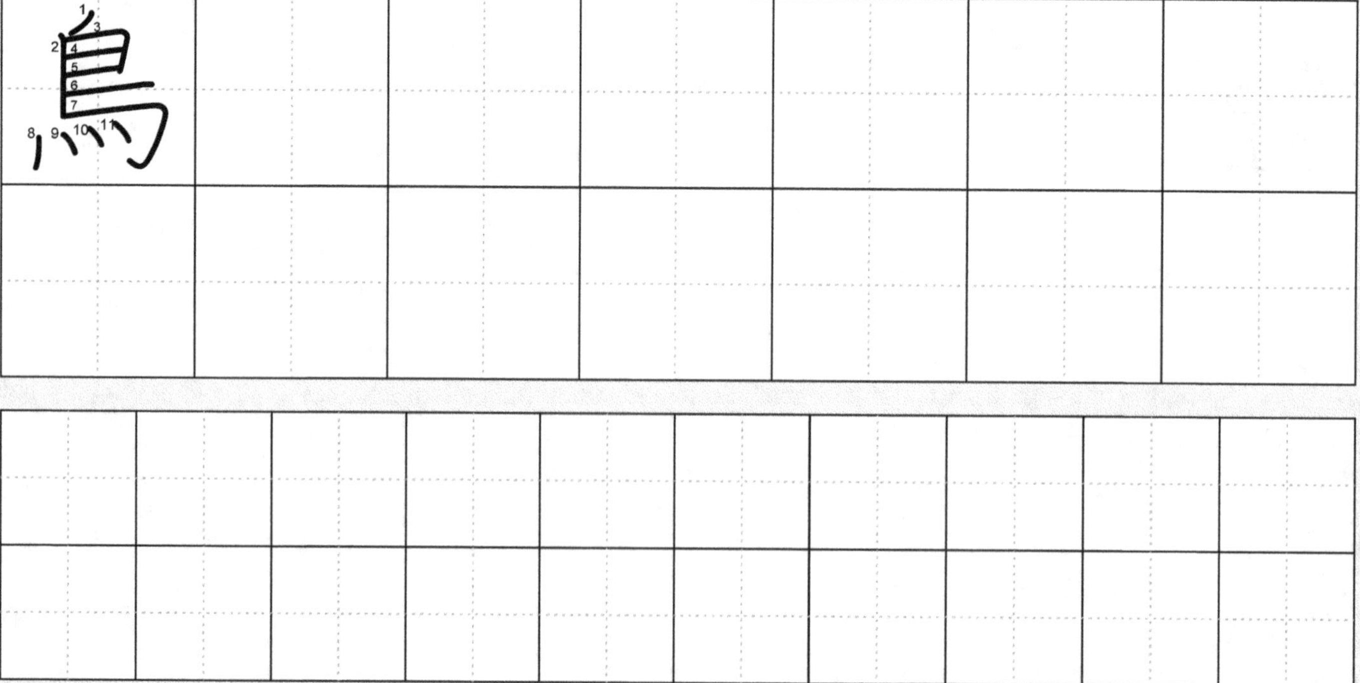

Übung zum Schreiben

Bedeutung	Mehl, Reis	Bestandteile	厂 又 食
Radikal	食 (飠)	Kun'yomi	めし
Striche	12	On'yomi	ハン

Vokabeln	Bedeutung	Aussprache
飯	*gekochter Reis, Mahlzeit/Essen, Lebensunterhalt*	めし
飯店	*Chinesisches Restaurant*	ハンテン
米飯	*Gekochter Reis*	ベイハン
握り飯	*Reiskugel*	にぎりめし

Reihenfolge der Striche

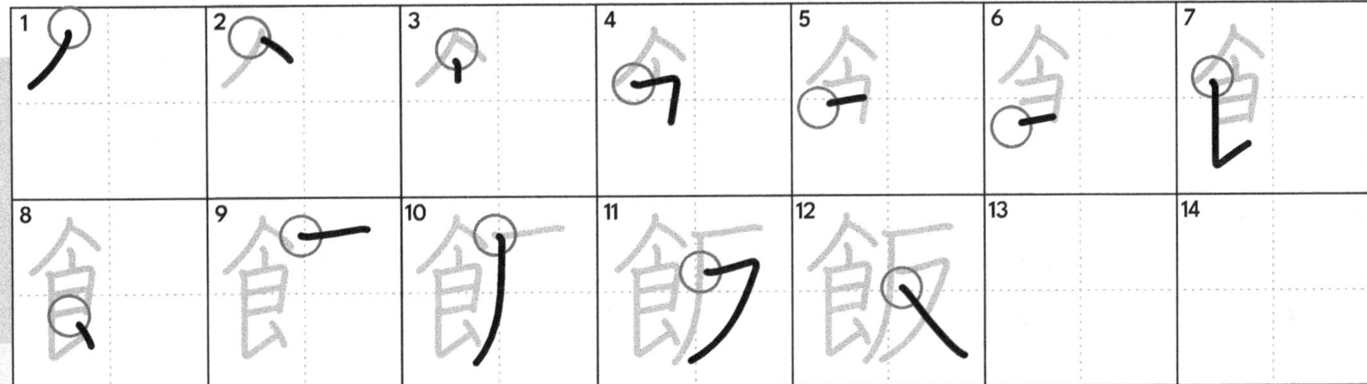

Übung zum Schreiben

Bedeutung	Anstrengung, Mühe	Bestandteile	ル カ 勺 免
Radikal	力	Kun'yomi	つと(める)
Striche	10	On'yomi	ベン

Vokabeln	Bedeutung	Aussprache
勉強	*Studium, Fleiß, harte Arbeit, Erfahrung*	ベンキョウ
勉学	*Studium, Streben nach Wissen*	ベンガク
猛勉	*hart studieren, pauken*	モウベン
努める	*sich bemühen ..., sich anstrengen/bemühen*	つとめる

Reihenfolge der Striche

Übung zum Schreiben

Bedeutung	Winter		Bestandteile	丶夂冬
Radikal	冫		Kun'yomi	ふゆ
Striche	5		On'yomi	トウ

Vokabeln	Bedeutung	Aussprache
冬	*Winter*	ふゆ
冬季	*(Jahreszeit) Winter*	トウキ
冬場	*Winterzeit, Wintersaison*	ふゆば
毎冬	*jeder Winter*	まいふゆ

Reihenfolge der Striche

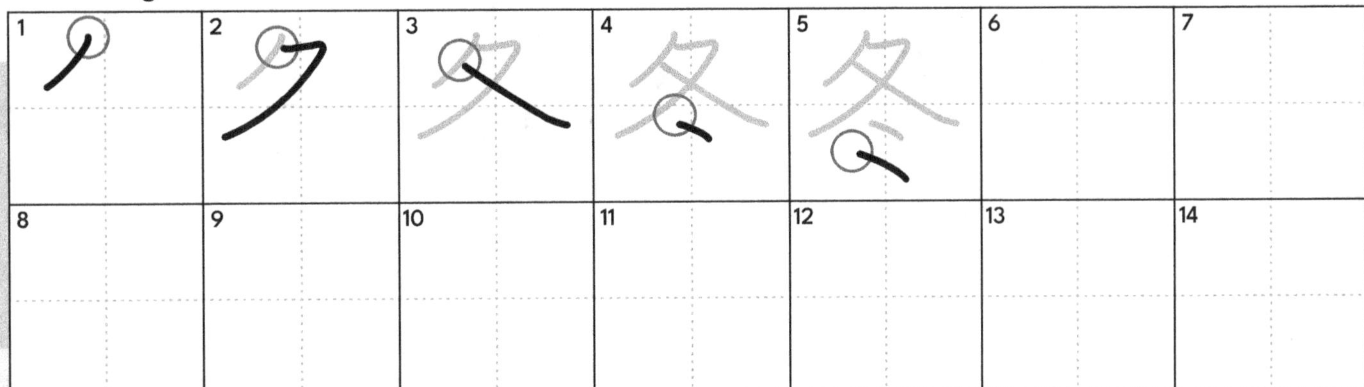

Übung zum Schreiben

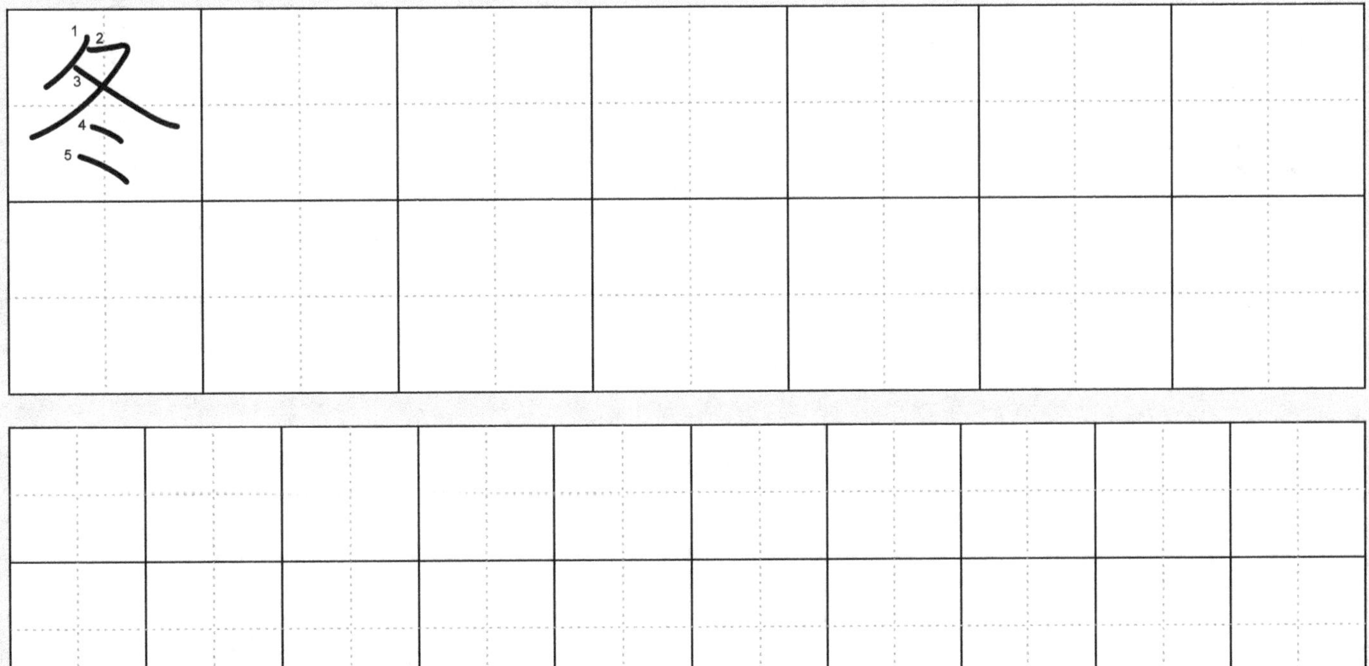

Bedeutung	tagsüber, mittags	Bestandteile	一 丶 尸 日
Radikal	日	Kun'yomi	ひる
Striche	9	On'yomi	チュウ

Vokabeln	Bedeutung		Aussprache
昼	*Mittag, Mittagspause, Tageszeit, Mittagessen*		ひる
昼食	*Mittagessen, Mittagsmahlzeit*		チュウショク
夜昼	*Tag und Nacht*		よるひる
昼間	*tagsüber*		ヒルマ

Reihenfolge der Striche

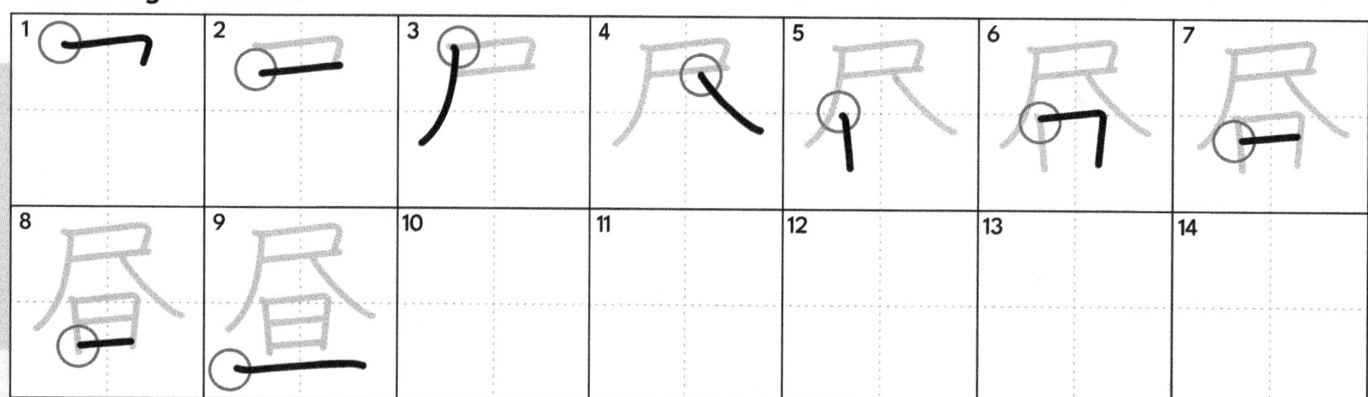

Übung zum Schreiben

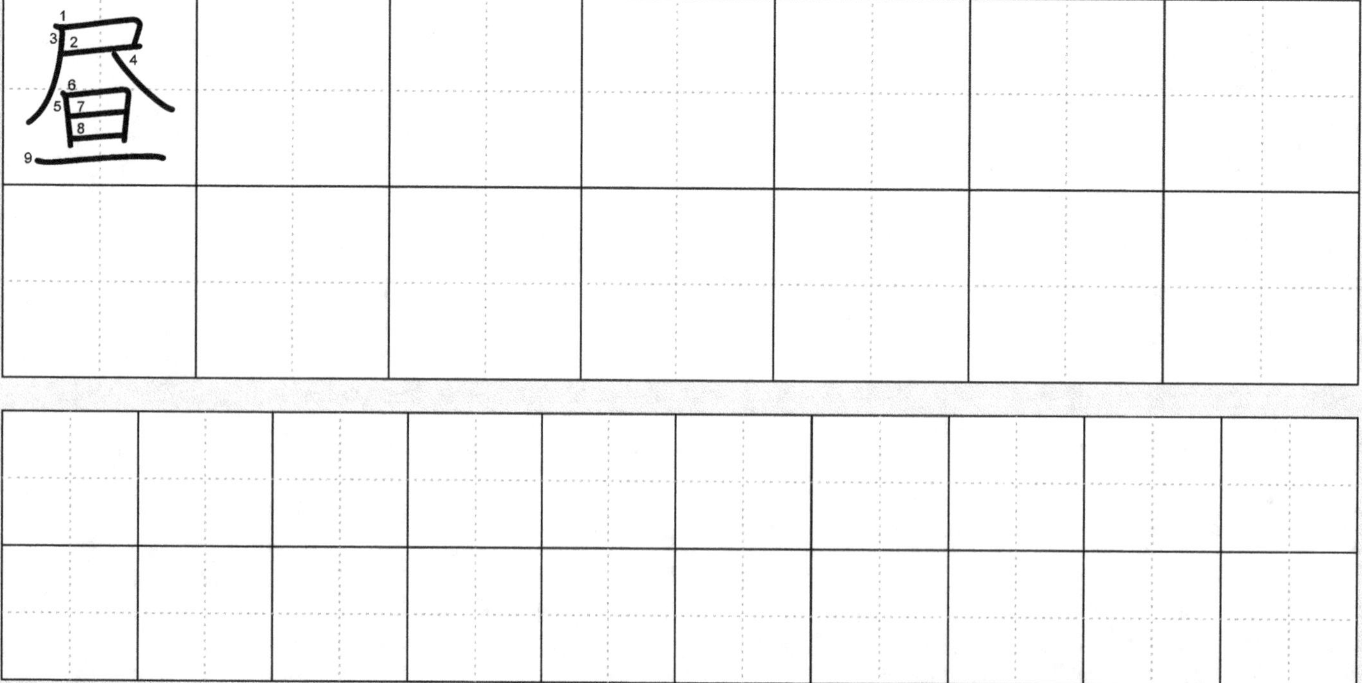

Bedeutung	Tee		Bestandteile	个 艾 木
Radikal	艸 (艹)		Kun'yomi	
Striche	9		On'yomi	チャ、サ

Vokabeln	Bedeutung	Aussprache
茶	*Tee, Teezubereitung, Tee kochen, braun*	チャ
茶色	*braun, hellbraun, gelbbraun*	チャイロ
煎茶	*Grüner Tee, Grüner Blatt-Tee*	センチャ
喫茶	*Teetrinken, Teehaus, Coffeeshop*	キッサ

Reihenfolge der Striche

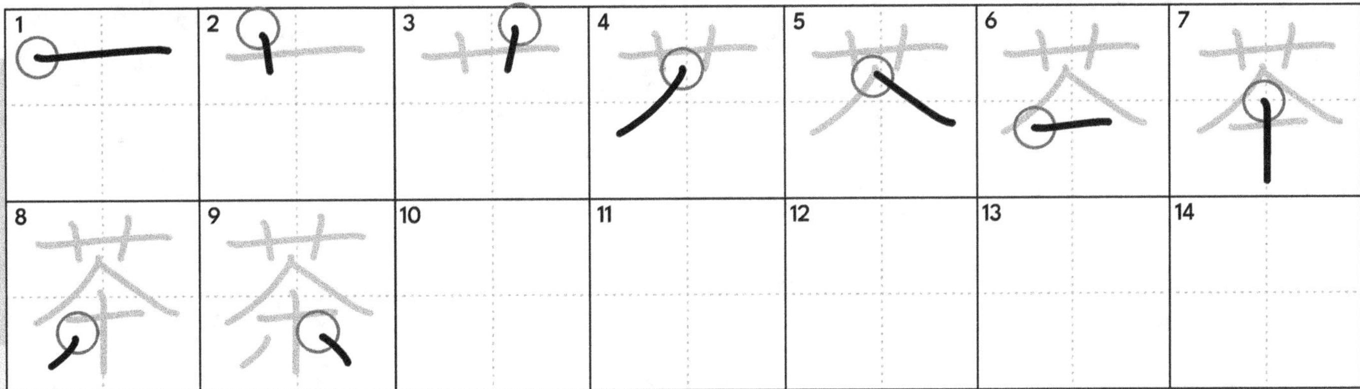

Übung zum Schreiben

Bedeutung	jüngerer Bruder	Bestandteile	丨 ノ 并 弓
Radikal	弓	Kun'yomi	おとうと
Striche	7	On'yomi	テイ、ダイ、デ

Vokabeln	Bedeutung		Aussprache
弟	*jüngerer Bruder, kleiner Bruder, kleiner Bruder*		オトウト
弟子	*Schüler, Jünger, Anhänger, Gefolgsmann, Lehrling*		デシ
弟	*jüngerer Bruder, kleiner Bruder, Schwager*		おとうと
兄弟	*Geschwister, Brüder und Schwestern*		キョウダイ

Reihenfolge der Striche

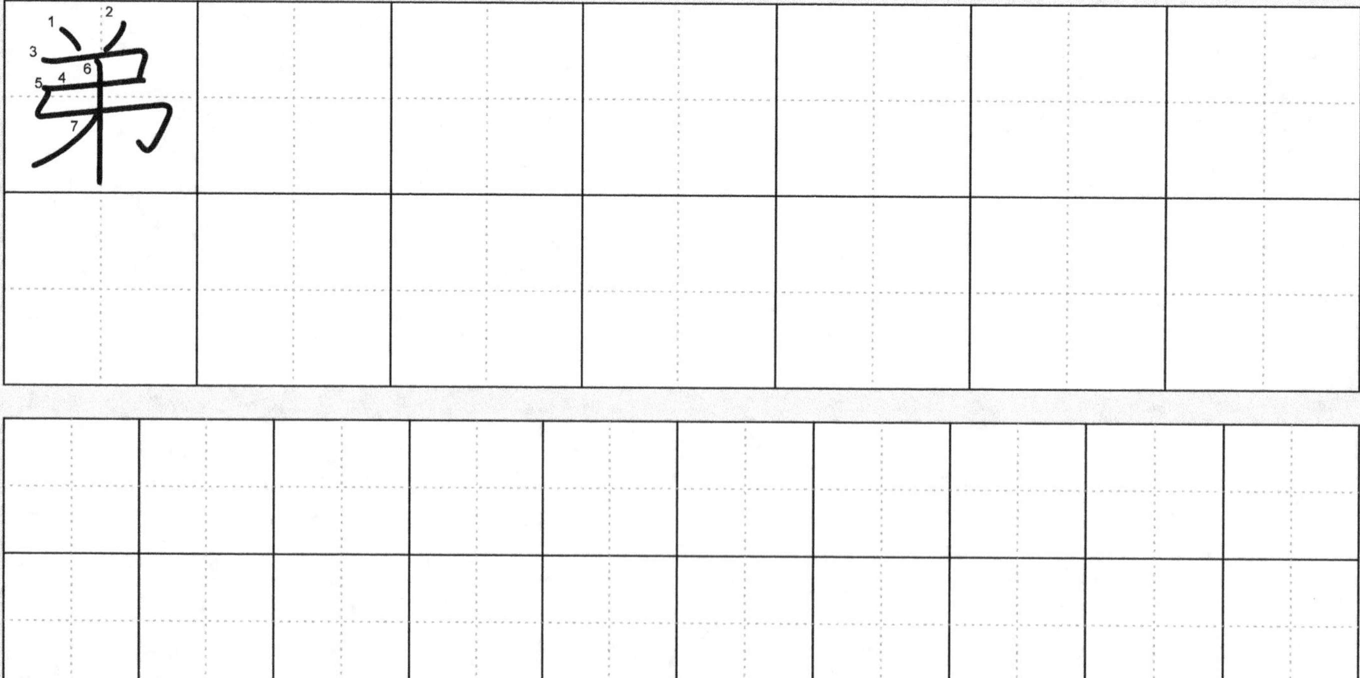

Übung zum Schreiben

Bedeutung	Kuh		Bestandteile	牛
Radikal	牛 (牜)		Kun'yomi	うし
Striche	4		On'yomi	ギュウ

Vokabeln	Bedeutung	Aussprache
牛	*Rind, Kuh, Stier, Ochse, Kalb, Rindfleisch*	うし
特牛	*starker Stier*	こというし
肉牛	*Fleischrind*	ニクギュウ
去勢牛	*Ochse*	きょせいうし

Reihenfolge der Striche

Übung zum Schreiben

兄

兄 兄

Bedeutung	älterer Bruder		Bestandteile	儿口
Radikal	儿		Kun'yomi	あに
Striche	5		On'yomi	キョウ、ケイ

Vokabeln	Bedeutung	Aussprache
兄	älterer Bruder	あに
兄	Sie, Herr, Mister, älterer Bruder	ケイ
兄弟	Geschwister, Brüder und Schwestern	キョウダイ
父兄	Erziehungsberechtigte, Eltern	フケイ

Reihenfolge der Striche

Übung zum Schreiben

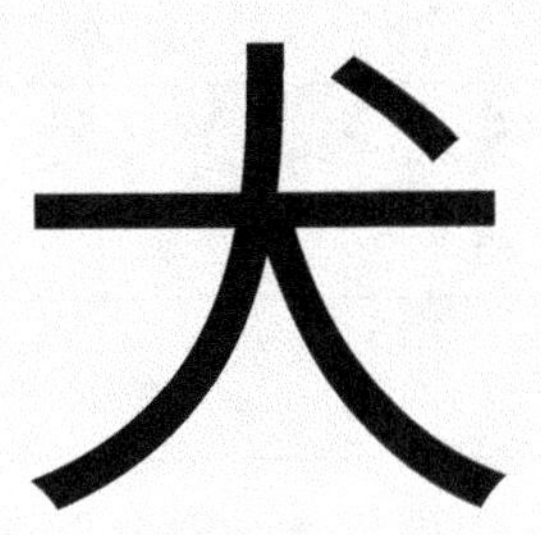

Bedeutung	Hund		**Bestandteile**	丶 大 犬
Radikal	犬 (犭)		**Kun'yomi**	いぬ
Striche	4		**On'yomi**	ケン

Vokabeln	*Bedeutung*	*Aussprache*
犬	*Hund, Informant, Spion, Verlierer, nutzlos*	いぬ
野良犬	*streunender Hund*	のらいぬ
柴犬	*shiba inu (Hunderasse), shiba*	シバイヌ
柴犬	*shiba inu (Hunderasse), shiba*	しばいぬ

Reihenfolge der Striche

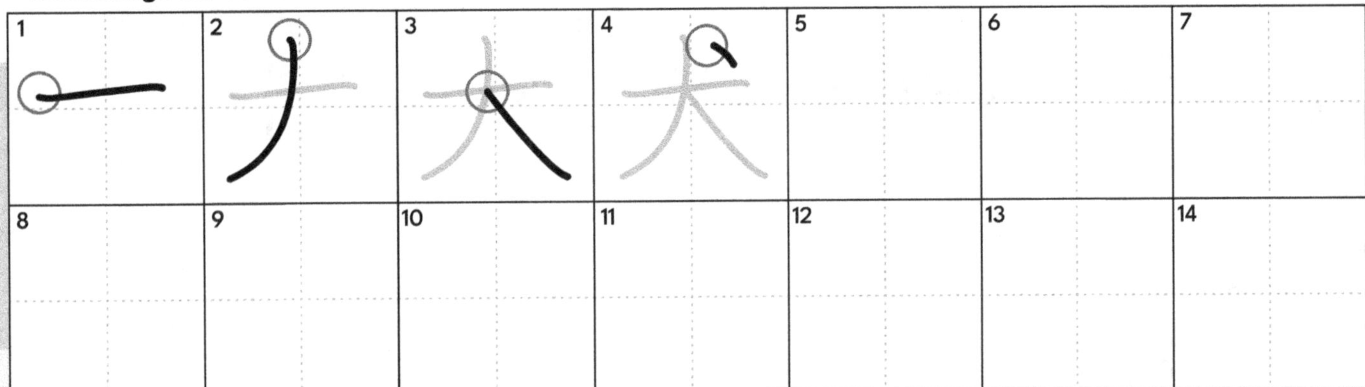

Übung zum Schreiben

妹

Bedeutung	jüngere Schwester	Bestandteile	丨二十八女木
Radikal	女	Kun'yomi	いもうと
Striche	8	On'yomi	マイ

Vokabeln	Bedeutung	Aussprache
妹	*jüngere Schwester*	いもうと
妹君	*(jüngere) Schwester*	イモウトギミ
弟妹	*jüngerer Bruder und jüngere Schwester*	テイマイ
妹君	*(jüngere) Schwester*	いもうとぎみ

Reihenfolge der Striche

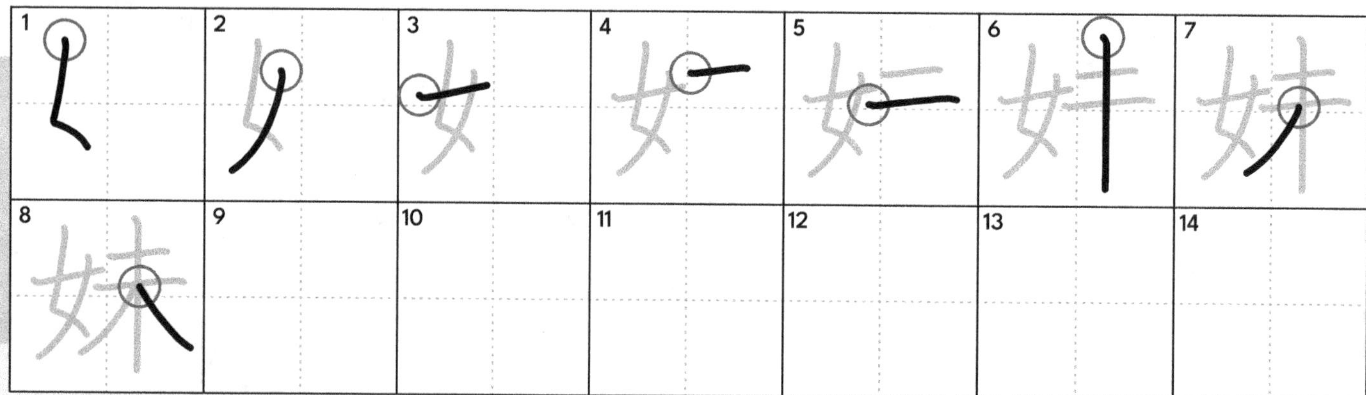

Übung zum Schreiben

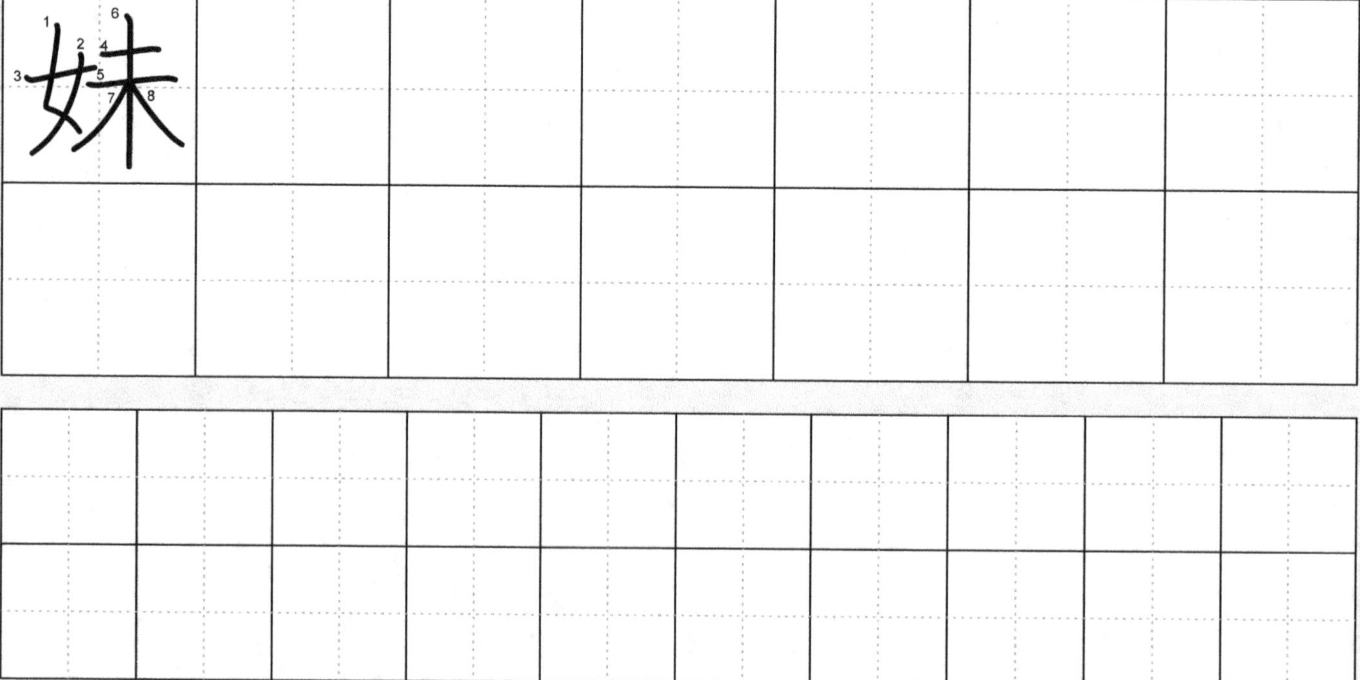

Bedeutung	ältere Schwester	Bestandteile	亠 女 巾
Radikal	女	Kun'yomi	あね
Striche	8	On'yomi	シ

Vokabeln	Bedeutung	Aussprache
姉	*ältere Schwester*	あね
姉妹	*Schwestern*	シマイ
大姉	*Älteste Schwester*	おおあね
姉さん	*ältere Schwester, junge Dame, Fräulein, Ma'am*	ねえさん

Reihenfolge der Striche

Übung zum Schreiben

漢

Bedeutung	China, Sino-	Bestandteile	一 二 口 大 汁 艾
Radikal	水 (氵, 氺)	Kun'yomi	
Striche	13	On'yomi	カン

Vokabeln	Bedeutung	Aussprache
漢	*China, Han (Dynastie, von China), Mensch*	カン
漢字	*Kanji, chinesisches Schriftzeichen*	カンジ
門外漢	*Außenseiter, Laie, Amateur*	モンガイカン

Reihenfolge der Striche

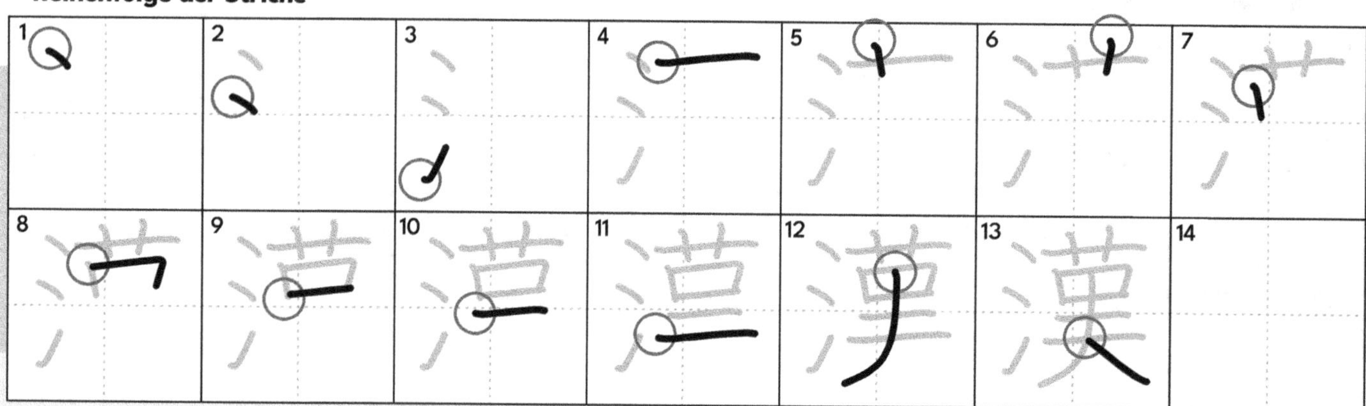

Übung zum Schreiben

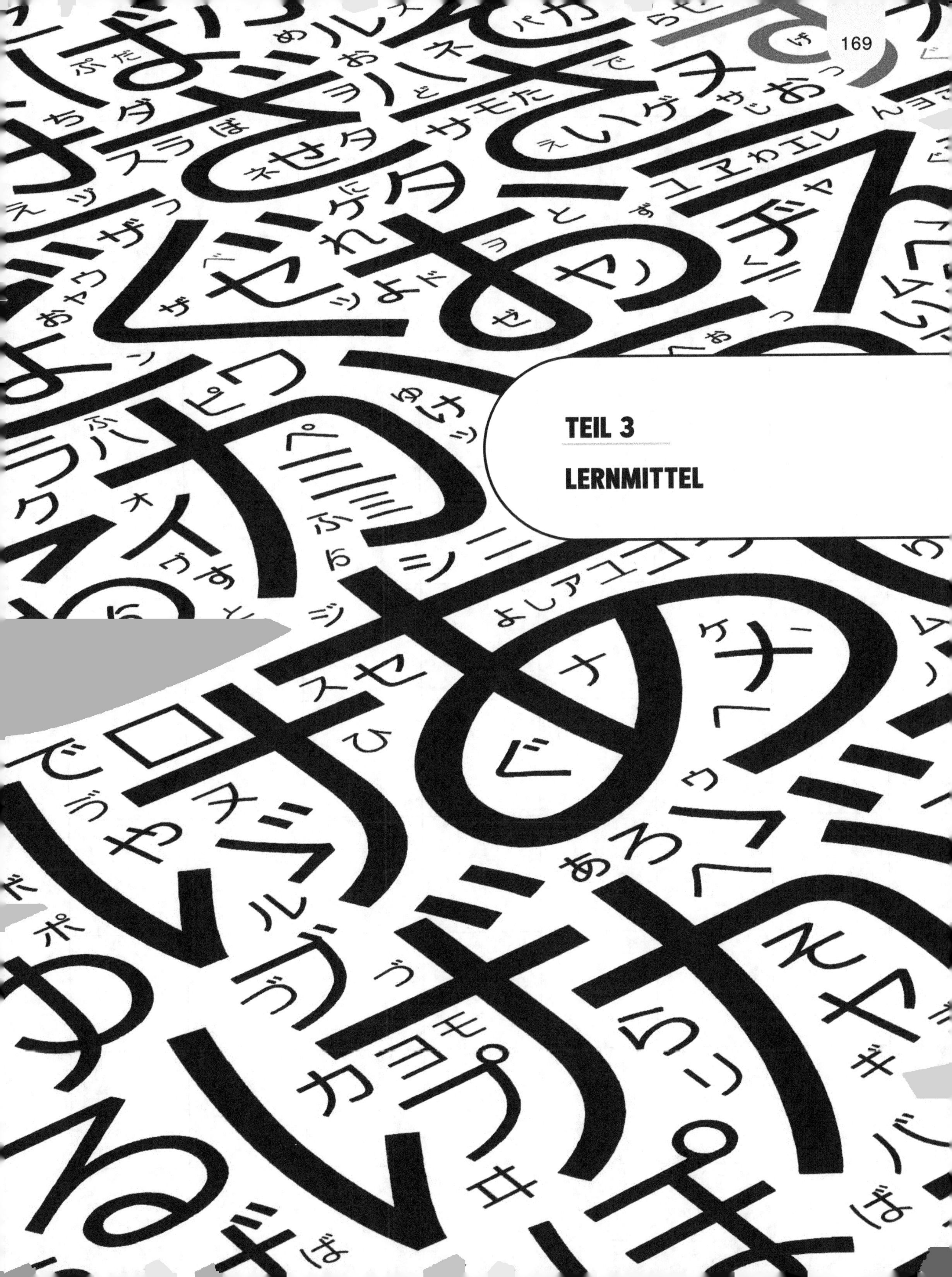

TEIL 3
LERNMITTEL

(1-Zoll-Raster ohne Hilfslinien)

(0,7-Zoll-Raster mit Hilfslinien)

(0,7-Zoll-Raster ohne Hilfslinien)

(0,7-Zoll-Raster ohne Hilfslinien)

KANJI-DETAILS

ON'YOMI

KUN'YOMI

RADIKAL(E)

VOKABELN

VOKABELN

SATZ / MNEMONIK / HINWEISE

KANJI STRICHFOLGE

KANJI SCHREIB BUNGEN

Kanji-Studienvorlage

KANJI-DETAILS

ON'YOMI

KUN'YOMI

RADIKAL(E) VOKABELN

VOKABELN

SATZ / MNEMONIK / HINWEISE

KANJI STRICHFOLGE

KANJI SCHREIB ÜBUNGEN

Kanji-Studienvorlage

KANJI-DETAILS

ON'YOMI

KUN'YOMI

RADIKAL(E) VOKABELN

VOKABELN

SATZ / MNEMONIK / HINWEISE

KANJI STRICHFOLGE

KANJI SCHREIB ÜBUNGEN

ON'YOMI

KUN'YOMI

RADIKAL(E) VOKABELN

VOKABELN

SATZ / MNEMONIK / HINWEISE

KANJI-DETAILS

KANJI STRICHFOLGE

KANJI SCHREIBÜBUNGEN

KANJI-DETAILS

ON'YOMI

KUN'YOMI

RADIKAL(E) VOKABELN

VOKABELN

SATZ / MNEMONIK / HINWEISE

KANJI STRICHFOLGE

KANJI SCHREIBÜBUNGEN

Kanji-Studienvorlage

KANJI-DETAILS

ON'YOMI

KUN'YOMI

RADIKAL(E) VOKABELN

VOKABELN

SATZ / MNEMONIK / HINWEISE

KANJI STRICHFOLGE

KANJI SCHREIB BUNGEN

KANJI-DETAILS

ON'YOMI

KUN'YOMI

RADIKAL (E) VOKABELN

VOKABELN

SATZ / MNEMONIK / HINWEISE

KANJI STRICHFOLGE

KANJI SCHREIB BUNGEN

Kanji-Studienvorlage

自

Radikal	自
Striche	6
Teile	目自
Kun	みずか.ら
On	ジ、シ

事

Radikal	亅
Striche	8
Teile	一亅口ヨ
Kun	こと、つか.う
On	ジ、ズ

同

Radikal	口
Striche	6
Teile	一冂口
Kun	おな.じ
On	ドウ

地

Radikal	土
Striche	6
Teile	土也
Kun	
On	チ、ジ

者

Radikal	老 (耂)
Striche	8
Teile	老日
Kun	もの
On	シャ

発

Radikal	癶
Striche	9
Teile	二儿癶
Kun	た.つ、あば.く
On	ハツ、ホツ

場

Radikal	土
Striche	12
Teile	一土日勿
Kun	ば
On	ジョウ、チョウ

方

Radikal	方
Striche	4
Teile	方
Kun	かた、-がた
On	ホウ

業

Radikal	木
Striche	13
Teile	一｜井木王羊耒
Kun	わざ
On	ギョウ、ゴウ

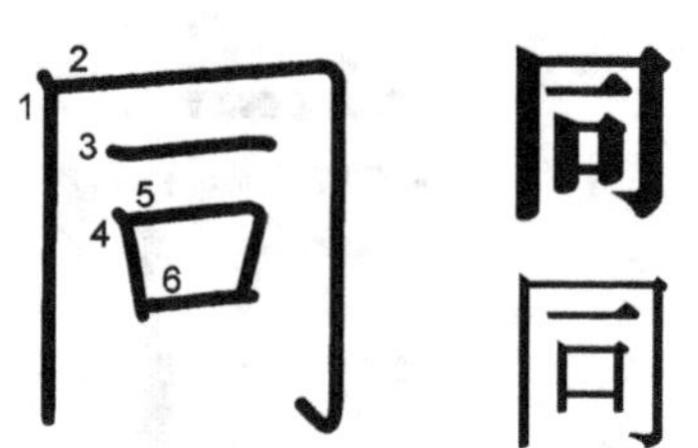

Bedeutung(en): **gleich**

同じ	おなじ	gleich, einheitlich
同	ドウ	das Gleiche
合同	ゴウドウ	Kombination
同じく	おなじく	auf die gleiche Weise

Bedeutung(en): **Sache, Tatsache**

事	こと	Sache, Angelegenheit
神事	しんじ	Shinto-Ritual
有事	ユウジ	Notfall
事業	ジギョウ	Projekt, Geschäft

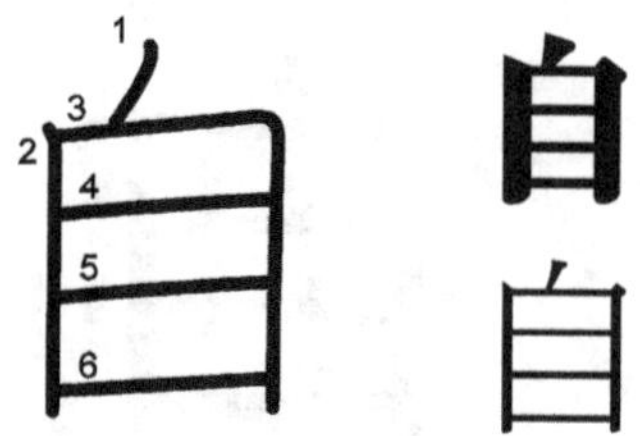

Bedeutung(en): **sich selbst**

自然	シゼン	Natur, natürlich
出自	シュツジ	Abstammung
自ら	みずから	persönlich
自ずから	おのずから	natürlich

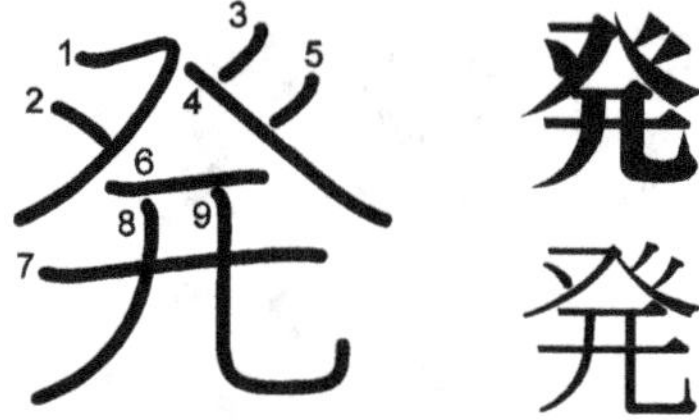

Bedeutung(en): **Abreise**

発	ハツ	Abreise von ...
発熱	ハツネツ	Hitzeentwicklung
偶発	グウハツ	zufällig
暴く	あばく	enthüllen

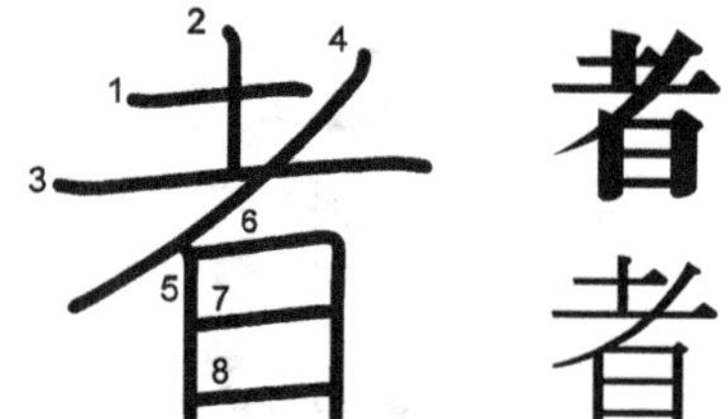

Bedeutung(en): **jemand, Person**

者	もの	Person
芸者	ゲイシャ	Geisha
者ども	ものども	sie, Menschen
若い者	わかいもの	junge Person, Jugend

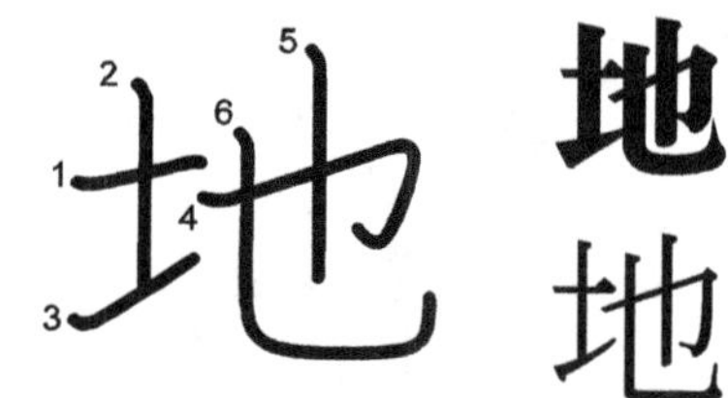

Bedeutung(en): **Boden, Erde**

地	チ	Erde, Grund, Land
地位	チイ	(soziale) Position, Status
地	ジ	Boden, das lokale Gebiet
下地	シタジ	Fundament, Eignung

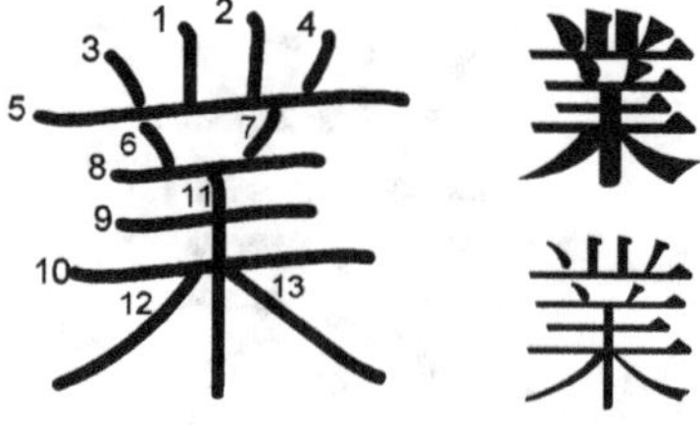

Bedeutung(en): **Leistung**

業	ギョウ	Arbeit, Geschäft
業	わざ	Tat, Handlung
業界	ギョウカイ	Geschäftswelt
業因	ゴウ	Karma

Bedeutung(en): **Alternative**

方	ホウ	Richtung, Weg, Seite
途方	トホウ	Weg, Ziel, Grund
方々	かたがた	Menschen, jeder
親方	おやかた	Meister, Vorgesetzter

Bedeutung(en): **Platz, Ort**

場	ば	Platz, Raum, Feld
場	ジョウ	Ort, Platz, Stadion
場合	ばあい	Situation
場外	ジョウガイ	außerhalb der (Halle, usw.)

力

N4 Kanji

Radikal	力
Striche	2
Teile	力
Kun	ちから
On	リョク、リキ

開

N4 Kanji

Radikal	門
Striche	12
Teile	一ノ二开門
Kun	ひら(く)、あ(ける)
On	カイ

員

N4 Kanji

Radikal	口
Striche	10
Teile	ハ口目貝
Kun	
On	イン

明

N4 Kanji

Radikal	日
Striche	8
Teile	日月
Kun	あか(るい)
On	メイ、ミョウ

代

N4 Kanji

Radikal	人(イ)
Striche	5
Teile	化弋
Kun	か(わり)
On	ダイ

問

N4 Kanji

Radikal	口
Striche	11
Teile	口門
Kun	と(う)
On	モン

通

N4 Kanji

Radikal	辵(辶, 辶)
Striche	10
Teile	マ込用
Kun	とお(る)、かよ(う)
On	ツウ

京

N4 Kanji

Radikal	亠
Striche	8
Teile	亠口小
Kun	みやこ
On	キョウ、ケイ、キン

動

N4 Kanji

Radikal	力
Striche	11
Teile	一｜ノカ日里
Kun	うご.く、うご.かす
On	ドウ

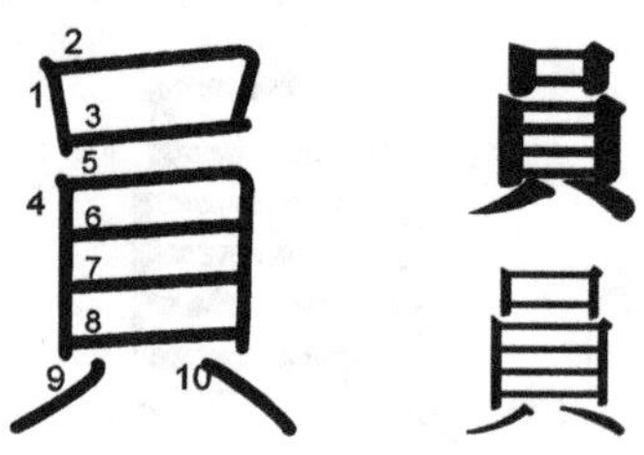

Bedeutung(en): **Mitarbeiter**

員	イン *Mitglied*
員数	インズウ *(Gesamt-)Anzahl*
随員	ズイイン *Mitglied eines Gefolges*
執行委員	シッコウイイン *Exekutivkomitee*

Bedeutung(en): **öffnen, entfalten**

開く	ひらく *öffnen, aufmachen*
開花	カイカ *blühen, aufblühen*
開ける	ひらける *sich öffnen*
ひらける	あける *auspacken*

Bedeutung(en): **Kraft, Stärke, stark**

力	ちから *Kraft, Stärke, Macht*
力	リョク *Leistung, Fähigkeit*
力強い	ちからづよい *mächtig, stark*
力学	リキガク *Mechanik, Dynamik*

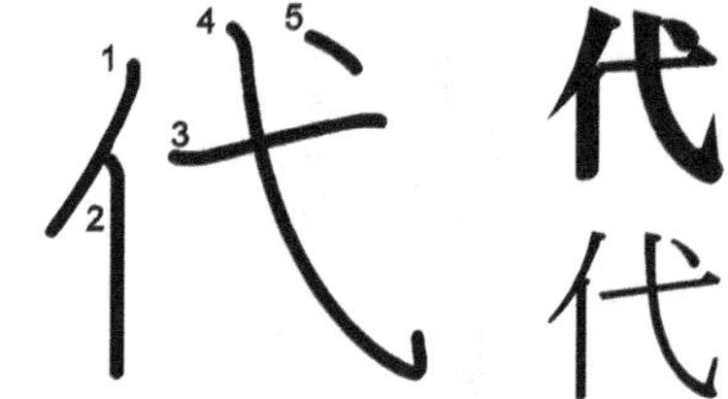

Bedeutung(en): **Problem, zu fragen**

問	モン *Zähler für Fragen*
問う	とう *fragen, sich erkundigen*
更問	さらとい *Folgefrage*
設問	セツモン *eine Frage stellen*

Bedeutung(en): **ersetzen, ändern**

代	ダイ *Gebühr, Kosten, Alter*
代わり	かわり *Ersatz, Stellvertreter*
大時代	オオジダイ *altmodisch, antiquiert*
希代	キタイ *unüblich, selten*

Bedeutung(en): **hell, licht**

明かり	あかり *Licht, Beleuchtung*
明るい	あかるい *Licht, hell (Farbe)*
明	メイ *Helligkeit, Einsicht*
光明	コウミョウ *helles Licht, Hoffnung*

Bedeutung(en): **Veränderung**

動く	うごく *bewegen, umrühren*
動かす	うごかす *bewegen, verschieben*
動	ドウ *Bewegung*
異動	イドウ *(Personal) ändern*

Bedeutung(en): **Hauptstadt**

都	みやこ *Hauptstadt*
京	キョウ *kaiserliche Hauptstadt*
京都	キョウト *Kyoto (Stadt, Präfektur)*
英京	エイキョウ *Britische Hauptstadt*

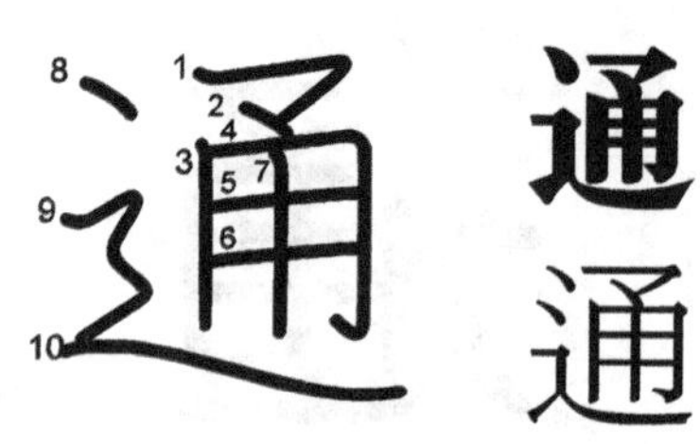

Bedeutung(en): **Verkehr, Pendeln**

通る	とおる *vorbeigehen*
通り	とおり *Allee, Straße, Weg, Straße*
通	ツウ *Autorität, Experte, Kenner*
通う	かよう *hin & her gehen zwischen*

田

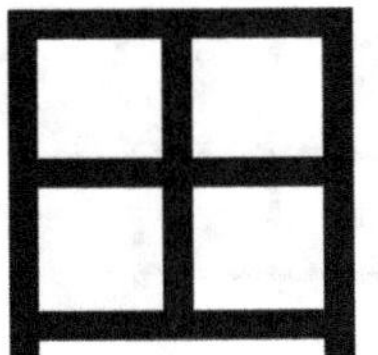

Radikal	田
Striche	5
Teile	田
Kun	た
On	デン

体

Radikal	人 (イ)
Striche	7
Teile	一 化 木
Kun	からだ
On	タイ

理

Radikal	玉 (王)
Striche	11
Teile	王 里
Kun	ことわり
On	リ

意

Radikal	心 (忄, 小)
Striche	13
Teile	心 日 立 音
Kun	
On	イ

題

Radikal	頁
Striche	18
Teile	八 日 疋 目 貝 頁
Kun	
On	ダイ

主

Radikal	丶
Striche	5
Teile	一 ノ 干 乞
Kun	ぬし、おも
On	シュ

用

Radikal	用 (甩)
Striche	5
Teile	用
Kun	もち (いる)
On	ヨウ

作

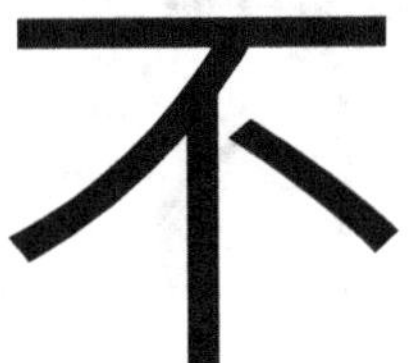

Radikal	人 (イ)
Striche	7
Teile	一 ｜ ノ 化 乞
Kun	つく (る)
On	サク、サ

不

Radikal	一
Striche	4
Teile	一 ｜ 丶 ノ
Kun	
On	フ、ブ

理

Bedeutung(en): Anordnung

理	ことわり	Vernunft, Logik, Sinn
理	リ	Vernunft, Prinzip, Logik
理科	リカ	Wissenschaft
経理	ケイリ	Buchhaltung

体

Bedeutung(en): Körper, Substanz

体	からだ	Körper, Torso, Rumpf
体	タイ	Körper, Haltung, Form
体育	タイイク	Leibeserziehung, Sport
風体	フウテイ	Aussehen, Kleid

田

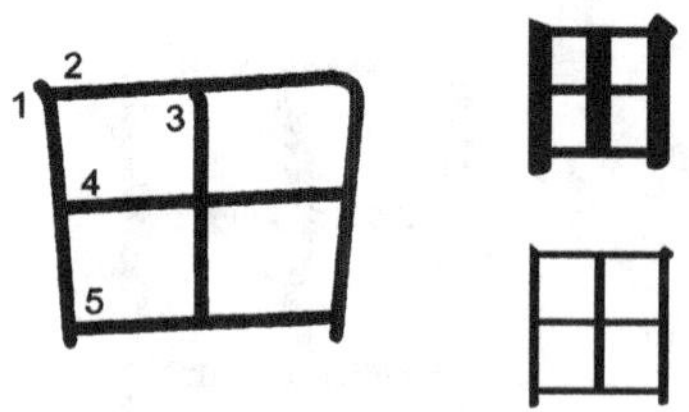

Bedeutung(en): Reisfeld, Reisanbau

田	た	Reisfeld
田畑	タハタ	Felder
田園	デンエン	das Land
田植え	たうえ	Reisanbau

主

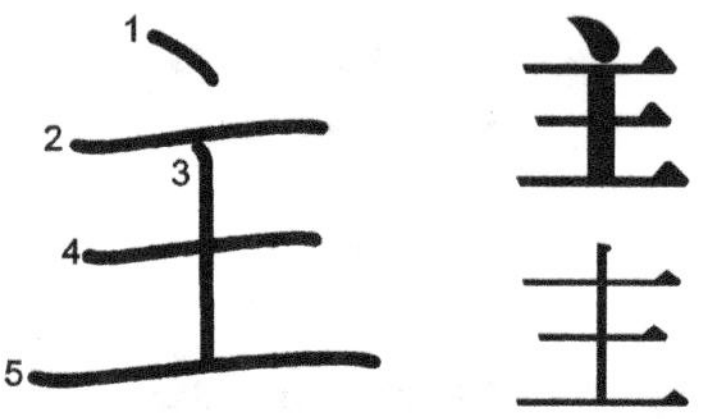

Bedeutung(en): Herr, Chef, Meister

主	ぬし	Kopf (eines Haushalts)
主	おも	Chef, Hauptsache
主	シュ	(sein) Herr, Mehrheit
主に	おもに	hauptsächlich, primär

題

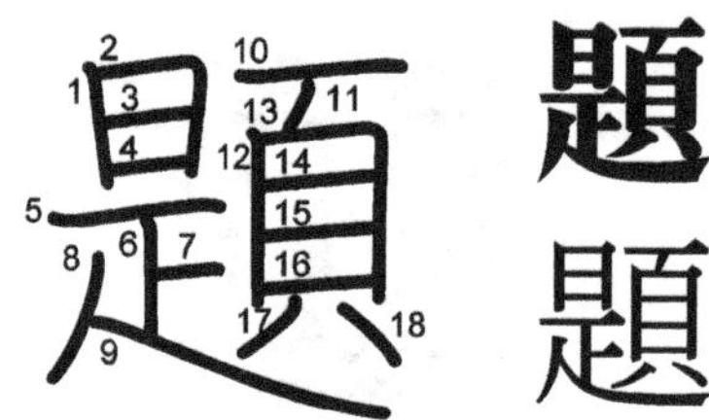

Bedeutung(en): Thema, Gegenstand

題	ダイ	Titel, Thema
題材	ダイザイ	Thema
表題	ヒョウダイ	Titel, Index, Überschrift
命題	メイダイ	Satz, These, Begriff

意

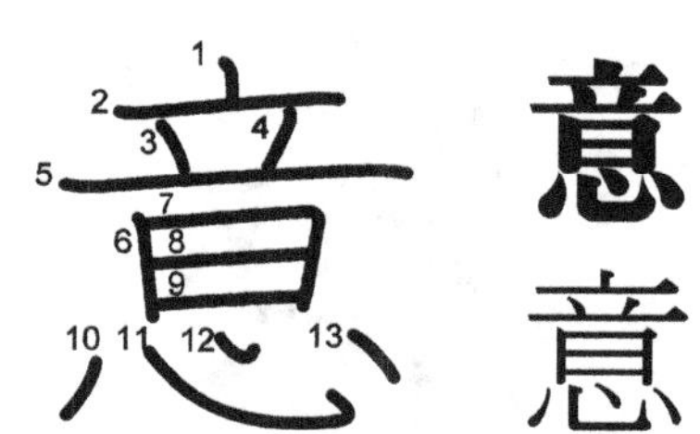

Bedeutung(en): Idee, Geist, Herz

意	イ	Gefühle, Gedanken
意外	イガイ	unerwartet, überraschend
賛意	サンイ	Zustimmung
総意	ソウイ	Konsens, kollektiver Wille

不

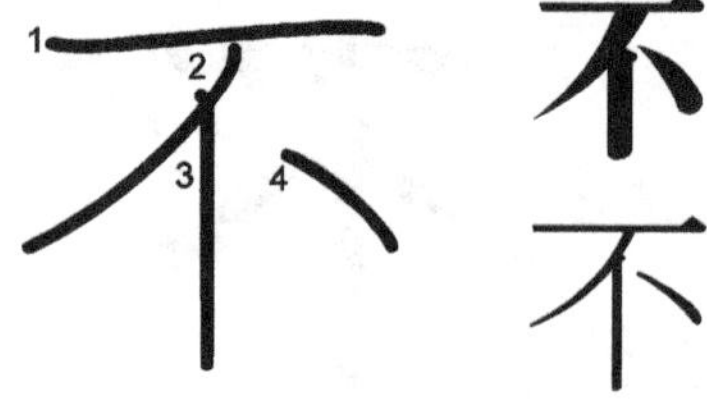

Bedeutung(en): negativ, schlecht

不	フ	nicht, negative Vorsilbe
不安	フアン	Angst, Unbehagen
意味不	イミフ	mehrdeutig
不気味	ブキミ	unheimlich, bedrohlich

作

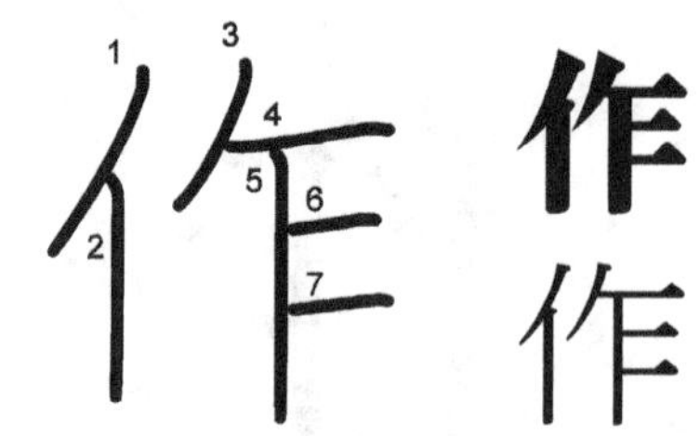

Bedeutung(en): machen, vorbereiten

作る	つくる	machen, produzieren
作	サク	Arbeit (z.B. Kunst)
作業	サギョウ	Arbeit, Betrieb, Aufgabe
作る	つくる	kultivieren, ausbilden

用

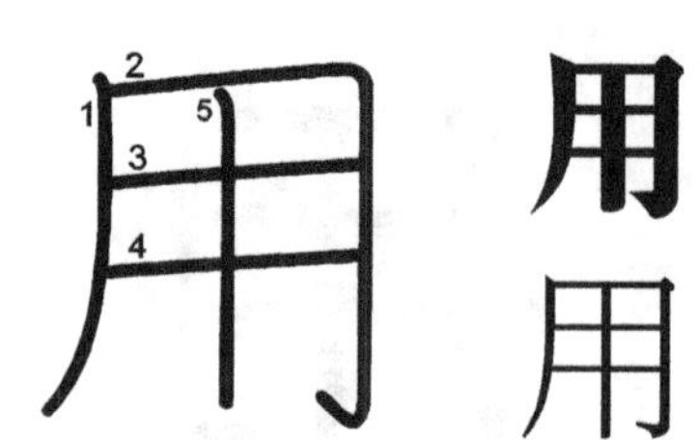

Bedeutung(en): Dienst, verwenden

用いる	もちいる	verwenden, nutzen
用	ヨウ	Geschäft, Aufgabe
登用	トウヨウ	Ernennung, Zuweisung
用意	ヨウイ	Vorbereitung

公

Radikal	八
Striche	4
Teile	ハ ム
Kun	おおやけ
On	コウ

強

Radikal	弓
Striche	11
Teile	ム 弓 虫
Kun	つよ(い)
On	キョウ、ゴウ

度

Radikal	广
Striche	9
Teile	一 又 广 口
Kun	たび、た(い)
On	ド、タク

以

Radikal	人 (イ)
Striche	5
Teile	丨、人
Kun	もっ(て)
On	イ

野

Radikal	里
Striche	11
Teile	乛 矛 里
Kun	の
On	ヤ

持

Radikal	手 (扌 )
Striche	9
Teile	土 寸 扌
Kun	も(つ)
On	ジ

世

Radikal	一
Striche	5
Teile	一 丨 世
Kun	よ
On	セイ、セ

家

Radikal	宀
Striche	10
Teile	人
Kun	いえ、や、うち
On	カ

思

Radikal	心 (忄, 小)
Striche	9
Teile	心 田
Kun	おも(う)
On	シ

度		
	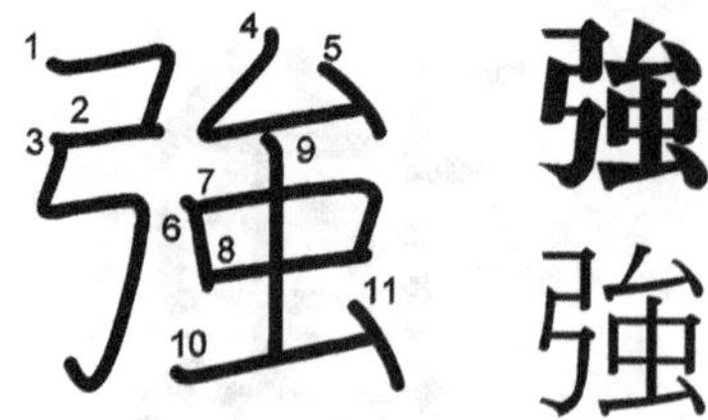	

Bedeutung(en): **Auftreten, Zeit**

度	たび	Zeit (dreimal, usw.)
度	ド	Grad (Winkel, usw.)
法度	ハット	Gesetz, Verordnung
中度	なかたび	auf halbem Weg

強		
	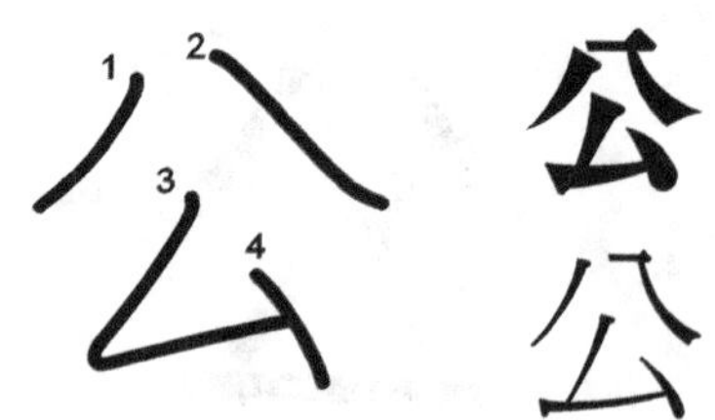	

Bedeutung(en): **stark**

強い	つよい	stark, potent, kompetent, geschickt, kenntnisreich, in der Lage sein,
強	キョウ	Stärke
強盗	ゴウトウ	Räuber, Raub, Einbruch

公		

Bedeutung(en): **öffentlich, offiziell**

公	おおやけ	offiziell, formell
公	コウ	öffentliche Angelegenheit
公廨	クガイ	Regierungsamt
王侯	オウコウ	König und Prinzen, Adel

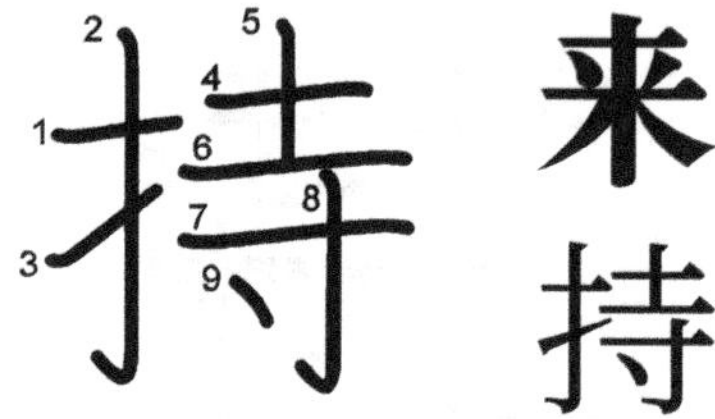

Bedeutung(en): **halten, haben**

持つ	もつ	nehmen/tragen
持久	ジキュウ	Beharrlichkeit
持	ジ	Gleichstand
持てる	もてる	beliebt sein

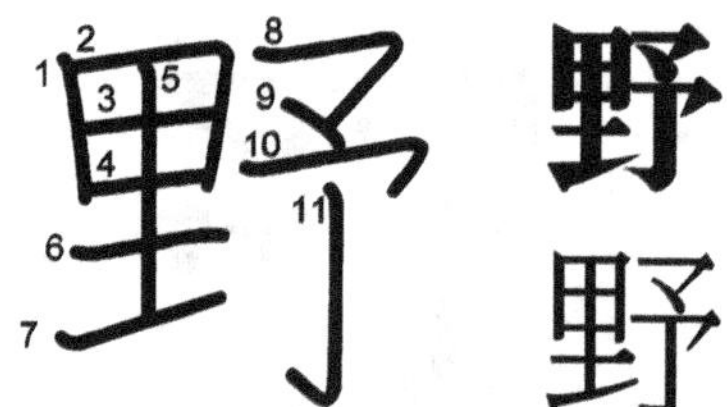

Bedeutung(en): **Ebenen, Feld**

野	の	Ebene, Feld, wild
野	ノ	Ebene, Feld
野外	ヤガイ	im Freien, außerhalb
在野	ザイヤ	außer Amt, außer Kraft

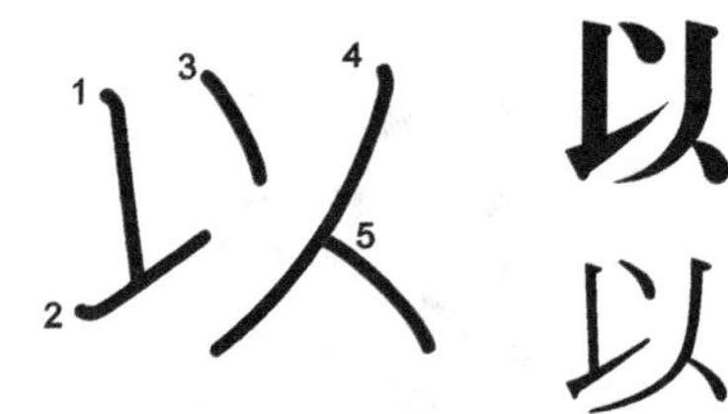

Bedeutung(en): **weil, denn**

以て	もって	mit, durch, mit Hilfe von
以降	イコウ	am und nach, von ... an
以下	イカ	nicht mehr als ...

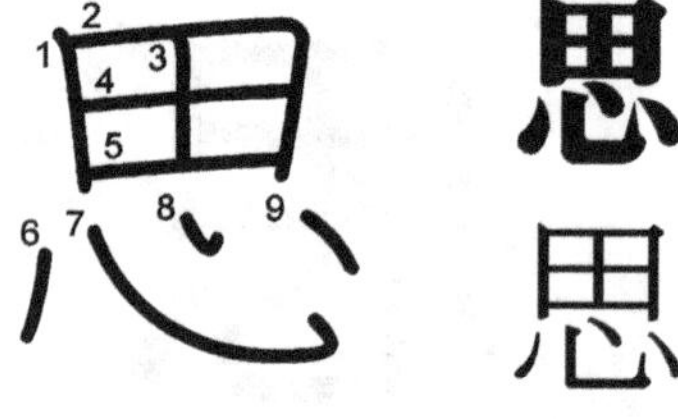

Bedeutung(en): **denken**

思う	おもう	überlegen, glauben
思考	シコウ	Gedanke, Überlegung
相思	ソウシ	gegenseitige Liebe
哀思	アイシ	trauriges Gefühl

Bedeutung(en): **Haus, Familie**

家	いえ	Haus, Wohnsitz, Familie
家主	やぬし	Vermieter, Vermieterin
家	うち	sein Haus, seine Familie

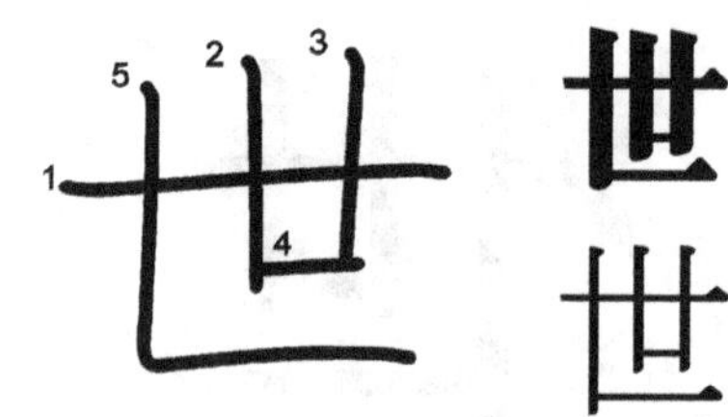

Bedeutung(en): **Gesellschaft, Welt**

世	よ	Welt, Gesellschaft
世	セイ	zähler für generationen
世の中	よのなか	die Gesellschaft
夜店	ヨミセ	Nachtbude, Nachtmarkt

心

N4 Kanji

Radikal	心 (忄, 㣺)
Striche	4
Teile	心
Kun	こころ
On	シン

院

N4 Kanji

Radikal	阜 (阝)
Striche	10
Teile	二 儿 宀 阡 元
Kun	
On	イン

正

N4 Kanji

Radikal	止
Striche	5
Teile	一 止
Kun	ただ(しい)、まさ(に)
On	セイ、ショウ

文

N4 Kanji

Radikal	文
Striche	4
Teile	文
Kun	ふみ
On	ブン、モン

教

N4 Kanji

Radikal	攴 (攵)
Striche	11
Teile	子 老 乞 夊
Kun	おし(える)、おそ(わる)
On	キョウ

界

N4 Kanji

Radikal	田
Striche	9
Teile	个 儿 田
Kun	
On	カイ

近

N4 Kanji

Radikal	辵 (辶, 辶)
Striche	7
Teile	込 斤
Kun	ちか(い)
On	キン

重

N4 Kanji

Radikal	里
Striche	9
Teile	一 ｜ ノ 日 里
Kun	おも(い)、かさ(ねる)
On	ジュウ、チョウ

元

N4 Kanji

Radikal	儿
Striche	4
Teile	二 儿 元
Kun	もと
On	ゲン、ガン

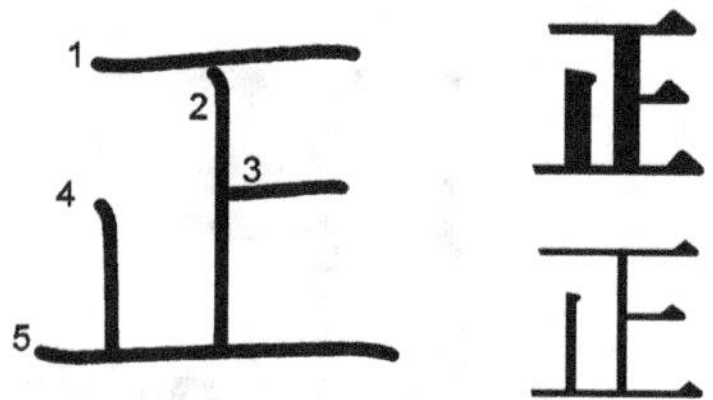

Bedeutung(en): **Gerechtigkeit**

正しい	ただしい	richtig, korrekt
正	セイ	(logisch) wahr
正解	セイカイ	richtige Lösung
正(に)	まさ(に)	genau, exakt

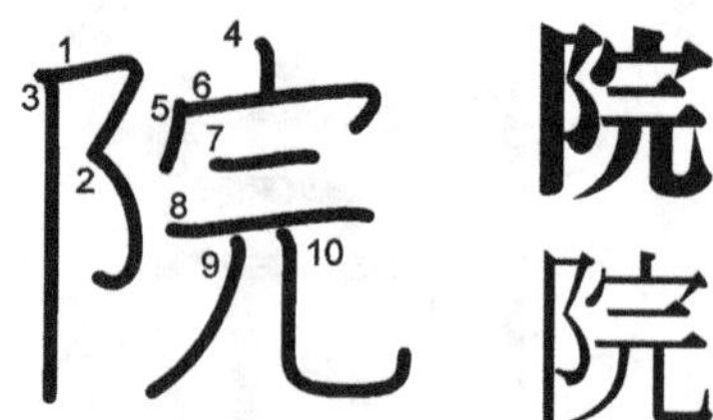

Bedeutung(en): **Tempel, Schule**

院	イン	Parlament (Kongress, usw.), Graduiertenschule Postgraduiertenschule
院長	インチョウ	Direktor (Krankenhauses, einer Einrichtung, usw.)

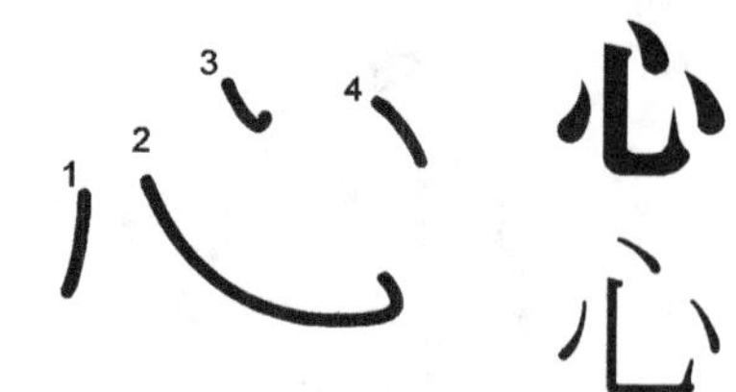

Bedeutung(en): **Herz, Verstand**

心	こころ	Verstand, Herz, Geist
心	シン	Vitalität, innere Stärke
我が心	わがこころ	mein Herz
会心	カイシン	Sympathie, Zufriedenheit

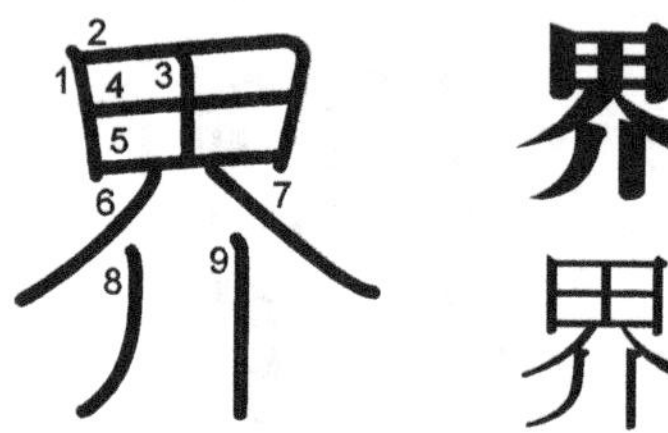

Bedeutung(en): **Welt, Grenze**

界	カイ	gemeinschaft, welt
界隈	カイワイ	nachbarschaft
球界	キュウカイ	die Baseball-Welt
経済界	ケイザイカイ	Wirtschaftswelt

Bedeutung(en): **lehren, glauben**

教える	おしえる	lehren, anweisen
教わる	おそわる	gelehrt werden
教育	キョウイク	Erziehung, Bildung
政教	セイキョウ	Kirche und Staat

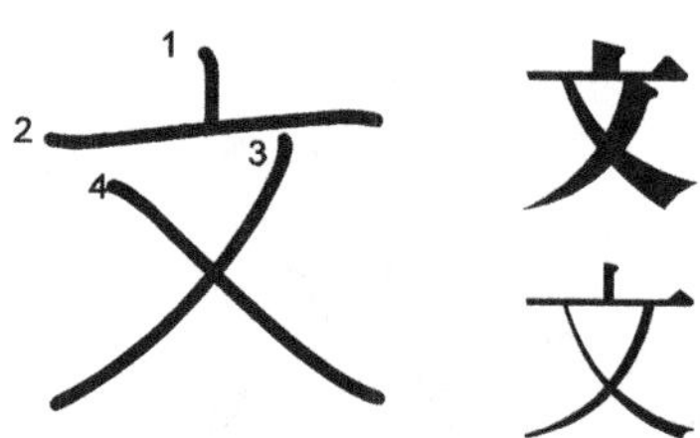

Bedeutung(en): **Satz, Literatur**

文	ふみ	Brief, Schriftstücke
文	ブン	Satz, Text
文化	ブンカ	Kultur, Zivilisation
文	モン	Brief, Charakter, Satz

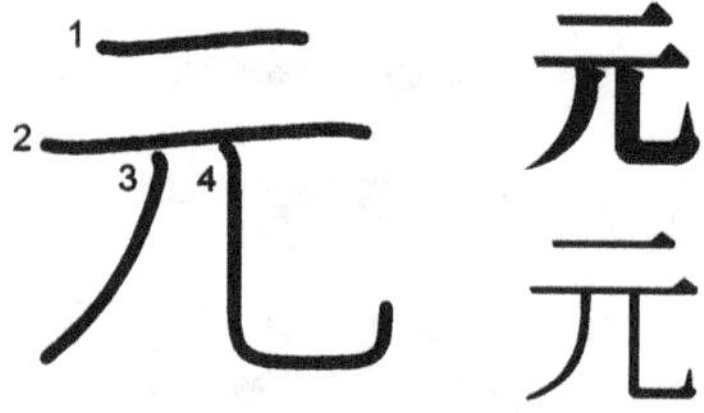

Bedeutung(en): **Anfang, Ursprung**

元	もと	Ursprung, Quelle, Basis
元	ゲン	unbekannt
元日	ガンジツ	Neujahrstag
元祖	ガンソ	Initiator, Pionier, Erfinder

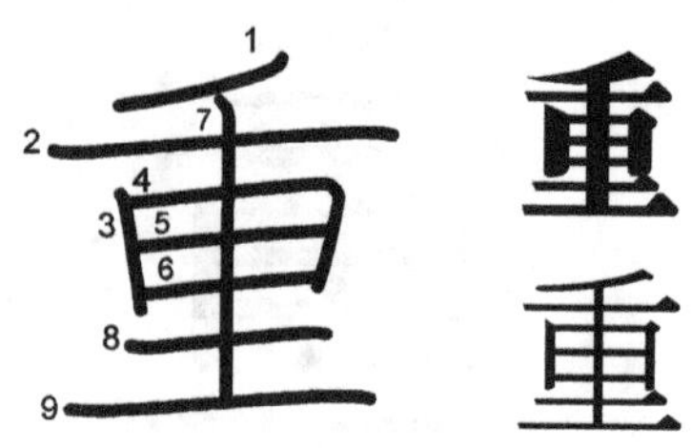

Bedeutung(en): **wichtig, Respekt**

重複	チョウフク	Wiederholung
重い	おもい	schwer, unruhig, träge
重ねる	かさねる	auftürmen, aufhäufen
重	ジュウ	schwer, ernst, extrem

Bedeutung(en): **nahe, früh**

近い	ちかい	nahe, nah, kurz (Abstand), bald, eng (Beziehung), freundlich, intim
至近	シキン	sehr nah
近海	キンカイ	Küstengewässer

海

Radikal	水 (氵, 氺)
Striche	9
Teile	汁毋母乞
Kun	うみ
On	カイ

画

Radikal	田
Striche	8
Teile	一凵田
Kun	かく(する)
On	ガ、カク

考

Radikal	老 (耂)
Striche	6
Teile	勹老
Kun	かんが(える)
On	コウ

集

Radikal	隹
Striche	12
Teile	木隹
Kun	あつ(める)
On	シュウ

知

Radikal	矢
Striche	8
Teile	口矢乞
Kun	し(る)
On	チ

売

Radikal	士
Striche	7
Teile	儿冖士
Kun	う(る)
On	バイ

使

Radikal	人 (イ)
Striche	8
Teile	一ノ化口
Kun	つか(う)
On	シ

物

Radikal	牛 (牜)
Striche	8
Teile	ノ勹牛勿
Kun	もの
On	ブツ、モツ

別

Radikal	刀 (刂)
Striche	7
Teile	刈カ勹口
Kun	わか(れる)、わ(ける)
On	ベツ

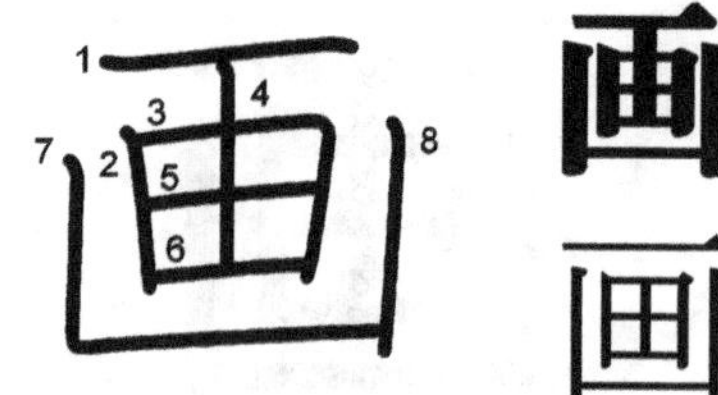

考

Bedeutung(en): überdenken

考える	かんがえる	überdenken, bedenken, berücksichtigen
考え方	かんがえかた	Art des Denkens
備考	ビコウ	Bemerkungen

画

Bedeutung(en): Pinselstrich, Bild

描く	えがく	zeichnen, malen
画する	かくする	(eine Linie) zeichnen
画家	ガカ	Maler, Künstler
画	カク	Strich (eines Kanji, usw.)

海

Bedeutung(en): Meer, Ozean

海	うみ	Meer, Ozean, Gewässer
海辺	うみべ	Strand, Meeresküste
公海	コウカイ	internationale Gewässer
内海	ないかい	Meeresarm

売

Bedeutung(en): verkaufen

売る	うる	zu verkaufen
売れる	うれる	(gut) zu verkaufen
売却	バイキャク	Ausverkauf
転売	テンバイ	Wiederverkauf

知

Bedeutung(en): wissen, weisheit

知る	しる	wissen / lernen (von), herausfinden, fühlen
知恵	チエ	Weisheit, Verstand
認知	ニンチ	Anerkennung

集

Bedeutung(en): sammeln, treffen

集まる	あつまる	zusammenstellen
集	シュウ	Zusammenstellung
集める	あつめる	sammeln, versammeln
集う	つどう	treffen, versammeln

別

Bedeutung(en): trennen

別れる	わかれる	von/mit... zu trennen
別	ベツ	Unterscheidung
告別	コクベツ	Abschied
分ける	わける	teilen (in), spalten (in)

物

Bedeutung(en): Ding, Objekt

物	もの	Objekt, Artikel, Zeug
物	ブツ	Vorrat, Produkte
財物	ザイブツ	Eigentum
幣物	ヘイモツ	Shintoopfer

使

Bedeutung(en): verwenden

使う	つかう	verwenden
使者	シシャ	Bote, Gesandter
使い	つかい	Auftrag, Mission
使い方	つかいかた	Art der Verwendung

<table>
<tr><td colspan="2" align="center">死</td><td colspan="2" align="center">計</td><td colspan="2" align="center">品</td></tr>
<tr><td colspan="2">N4 Kanji</td><td colspan="2">N4 Kanji</td><td colspan="2">N4 Kanji</td></tr>
<tr><td>Radikal</td><td>歹 (歺)</td><td>Radikal</td><td>言 (訁)</td><td>Radikal</td><td>口</td></tr>
<tr><td>Striche</td><td>6</td><td>Striche</td><td>9</td><td>Striche</td><td>9</td></tr>
<tr><td>Teile</td><td>一 匕 夕 歹</td><td>Teile</td><td>十 言</td><td>Teile</td><td>口 品</td></tr>
<tr><td>Kun</td><td>し(ぬ)</td><td>Kun</td><td>はか(る)</td><td>Kun</td><td>しな</td></tr>
<tr><td>On</td><td>シ</td><td>On</td><td>ケイ</td><td>On</td><td>ヒン</td></tr>
<tr><td colspan="2" align="center">始</td><td colspan="2" align="center">私</td><td colspan="2" align="center">特</td></tr>
<tr><td colspan="2">N4 Kanji</td><td colspan="2">N4 Kanji</td><td colspan="2">N4 Kanji</td></tr>
<tr><td>Radikal</td><td>女</td><td>Radikal</td><td>禾</td><td>Radikal</td><td>牛 (牛)</td></tr>
<tr><td>Striche</td><td>8</td><td>Striche</td><td>7</td><td>Striche</td><td>10</td></tr>
<tr><td>Teile</td><td>ム 口 女</td><td>Teile</td><td>ム 禾</td><td>Teile</td><td>土 寸 牛</td></tr>
<tr><td>Kun</td><td>はじ(める)</td><td>Kun</td><td>わたくし、わたし</td><td>Kun</td><td></td></tr>
<tr><td>On</td><td>シ</td><td>On</td><td>シ</td><td>On</td><td>トク</td></tr>
<tr><td colspan="2" align="center">終</td><td colspan="2" align="center">運</td><td colspan="2" align="center">朝</td></tr>
<tr><td colspan="2">N4 Kanji</td><td colspan="2">N4 Kanji</td><td colspan="2">N4 Kanji</td></tr>
<tr><td>Radikal</td><td>糸 (糹)</td><td>Radikal</td><td>辵 (辶, 辶)</td><td>Radikal</td><td>月</td></tr>
<tr><td>Striche</td><td>11</td><td>Striche</td><td>12</td><td>Striche</td><td>12</td></tr>
<tr><td>Teile</td><td>夂 小 幺 糸</td><td>Teile</td><td>冖 込 車</td><td>Teile</td><td>十 日 月</td></tr>
<tr><td>Kun</td><td>お(わる)</td><td>Kun</td><td>はこ(ぶ)</td><td>Kun</td><td>あさ</td></tr>
<tr><td>On</td><td>シュウ</td><td>On</td><td>ウン</td><td>On</td><td>チョウ</td></tr>
</table>

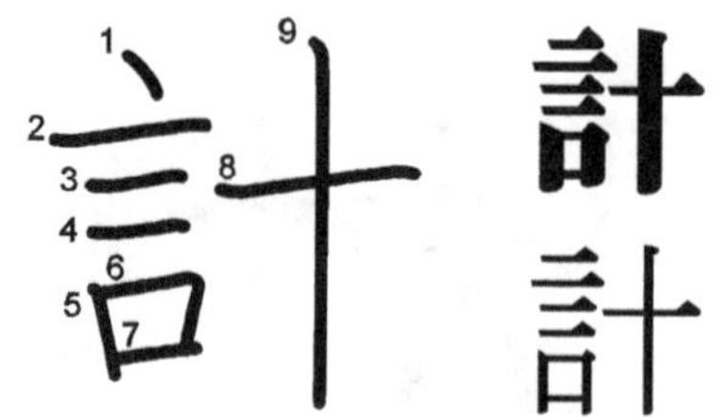

品 — Bedeutung(en): **Waren, Veredelung**

品	しな	Artikel, Gegenstand
品	ヒン	Eleganz, Anmut
品位	ヒンイ	Klasse, Qualität
品目	ひんもく	Artikel, Ware

計 — Bedeutung(en): **Handlung, Plan**

計る	はかる	messen, wiegen
計らう	はからう	verwalten/organisieren
計画	ケイカク	Plan, Projekt, Schema
計	ケイ	Meter, Messgerät

死 — Bedeutung(en): **Tod, sterben**

死ぬ	しぬ	sterben, vergehen
死	シ	Tod, Ableben
死因	シイン	Todesursache
死ぬ気で	しぬきで	alles raus

特 — Bedeutung(en): **Spezial**

特産	トクサン	lokale Spezialität
特異	トクイ	einzigartig, singulär
快特	カイトク	Schnellzug (Zugverbindung)
在特	ザイトク	Sondergenehmigung für den Aufenthalt in Japan

私 — Bedeutung(en): **privat, ich**

私	わたくし	Ich, privat
私	シ	private Angelegenheiten
私案	シアン	privater Plan
私	わたし	ich

始 — Bedeutung(en): **beginnen**

始める	はじめる	beginnen
始発	シハツ	erste Abfahrt (Zug/Bus)
始業	シギョウ	Beginn der Arbeit
創始	ソウシ	Schaffung, Gründung

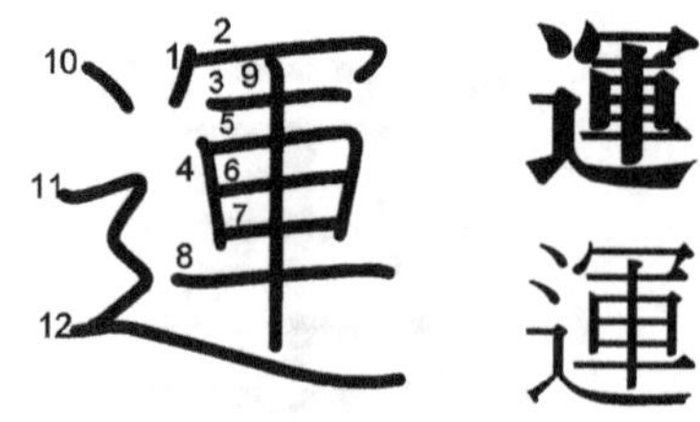

朝 — Bedeutung(en): **Morgen**

朝	あさ	Morgen, Frühstück
朝方	あさがた	früher Morgen
朝刊	チョウカン	Morgenzeitung
朝	チョウ	Dynastie, Herrschaft

運 — Bedeutung(en): **Glück, Schicksal**

運ぶ	はこぶ	tragen, bewegen
運	ウン	Vermögen, Glück
運営	ウンエイ	Verwaltung
機運	キウン	Gelegenheit, Chance

終 — Bedeutung(en): **Ende, Schluss**

終わる	終わる	zu Ende gehen
終局	シュウキョク	Ende, Abschluss
終える	おえる	zu Ende bringen
終	つい	Ende, endgültig, Tod

住

N4 Kanji

Radikal	人 (亻)
Striche	7
Teile	丶 化 王
Kun	す(む)
On	ジュウ、チュウ

広

N4 Kanji

Radikal	广
Striche	5
Teile	ム 广
Kun	ひろ(い)
On	コウ

台

N4 Kanji

Radikal	口
Striche	5
Teile	ム 口 女
Kun	うてな
On	ダイ、タイ

有

N4 Kanji

Radikal	月
Striche	6
Teile	一 ノ 月
Kun	あ(る)
On	ユウ、ウ

真

N4 Kanji

Radikal	目
Striche	10
Teile	一 ハ 十 目
Kun	ま、まこと
On	シン

無

N4 Kanji

Radikal	火 (灬)
Striche	12
Teile	一 ｜ ノ 杰 無 乞
Kun	な(い)
On	ム、ブ

工

N4 Kanji

Radikal	工
Striche	3
Teile	工
Kun	
On	コウ、ク、グ

料

N4 Kanji

Radikal	斗
Striche	10
Teile	斗 米
Kun	
On	リョウ

町

N4 Kanji

Radikal	田
Striche	7
Teile	一 亅 田
Kun	まち
On	チョウ

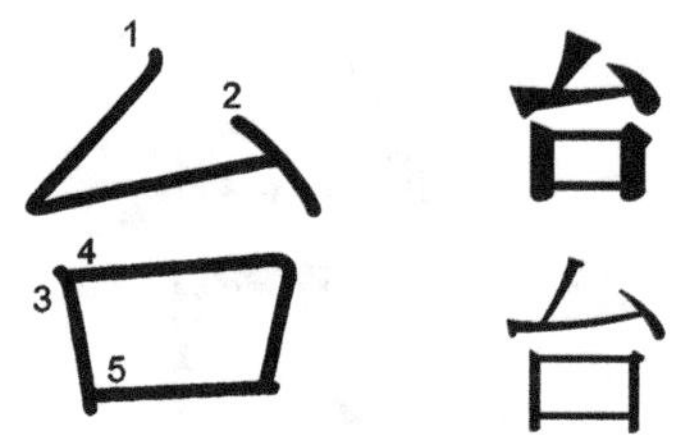

Bedeutung(en): Sockel, ein Ständer

台	ダイ	Ständer, Tisch, Gestell, Bank, Podium, Podest, Plattform, Bühne
台	うてな	Turm, Ständer, Podest
台	タイ	Taiwan

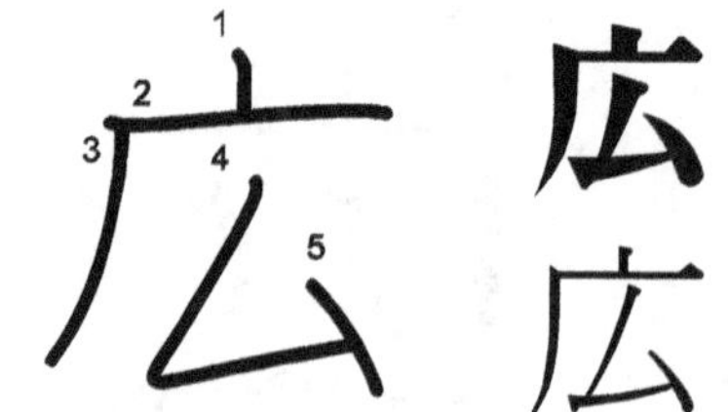

Bedeutung(en): breit, geräumig

広い	ひろい	geräumig, weitläufig
広告	コウコク	Anzeige, Werbung
広域	コウイキ	weites Gebiet
広がる	ひろがる	ausbreiten, strecken

Bedeutung(en): verweilen

住む	すむ	leben (von Menschen)
住	ジュウ	wohnen, leben
住居	ジュウキョ	Wohnung, Haus
住まう	すまう	leben, wohnen

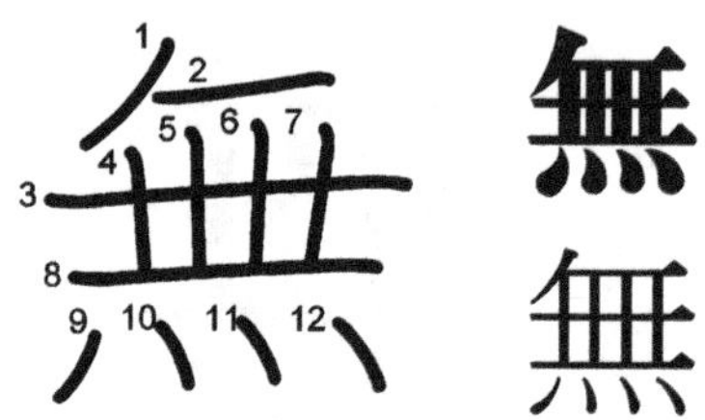

Bedeutung(en): Nichts, keine

無い	ない	nicht existent
無	ム	nichts, null
無	ブ	nicht, schlecht ...
皆無	カイム	null, keine

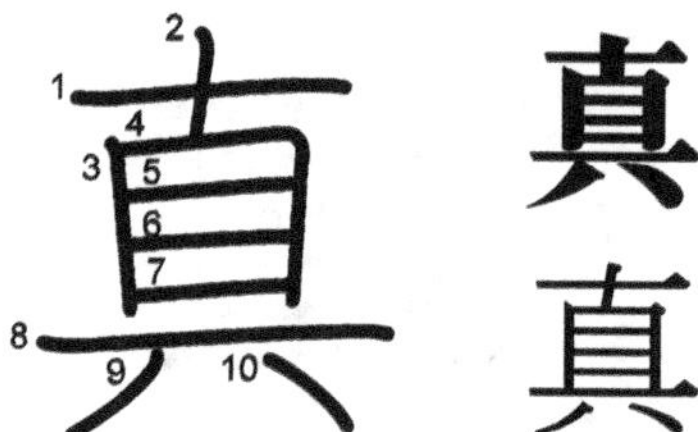

Bedeutung(en): wahr, realität

真	ま	gerecht, richtig
真	シン	Wahrheit, Realität
迫真	ハクシン	realistisch
実しやか	まことしやか	glaubwürdig (Lüge)

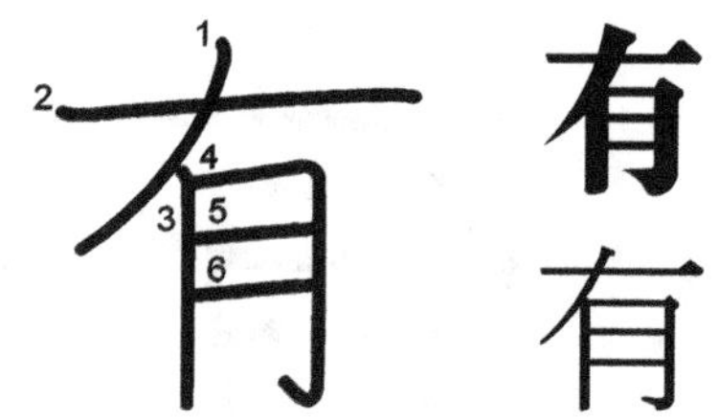

Bedeutung(en): besitzen, haben

有る	ある	sein, leben, haben
有	ユウ	Existenz, Besitz, Haben
有無	ウム	Existenz / Nichtexistenz
有意義	ユウイギ	bedeutend, nützlich

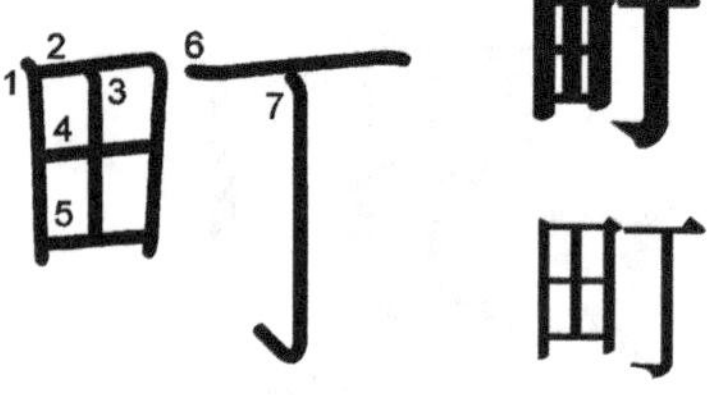

Bedeutung(en): Stadt, Dorf

町	まち	Stadt, Hauptstraße
町	チョウ	Stadt, Block, Viertel
町議会	チョウギカイ	Stadtrat
街角	まちかど	Straßenecke

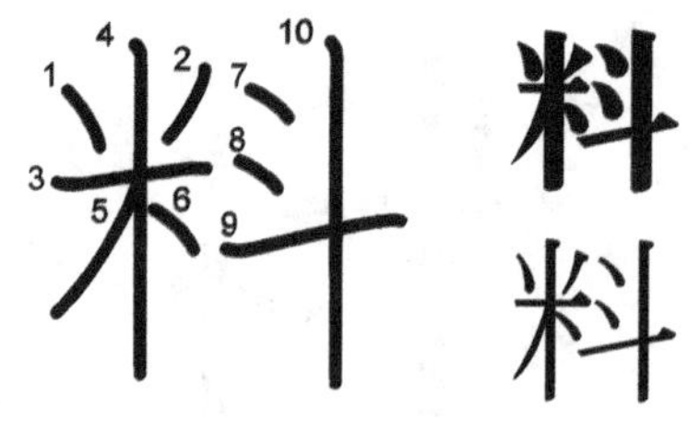

Bedeutung(en): Gebühr, Materialien

料	リョウ	Gebühr, Entgelt, Tarif
料金	リョウキン	Gebühr, Preis, Tarif
史料	シリョウ	historische Materialien
使用料	ショウリョウ	Nutzungsgebühr, Miete

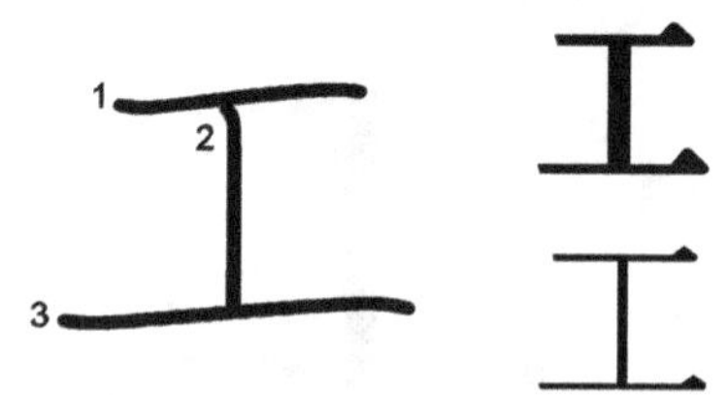

Bedeutung(en): Handwerk

工	コウ	(Fabrik-)Arbeiter
商工	ショウコウ	Handel und Industrie
工夫	クフウ	Erfinden, ausdenken
竹細工	タケザイク	Bambusarbeiten

止

Radikal	止
Striche	4
Teile	止
Kun	と(まる)、とど(まる)
On	シ

急

Radikal	心 (忄, 小)
Striche	9
Teile	ク ヨ 心
Kun	いそ(ぐ)
On	キュウ

建

Radikal	廴
Striche	9
Teile	廴 聿
Kun	た(てる)
On	ケン、コン

研

Radikal	石
Striche	9
Teile	一 丨 ノ 亅 二 口 廾 石
Kun	と(ぐ)
On	ケン

切

Radikal	刀 (刂)
Striche	4
Teile	刀 ヒ
Kun	き(る)
On	セツ、サイ

送

Radikal	辵 (辶, 辶)
Striche	9
Teile	一 二 并 込 大
Kun	おく(る)
On	ソウ

楽

Radikal	木
Striche	13
Teile	冫 木 白
Kun	たの(しい)
On	ガク、ラク

究

Radikal	穴
Striche	7
Teile	儿 九 宀 穴
Kun	きわめる
On	キュウ

転

Radikal	車
Striche	11
Teile	二 ム 車
Kun	ころ(がる)
On	テン

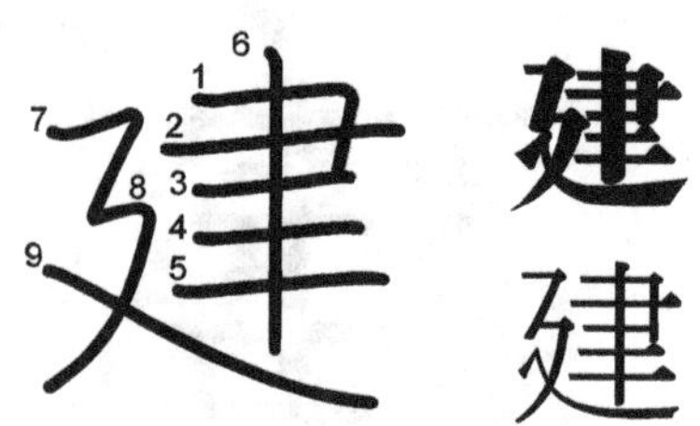

Bedeutung(en): **bauen**

建てる	たてる	bauen, konstruieren
建て	たて	Vertrag, Verpflichtung
建立	コンリュウ	(Akt des) Errichtens
建議	ケンギ	Vorschlag, Antrag

Bedeutung(en): **eilig, plötzlich, steil**

急ぐ	いそぐ	eilen
急	キュウ	plötzlich, abrupt
急ぎ	いそぎ	Eile, Expedition
快急	カイキュウ	Eilzug (Zug)

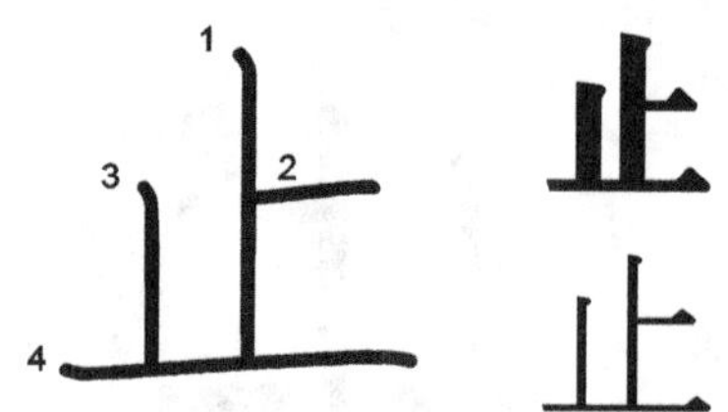

Bedeutung(en): **stoppen**

止まる	とまる	anhalten
止まる	とどまる	bleiben, verharren
止める	とめる	anhalten, abschalten
解止	カイシ	Beendigung

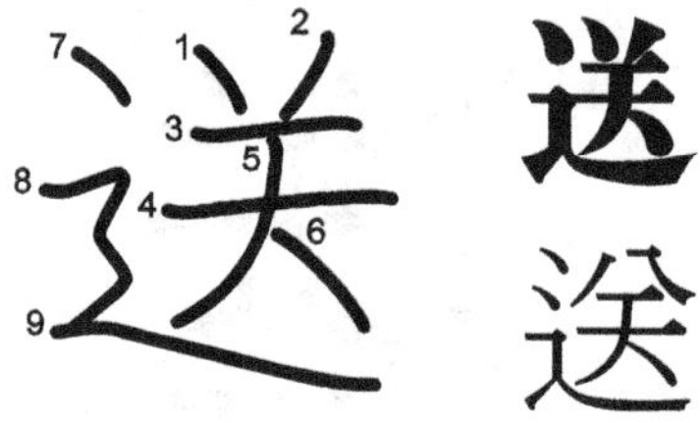

Bedeutung(en): **eskortieren, senden**

送る	おくる	senden/übermitteln (eine Sache), abschicken, (Zeit) verbringen
送球	ソウキュウ	einen Ball werfen
移送	イソウ	übertragen, befördern

切 / 切

Bedeutung(en): **schneiden, abschneiden**

切る	きる	schneiden, abtrennen,
切	セツ	eifrig, ernsthaft, glühend
家財一切	カザイイッサイ	kompletter Satz von Haushaltswaren

研 / 研

Bedeutung(en): **polieren, schärfen**

研ぐ	とぐ	schärfen, polieren
研究	ケンキュウ	Studie, Forschung
予研	ヨケン	Nationales Institut für Gesundheit
研究員	ケンキュウイン	Forscher, Laborant

転 / 転

Bedeutung(en): **umdrehen, ändern**

転がる	ころがる	rollen, stürzen, umfallen
転	テン	Änderung der Aussprache oder Bedeutung eines Wortes
転ぶ	ころぶ	umfallen, umkippen

究 / 究

Bedeutung(en): **Forschung, Studium**

極める	きわめる	beherrschen
究明	キュウメイ	Untersuchung
究竟	クキョウ	Kulmination, Abschluss
究竟	クッキョウ	schließlich, am Ende, ideal

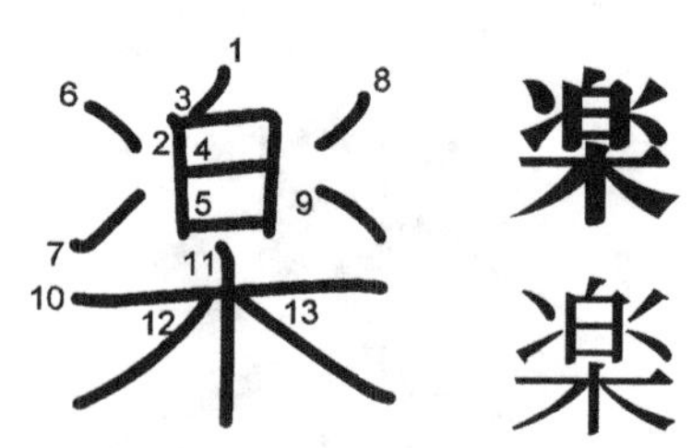

Bedeutung(en): **Musik, Komfort**

楽しい	たのしい	erfreulich, angenehm
楽	ガク	Komfort, Leichtigkeit
楽	ラク	Ausflug, Exkursion
行楽	コウラク	alte japanische Hofmusik

病

Radikal	疒
Striche	10
Teile	一人冂疒
Kun	や(む)
On	ビョウ

着

Radikal	目
Striche	12
Teile	ノ丼王目羊
Kun	き(る)、つ(く)
On	チャク

起

Radikal	走 (𧰨)
Striche	10
Teile	土已走
Kun	お(きる)、おこ(す)
On	キ

試

Radikal	言 (訁)
Striche	13
Teile	工弋言
Kun	こころ(みる)、ため(す)
On	シ

待

Radikal	彳
Striche	9
Teile	土寸彳
Kun	ま(つ)
On	タイ

質

Radikal	貝
Striche	15
Teile	八斤目貝
Kun	たち、ただ(す)
On	シツ、シチ

早

Radikal	日
Striche	6
Teile	十日
Kun	はや(い)
On	ソウ、サッ

銀

Radikal	金 (釒)
Striche	14
Teile	艮金
Kun	
On	ギン

族

Radikal	方
Striche	11
Teile	方矢乞
Kun	
On	ゾク

Bedeutung(en): **aufstehen**

起きる	おきる	aufwecken
起源	キゲン	Ursprung, Anfang
起こる	おこる	auftreten, geschehen
起こす	おこす	aufrichten, aufstehen

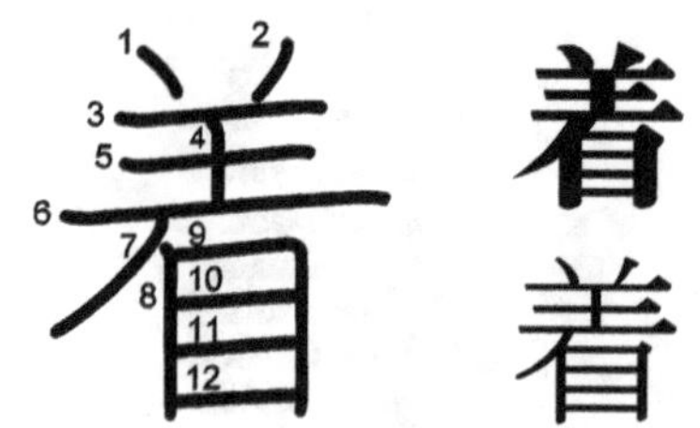

Bedeutung(en): **ankommen, tragen**

着る	きる	tragen, anziehen
着く	つく	ankommen, erreichen
着	チャク	ankommen bei ...
決着	ケッチャク	Abschluss, Ende

病

Bedeutung(en): **schlecht, krank**

病む	やむ	krank werden
病	やまい	Seuche, Schwäche
病	ビョウ	Krankheit
病院	ビョウイン	Klinik, Arztpraxis

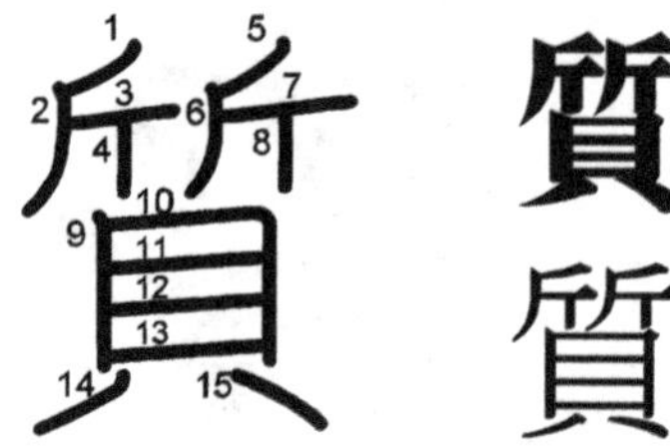

Bedeutung(en): **Inhalt, Qualität**

質	たち	Natur (einer Person)
質	シツ	Qualität, Wert, Natur
質	シチ	Pfandgegenstand, Pfand
質す	ただす	fragen (über)

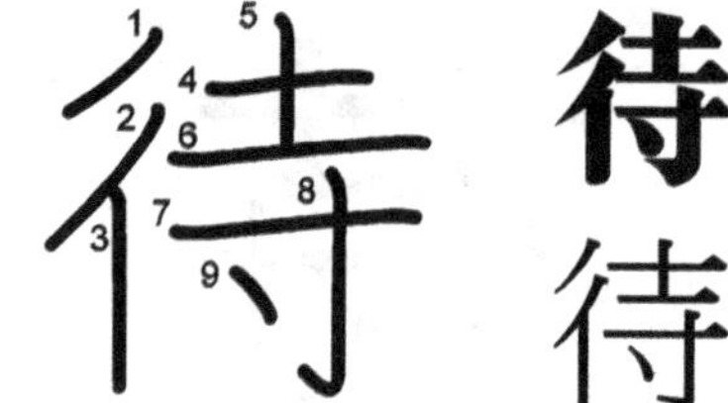

Bedeutung(en): **abhängen von**

待つ	まつ	warten, abwarten
待遇	タイグウ	Behandlung
歓待	カンタイ	herzlich willkommen
待機	タイキ	bereitstehen

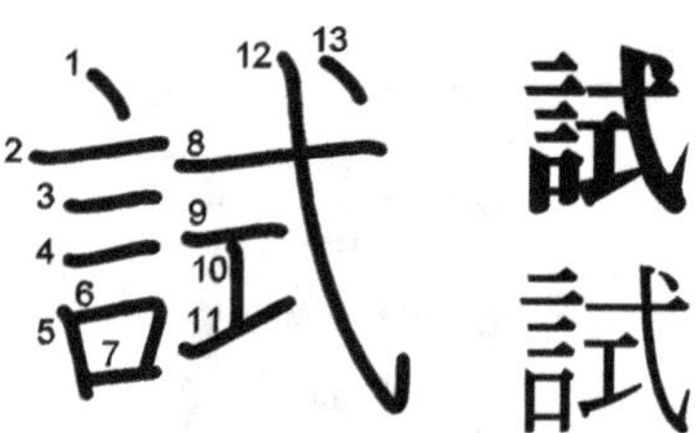

Bedeutung(en): **testen, versuchen**

試みる	こころみる	versuchen
試	シ	Prüfung, Untersuchung
試す	ためす	etwas versuchen
考試	コウシ	Test, Prüfung

族

Bedeutung(en): **Stamm, Familie**

族	ゾク	Stamm, Clan, Familie
族長	ゾクチョウ	Patriarch
皇族	コウゾク	kaiserliche Familie
王族	オウゾク	Königtum

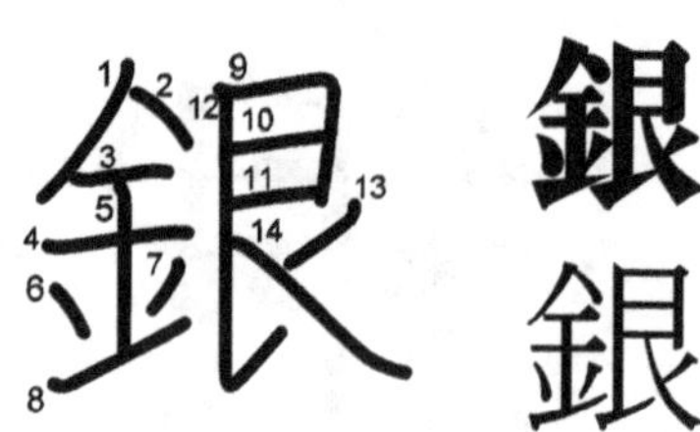

Bedeutung(en): **Silber**

銀	ぎん / ギン	Silber (Ag), Geld, Silberfarbe, Silbermedaille,
銀色	ギンイロ	Silber (Farbe)
世銀	セギン	Weltbank

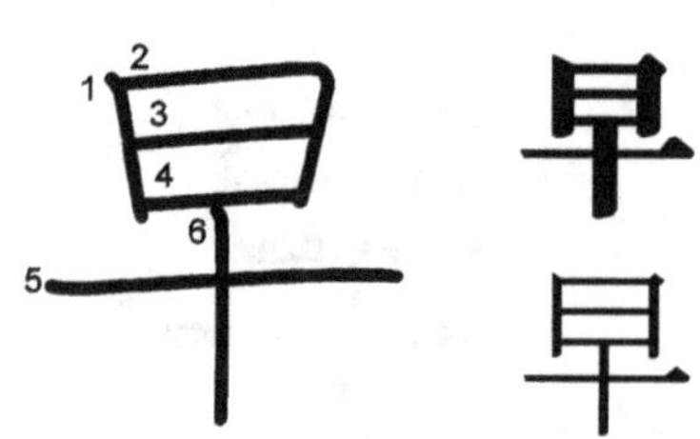

Bedeutung(en): **früh, schnell**

早い	はやい	schnell, zügig, prompt
早	はや	bereits, jetzt, schnell
早急	ソウキュウ	sofort, prompt
早速	サッソク	sofort, unverzüglich

験		親		映	

N4 Kanji

Radikal	馬
Striche	18
Teile	人个口杰馬
Kun	
On	ケン

N4 Kanji

Radikal	見
Striche	16
Teile	亠并木立見辛
Kun	おや、した(しい)
On	シン

N4 Kanji

Radikal	日
Striche	9
Teile	ノ冂大日
Kun	うつ(る)、は(える)
On	エイ

仕		医		英	

N4 Kanji

Radikal	人(亻)
Striche	5
Teile	化士
Kun	
On	シ

N4 Kanji

Radikal	匸
Striche	7
Teile	匸矢乞
Kun	
On	イ

N4 Kanji

Radikal	艸 (艹)
Striche	8
Teile	ノ冂大艾
Kun	
On	エイ

写		味		去	

N4 Kanji

Radikal	冖
Striche	5
Teile	一冖ク
Kun	うつ(る)
On	シャ

N4 Kanji

Radikal	口
Striche	8
Teile	｜二未ハ口木
Kun	あじ
On	ミ

N4 Kanji

Radikal	ム
Striche	5
Teile	ム土
Kun	さ(る)
On	キョ、コ

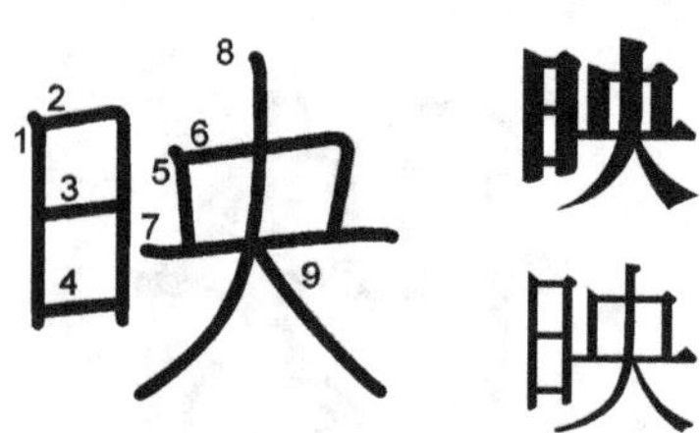

Bedeutung(en): **reflektieren**

映る	うつる	reflektiert werden
映す	うつす	projizieren, reflektieren
映える	はえる	glänzen, glühen
映画	エイガ	Film, Kinofilm

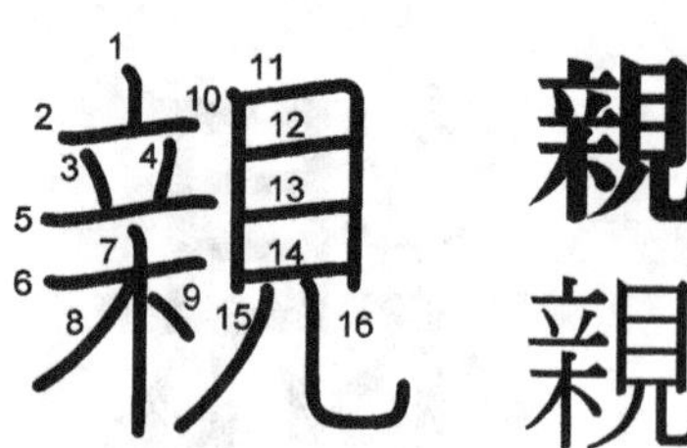

Bedeutung(en): **Vertrautheit**

親	おや	Eltern, Banker
親しい	したしい	freundlich, intim
親	シン	Intimität/Nähe
親方	おやかた	Meister, Chef

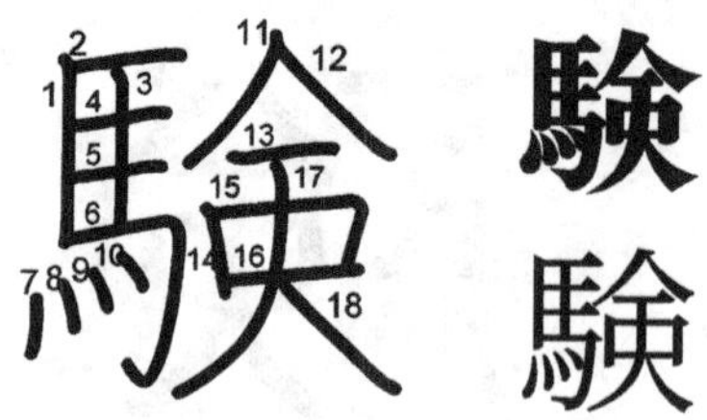

Bedeutung(en): **Wirkung, Prüfung**

徴	しるし	Zeichen, Hinweis
験	ゲン	Wirkung, Vorzeichen
霊験	レイゲン	Wunder
筆記試験	ヒッキシケン	schriftliche Prüfung

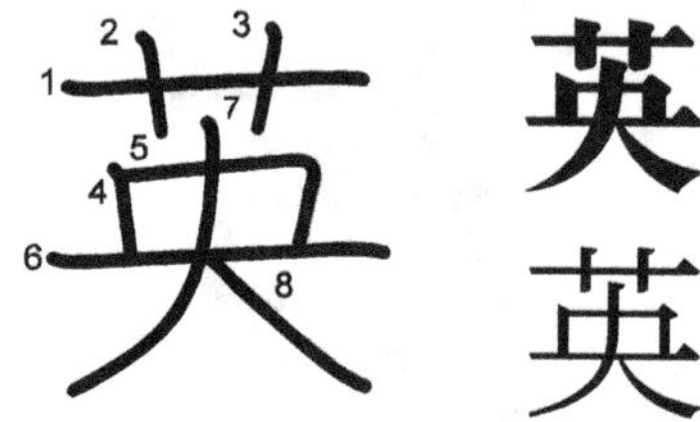

Bedeutung(en): **England, Englisch**

英	エイ	Großbritannien
英語	エイゴ	Englisch (Sprache)
和英	ワエイ	Japanisch-Englisch (Wörterbuch)

Bedeutung(en): **Arzt, Medizin**

医	イ	Medizin, Heilkunst, Arzt
医院	イイン	Arztpraxis, Klinik
軍医	グンイ	Militärarzt oder Chirurg
校医	コウイ	Schularzt

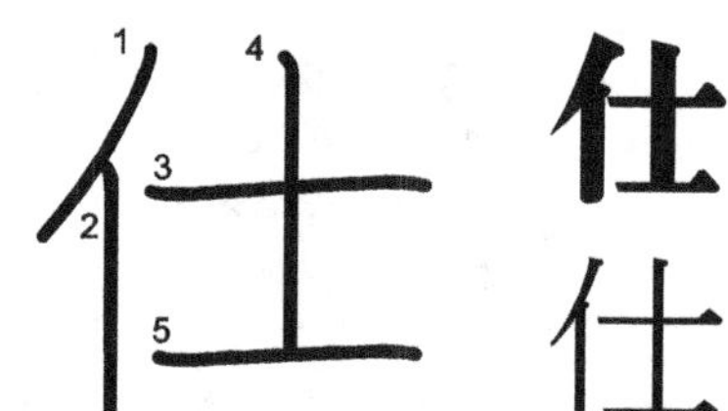

Bedeutung(en): **tun, offiziell**

仕	シ	Beamter, Zivildienst
社会奉仕	シャカイホウシ	freiwilliger sozialer Dienst
致仕	チシ	Rücktritt, siebzigjährig
仕込み	ジコミ	gelernt am ...

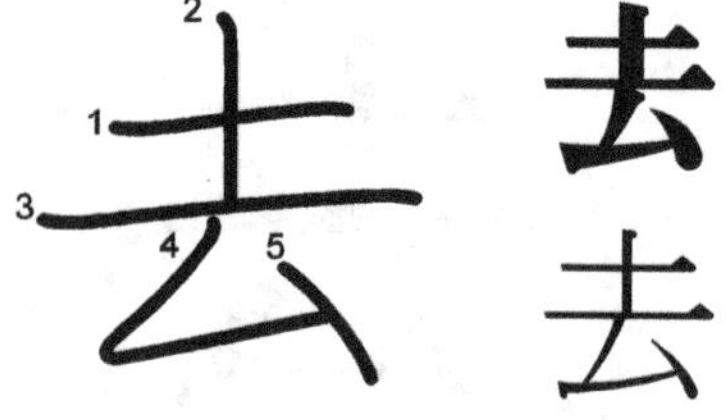

Bedeutung(en): **weg, vorbei**

去る	ぎんこう	verlassen, fortgehen
去年	キョネン	letztes Jahr
大過去	ダイカコ	Pluperfekt
去就	キョシュウ	(seine) Handlung

Bedeutung(en): **Aroma, Geschmack**

味	あじ	Geschmack, Aroma
味	ミ	Zähler für Essen & Trinken
味覚	ミカク	Geschmack, Gaumen
味付け	あじつけ	Würze, Aroma

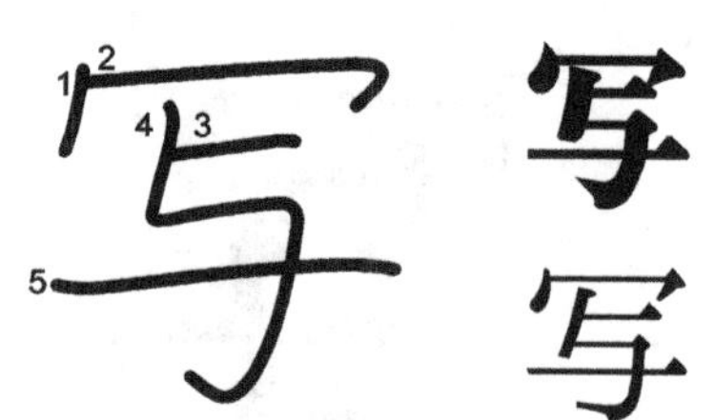

Bedeutung(en): **beschreiben**

写す	うつす	abzuschreiben
写る	うつる	fotografiert werden
写真	シャシン	Fotografie, Foto
活写	カッシャ	anschauliche Beschreibung

夜

Radikal	夕
Striche	8
Teile	亠 化 夕
Kun	よ、よる
On	ヤ

答

Radikal	竹 (⺮)
Striche	12
Teile	一 个 口 竹 乞
Kun	こた(える)
On	トウ

字

Radikal	子
Striche	6
Teile	子 宀
Kun	
On	ジ

帰

Radikal	巾
Striche	10
Teile	冖 刈 巾 ヨ
Kun	かえ(る)、かえ(す)
On	キ

注

Radikal	水 (氵, 氺)
Striche	8
Teile	丶 汁 王
Kun	そそ(ぐ)、さ(す)
On	チュウ

音

Radikal	音
Striche	9
Teile	日 立 音
Kun	おと、ね
On	オン

図

Radikal	囗
Striche	7
Teile	囗 斗
Kun	はか(る)
On	ズ、ト

悪

Radikal	心 (忄, 小)
Striche	11
Teile	一 ｜ 口 心
Kun	わる(い)
On	アク

歌

Radikal	欠
Striche	14
Teile	一 亅 口 欠
Kun	うた、うた(う)
On	カ

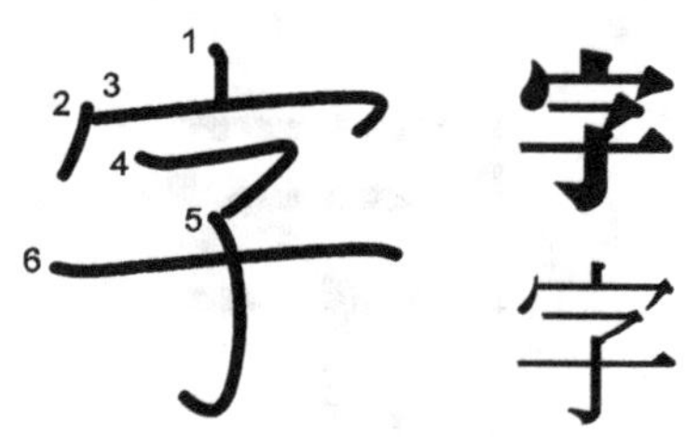

Bedeutung(en): Zeichen, Buchstabe

字	ジ *Zeichen (Kanji), Buchstabe, Handschrift, Schreibkunst*
字形	ジケイ *Zeichenstil, Zeichenform*
英字	エイジ *Englischer Buchstabe*

Bedeutung(en): Lösung, Antwort

答える	こたえる *antworten*
答申	トウシン *Bericht, Antwort*
答え	こたえ *Antwort, Lösung*
正答	セイトウ *richtige Antwort*

Bedeutung(en): Nacht, Abend

夜	よる *Abend, Nacht*
夜明け	よあけ *Morgendämmerung*
夜	ヤ *Zähler für Nächte*
同夜	ドウヤ *dieselbe Nacht*

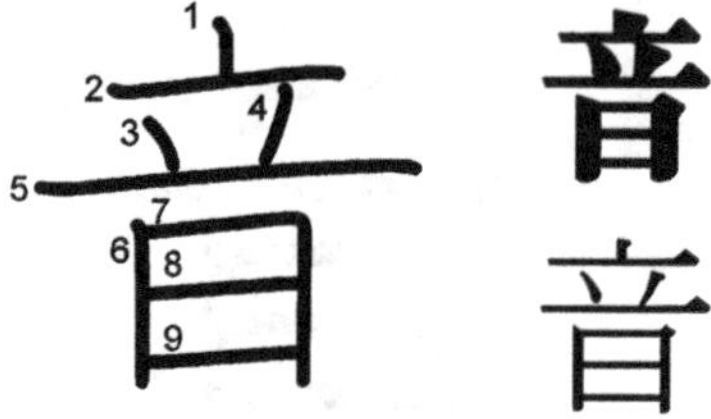

Bedeutung(en): Klang, Lärm

音	おと／オト *Klang, Lärm, Bericht*
弱音	よわね *Wimmern*
音楽	オンガク *Musik*
音信	オンシン *Korrespondenz*

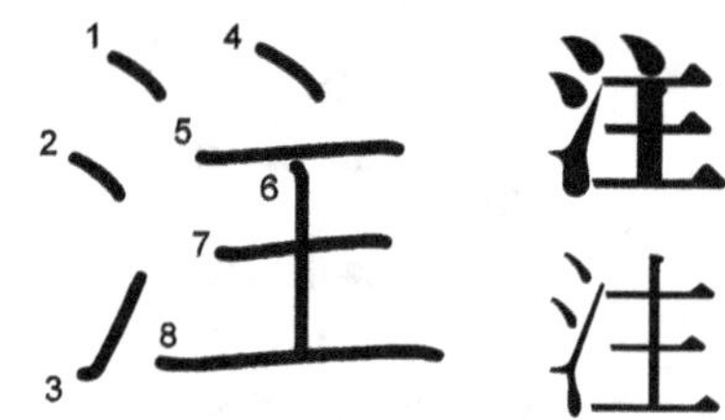

Bedeutung(en): gießen, bewässern

注ぐ	そそぐ *aufgießen*
注す	さす *einfüllen (Flüssigkeit)*
注	チュウ *Erläuterung, Kommentar*
注意	チュウイ *Aufmerksamkeit, Hinweis*

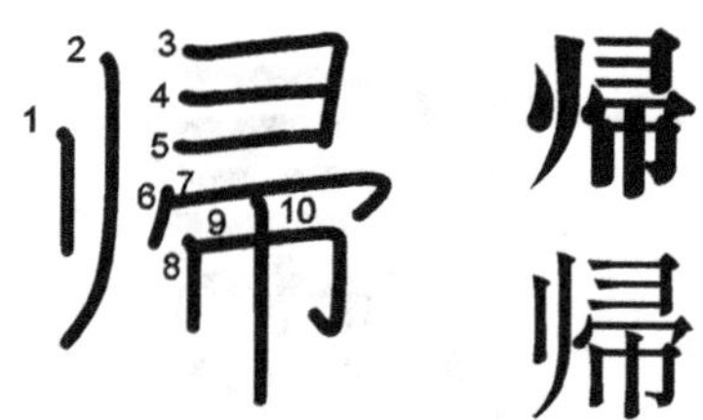

Bedeutung(en): führen, bewirken

帰る	かえる *zurückkehren*
帰還	キカン *nach Hause schicken*
帰す	かえす *Revolution, Wiederkehr*
回帰	カイキ *Repatriierung*

Bedeutung(en): Lied, singen

歌	うた *Lied, Gesang*
歌劇	カゲキ *Oper*
歌曲	カキョク *Melodie, Melodie, Lied*
歌う	うたう *in einem Gedicht singen*

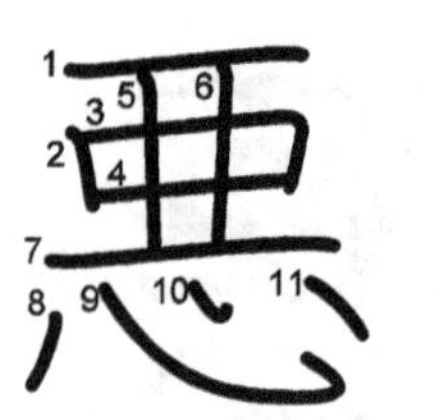

Bedeutung(en): schlecht, falsch

悪い	わるい *schlecht (Qualität)*
悪	アク *böse, Schlechtigkeit*
好悪	コウオ *Vorlieben & Abneigungen*
悪し	あし *schlecht, böse*

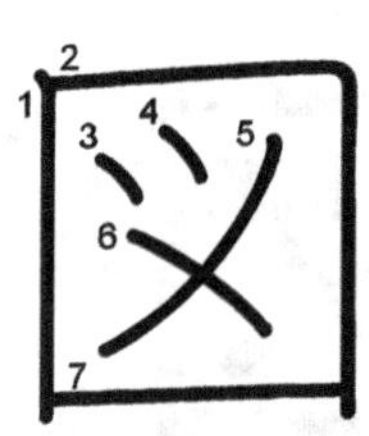

Bedeutung(en): Karte, Zeichnung

図る	はかる *ersinnen, planen, sich verschwören, ein Ziel verfolgen*
図	ズ *Zeichnung, Bild, Figur*
図書	トショ *Bücher*

風

Radikal	風
Striche	9
Teile	ノ几虫風
Kun	かぜ、かざ-
On	フウ、フ

歩

Radikal	止
Striche	8
Teile	ノ小止
Kun	ある(く)、あゆ(む)
On	ホ、ブ

室

Radikal	宀
Striche	9
Teile	ム土宀至
Kun	むろ
On	シツ

春

Radikal	日
Striche	9
Teile	一二人大日
Kun	はる
On	シュン

黒

Radikal	黑
Striche	11
Teile	杰里黒
Kun	くろ
On	コク

紙

Radikal	糸 (糸)
Striche	10
Teile	小幺氏糸
Kun	かみ
On	シ

館

Radikal	食 (飠)
Striche	16
Teile	｜口宀食
Kun	やかた
On	カン

青

Radikal	青 (青)
Striche	8
Teile	二亠土月青
Kun	あお(い)
On	セイ、ショウ

赤

Radikal	赤
Striche	7
Teile	土赤
Kun	あか(い)
On	セキ、シャク

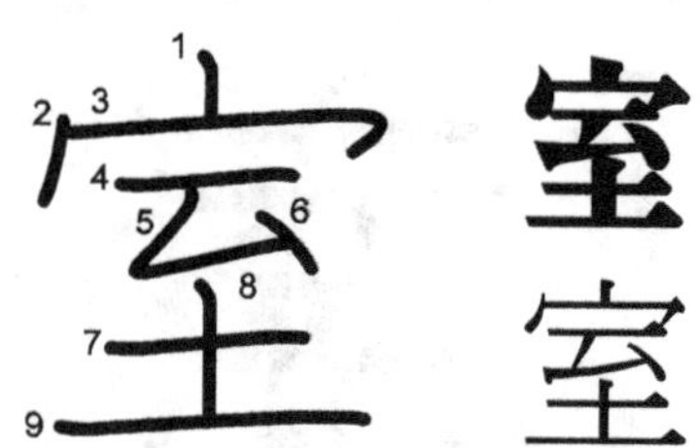  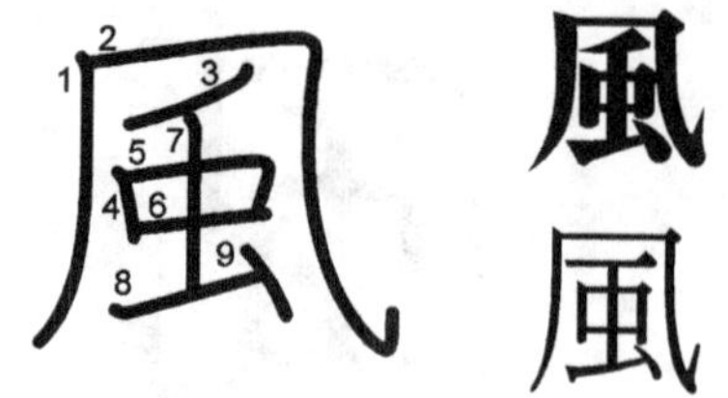

| | Bedeutung(en): | **Zimmer, Wohnung** | | Bedeutung(en): | **Zähler für Schritte** | | Bedeutung(en): | **Wind, Luft, Stil** |

室 — **Zimmer, Wohnung**

室	むろ	Gewächshaus, Eishaus, Keller
室	シツ	Zimmer, Ehefrau (jemandem, hohem Rang)
同室	ドウシツ	dasselbe Zimmer

歩 — **Zähler für Schritte**

歩く	あるく	zu Fuß gehen
歩む	あゆむ	zu Fuß gehen, folgen
歩	ホ	Zähler für Schritte
歩合	ブアイ	Rate, Verhältnis

風 — **Wind, Luft, Stil**

風	かぜ	Wind, Brise, Luftzug
風	フウ	Art und Weise, Stil
風格	フウカク	erfrischende Brise
涼風	りょうふう	Persönlichkeit, Stil

 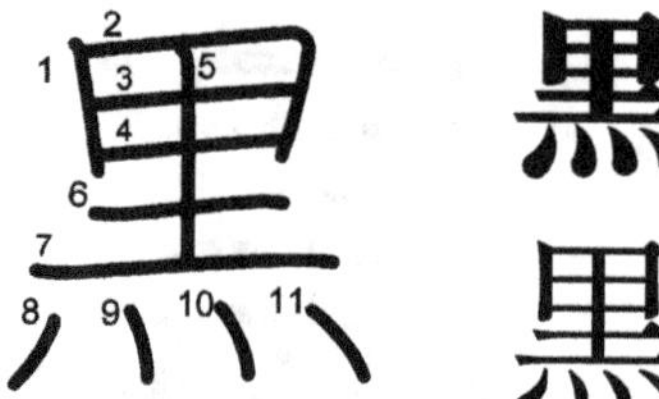 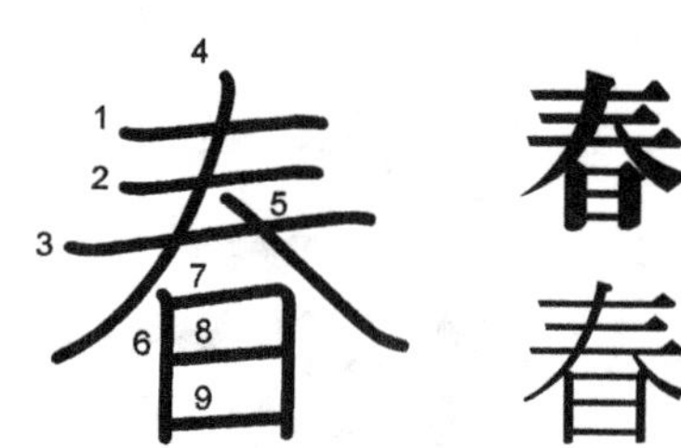

Bedeutung(en): **Papier** — Bedeutung(en): **schwarz** — Bedeutung(en): **Frühling**

紙 — **Papier**

紙	かみ	Papier
紙	シ	Zeitung
紙上	シジョウ	auf Papier
製紙	セイシ	Papiermacherei

黒 — **schwarz**

黒	くろ	Schwarz, Schuld
黒煙	コクエン	schwarzer Rauch
黒衣	コクイ	schwarze Kleidung
黒い	くろい	schwarz, dunkel

春 — **Frühling**

春	はる	Frühling, Neujahr
春秋	シュンジュウ	Frühling und Herbst
春季	シュンキ	Frühlingssaison
毎春	まいしゅん	jeder Frühling

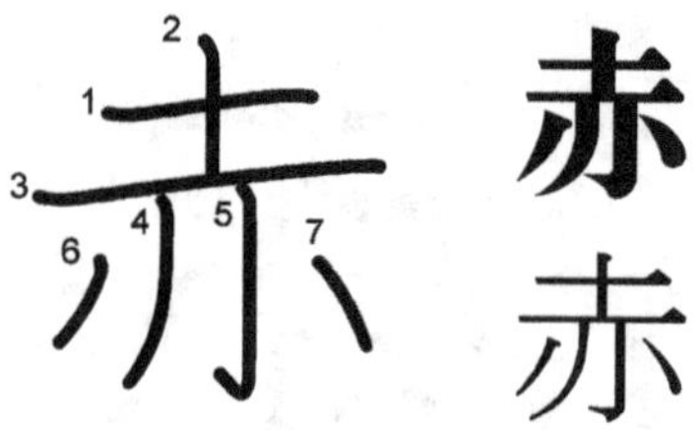 青 青 

Bedeutung(en): **rot** — Bedeutung(en): **blau** — Bedeutung(en): **Gebäude**

赤 — **rot**

赤	あか	rot, karminrot, perfekt
真赤	まあか	leuchtend rot, tiefrot
赤らむ	あからむ	röten, erröten
赤銅色	シャクドウイロ	braun, hellbraun

青 — **blau**

青	あお	blaue, grüne Ampel
青い	あおい	blau, azurblau, blass
青果	セイカ	Obst und Gemüse
緑青	ロクショウ	Grünspan, Grünrost

館 — **Gebäude**

館	やかた	Schloss, Palast, Burg
館	カン	(großes) Gebäude
公館	コウカン	Amtssitz
館長	カンチョウ	Direktor, Kurator

走

N4 Kanji

Radikal	走 (赱)
Striche	7
Teile	土 走
Kun	はし(る)
On	ソウ

色

N4 Kanji

Radikal	色
Striche	6
Teile	⼓ 巴 色
Kun	いろ
On	ショク、シキ

屋

N4 Kanji

Radikal	尸
Striche	9
Teile	ム 土 尸 至
Kun	や
On	オク

習

N4 Kanji

Radikal	羽
Striche	11
Teile	冫 白 羽
Kun	なら(う)
On	シュウ

夏

N4 Kanji

Radikal	夂
Striche	10
Teile	一 夂 目 自
Kun	なつ
On	カ、ゲ

秋

N4 Kanji

Radikal	禾
Striche	9
Teile	火 禾
Kun	あき
On	シュウ

服

N4 Kanji

Radikal	月
Striche	8
Teile	卩 又 月
Kun	
On	フク

旅

N4 Kanji

Radikal	方
Striche	10
Teile	ノ 方 乞
Kun	たび
On	リョ

洋

N4 Kanji

Radikal	水 (氵, 氺)
Striche	9
Teile	丷 汁 王 羊
Kun	
On	ヨウ

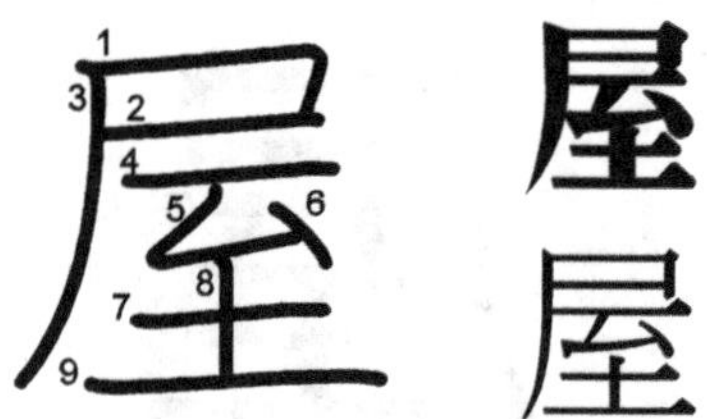

Bedeutung(en): **Dach, Haus, Geschäft**

屋	や	Geschäft, Restaurant
屋	オク	Haus, Gebäude, Dach
屋外	オクガイ	im Freien, außerhalb

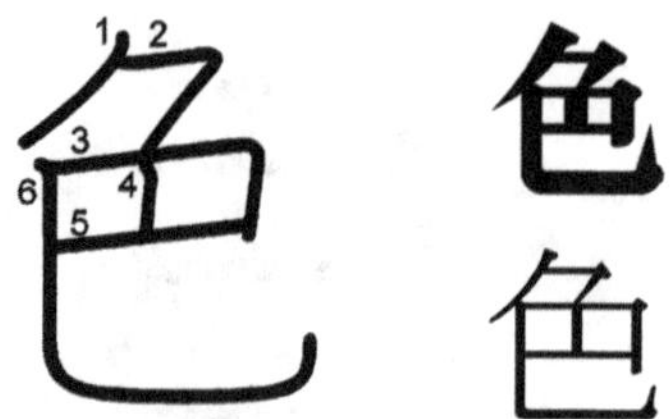

Bedeutung(en): **Farbe**

色	いろ	Farbe, Farbton,
色	ショク	Zähler für Farben
色彩	シキサイ	Farbe, Farbton, Tönung
色合い	いろあい	Färbung, Schattierung

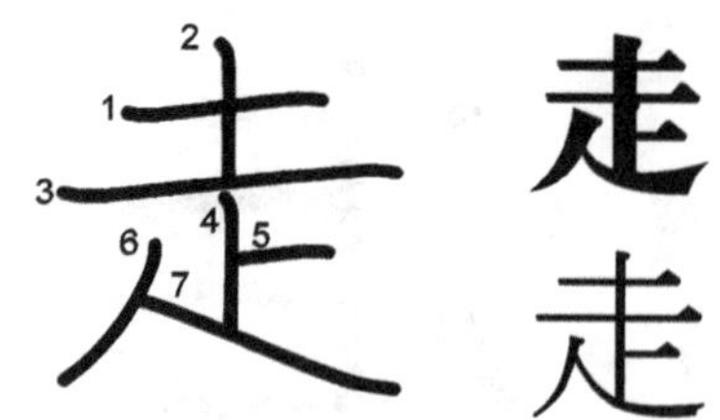

Bedeutung(en): **laufen**

走	はしる	rennen, fahren, reisen
走	ソウ	rennen
快走	カイソウ	sich schnell bewegen, schnell laufen

Bedeutung(en): **Herbst**

秋	あき	Herbst
秋季	シュウキ	Herbstsaison
秋風	アキカゼ	Herbstbrise
秋口	あきぐち	Herbstanfang

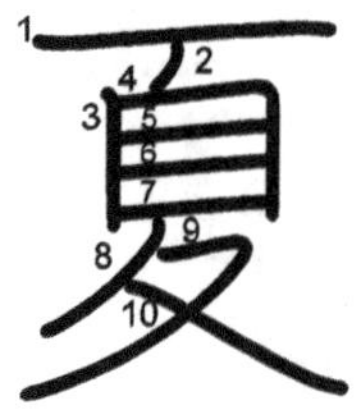

Bedeutung(en): **Sommer**

夏	なつ	Sommer
夏季	カキ	Sommersaison
夏至	ゲシ	Sommersonnenwende
初夏	しょか	Frühsommer

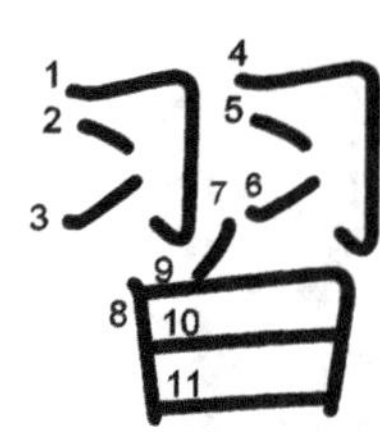

Bedeutung(en): **lernen**

習う	ならう	Unterricht nehmen
習性	シュウセイ	Gewohnheit, Verhalten
演習	エンシュウ	Praxis, Übung, Drill
見習い	みならい	Lehre, Probezeit

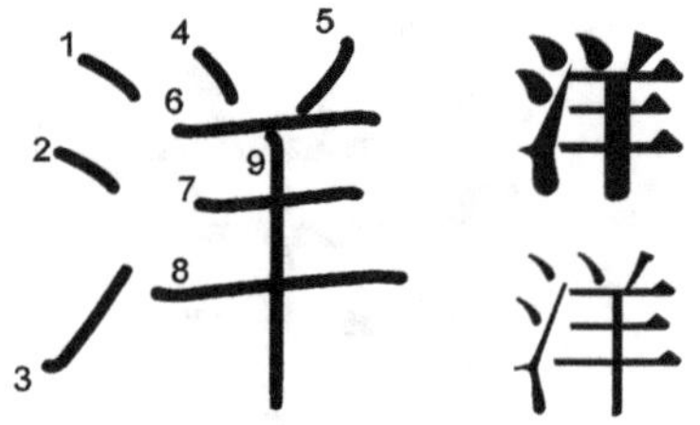

Bedeutung(en): **Ozean, Fremde**

洋	ヨウ	Ozean, Meer, Okzident und Orient, fremd, westlich, europäisch
洋画	ヨウガ	Westliche Malerei, westlicher Film
南氷洋	ナンヒョウヨウ	Antarktischer Ozean

Bedeutung(en): **Reise, Reisen**

旅	たび	Reise
旅客	リョカク	Passagier, Tourist
旅先	たびさき	Zielort
修旅	シュウリョ	Ausflug, Exkursion

Bedeutung(en): **Kleidung, zugeben**

服	フク	Schlucke Tee
服役	フクエキ	Strafvollzug
私服	シフク	einfache Kleidung
呉服	ゴフク	Kimonostoffe

曜

Radikal	日
Striche	18
Teile	ヨ 日 隹
Kun	
On	ヨウ

借

Radikal	人（イ）
Striche	10
Teile	二 化 廾 日
Kun	か(りる)
On	シャク

夕

Radikal	夕
Striche	3
Teile	夕
Kun	ゆう
On	

堂

Radikal	土
Striche	11
Teile	宀 口 土 尚
Kun	
On	ドウ

貸

Radikal	貝
Striche	12
Teile	化 ハ 弋 目 貝
Kun	か(す)、かし
On	タイ

肉

Radikal	肉（月）
Striche	6
Teile	人 冂 肉
Kun	
On	ニク

勉

Radikal	力
Striche	10
Teile	ル カ ク 免
Kun	つと(める)
On	ベン

飯

Radikal	食（飠）
Striche	12
Teile	厂 又 食
Kun	めし
On	ハン

鳥

Radikal	鳥
Striche	11
Teile	杰 鳥
Kun	とり
On	チョウ

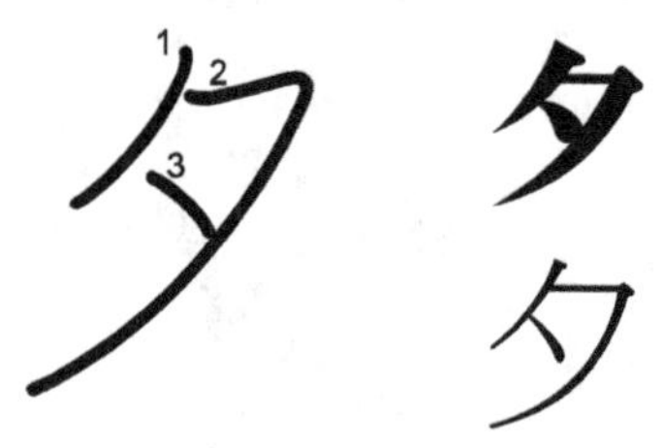

Bedeutung(en): **Abend**

夕	ゆう *Abendzeitung*
夕刊	ゆうかん *Abendzeitung*
昨夕	さくゆう *letzte Nacht*
春の夕	はるのゆう *Frühlingsabend*

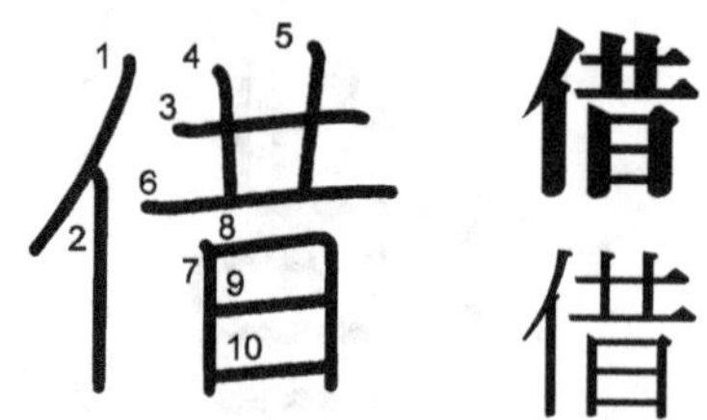

Bedeutung(en): **leihen, mieten**

借りる	かりる *einen Kredit haben*
借家	シャクヤ *gemietetes Haus*
賃借	チンシャク *mieten, pachten, leasen*
借地	シャクチ *gepachtetes Land*

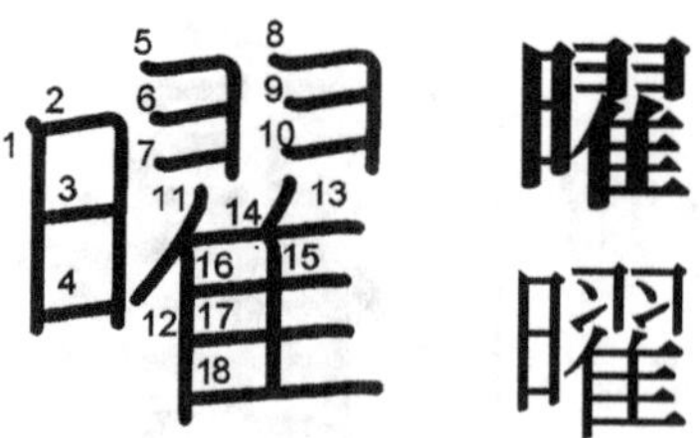

Bedeutung(en): **Wochentag**

曜日	ヨウビ *Tag der Woche*
曜霊	ヨウレイ *die Sonne*
晃曜	コウヨウ *gleißende Helligkeit*

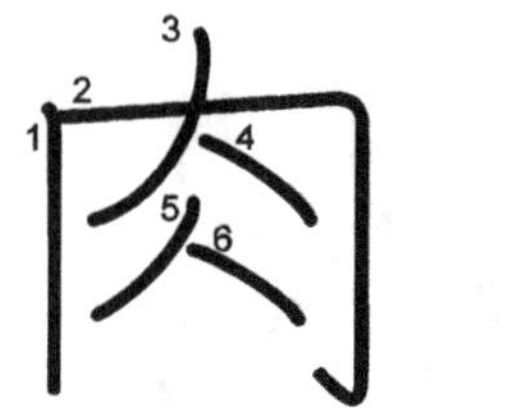

Bedeutung(en): **Fleisch**

肉	ニク *Fleisch (einer Frucht), Fruchtfleisch, Dicke, Inhalt, Substanz, Fleisch*
食肉	ショクニク *Fleisch (zum Verzehr)*
中肉	チュウニク *Fleisch (mittlerer Qualität)*

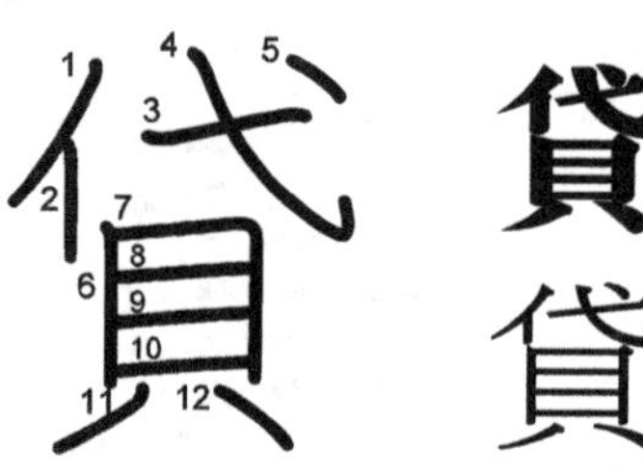

Bedeutung(en): **leihen**

貸す	かす *leihen, verleihen*
貸与	タイヨ *leihen, verleihen*
貸借	タイシャク *Soll und Haben*
転貸	テンタイ *Untervermietung*

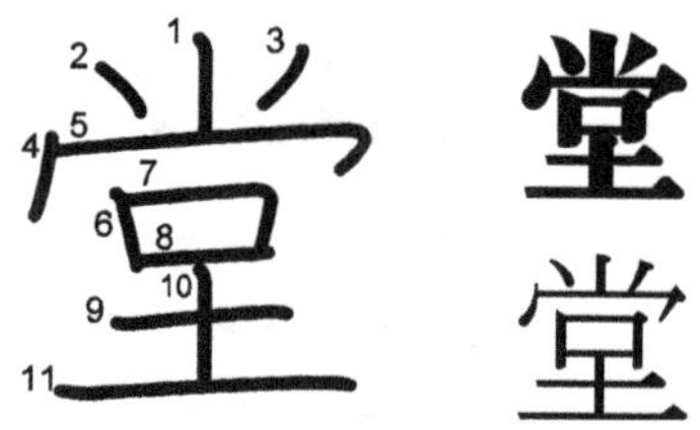

Bedeutung(en): **öffentlicher Raum**

堂	ドウ *Tempel, Schrein,*
堂々	ドウドウ *großartig, würdevoll majestätisch, imposant, stattlich, quadratisch*
殿堂	デンドウ *Halle, Schrein, Tempel*

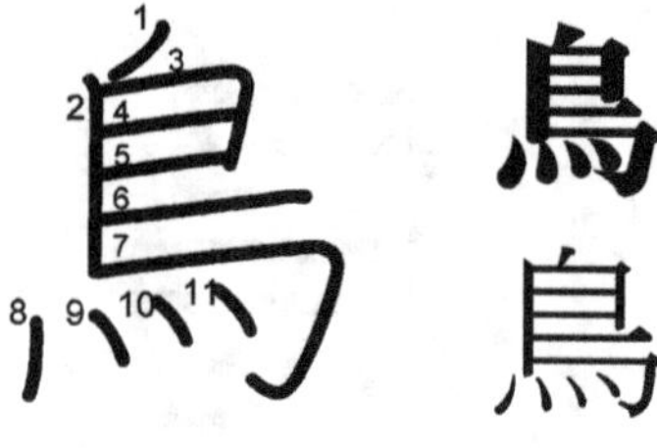

Bedeutung(en): **Vogel, Huhn**

鳥	とり *Vogel, Geflügel*
鳥居	とりい *torii*
鶏肉	トリニク *Hühnerfleisch*
鳥獣	チョウジュウ *Vögel und Wildtiere*

Bedeutung(en): **Mehl, Reis**

飯	めし *gekochter Reis*
飯店	ハンテン *Chinesisches Restaurant*
米飯	ベイハン *Gekochter Reis*
握り飯	にぎりめし *Reiskugel*

Bedeutung(en): **Anstrengung, Mühe**

勉強	ベンキョウ *Studium, Fleiß, Erfahrung*
勉学	ベンガク *Streben nach Wissen*
猛勉	モウベン *hart studieren, pauken*
努める	つとめる *sich bemühen ...*

茶

Radikal	艹 (⺾)
Striche	9
Teile	个 艾 木
Kun	
On	チャ、サ

昼

Radikal	日
Striche	9
Teile	一、尸 日
Kun	ひる
On	チュウ

冬

Radikal	冫
Striche	5
Teile	、夂 夂
Kun	ふゆ
On	トウ

兄

Radikal	儿
Striche	5
Teile	儿 口
Kun	あに
On	キョウ、ケイ

牛

Radikal	牛 (牜)
Striche	4
Teile	牛
Kun	うし
On	ギュウ

弟

Radikal	弓
Striche	7
Teile	｜ ノ 并 弓
Kun	おとうと
On	テイ、ダイ、デ

姉

Radikal	女
Striche	8
Teile	亠 女 巾
Kun	あね
On	シ

妹

Radikal	女
Striche	8
Teile	｜ 二 十 八 女 木
Kun	いもうと
On	マイ

犬

Radikal	犬 (犭)
Striche	4
Teile	、大 犬
Kun	いぬ
On	ケン

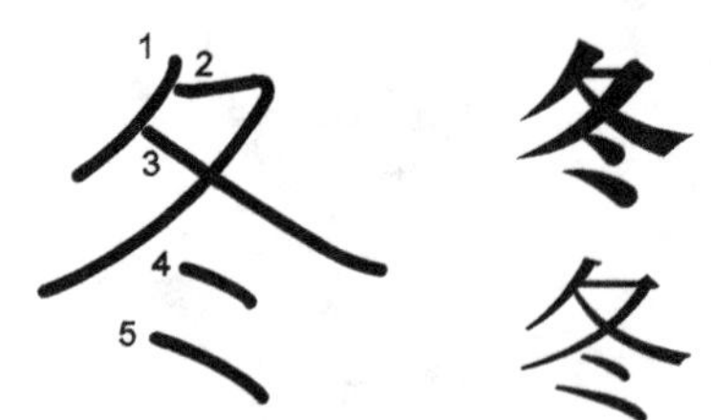

Bedeutung(en): **Winter**

冬	ふゆ	Winter
冬季	トウキ	(Jahreszeit) Winter
冬場	ふゆば	Winterzeit, Wintersaison
毎冬	まいふゆ	jeder Winter

Bedeutung(en): **tagsüber, mittags**

昼	ひる	Mittag, Mittagessen
昼食	チュウショク	Mittagessen
夜昼	よるひる	Tag und Nacht
昼間	ヒルマ	tagsüber

Bedeutung(en): **Tee**

茶	チャ	Tee, Tee kochen, braun
茶色	チャイロ	hellbraun, gelbbraun
煎茶	センチャ	Grüner Tee
喫茶	キッサ	Teehaus, Coffeeshop

Bedeutung(en): **jüngerer Bruder**

弟	オトウト	jüngerer Bruder
弟子	デシ	Schüler, Jünger
弟	おとうと	kleiner Bruder
兄弟	キョウダイ	Geschwister

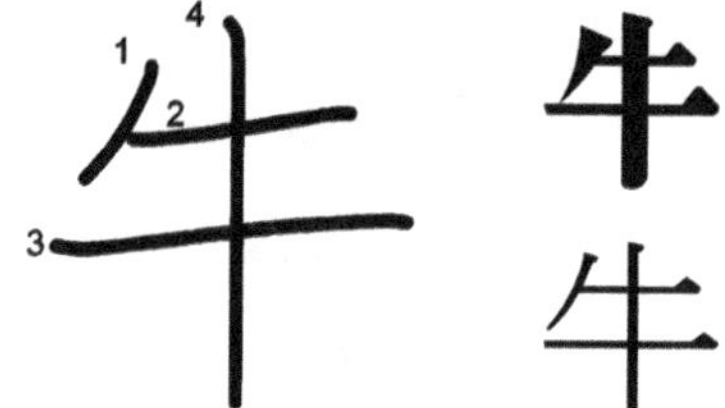

Bedeutung(en): **Kuh**

牛	うし	Kuh, Stier, Ochse
特牛	こというし	starker Stier
肉牛	ニクギュウ	Fleischrind
去勢牛	きょせいうし	Ochse

Bedeutung(en): **älterer Bruder**

兄	あに	älterer Bruder
兄	ケイ	Sie, Herr, Mister
兄弟	キョウダイ	Geschwister
父兄	フケイ	Eltern

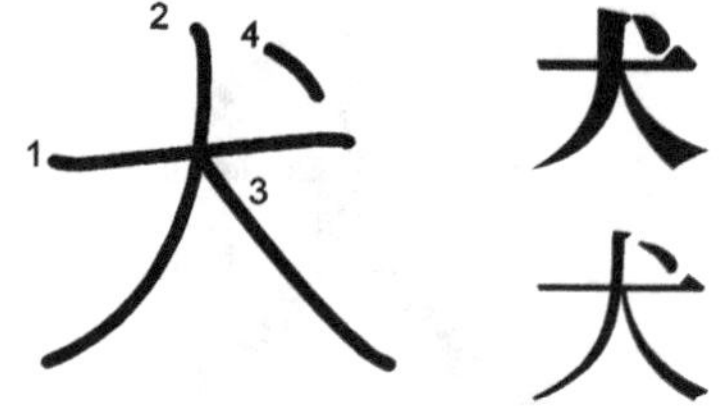

Bedeutung(en): **Hund**

犬	いぬ	Hund, Informant, Spion
野良犬	のらいぬ	streunender Hund
柴犬	シバイヌ	shiba inu (Hunderasse)
柴犬	しばいぬ	shiba inu (Hunderasse)

Bedeutung(en): **jüngere Schwester**

妹	いもうと	jüngere Schwester
妹君	イモウトギミ	(jüngere) Schwester
弟妹	テイマイ	Bruder und Schwester
妹君	いもうときみ	(jüngere) Schwester

Bedeutung(en): **ältere Schwester**

姉	あね	ältere Schwester
姉妹	シマイ	Schwestern
大姉	おおあね	Älteste Schwester
姉さん	ねえさん	junge Dame, Ma'am

JLPT Level

Radikal	
Striche	
Teile	
Kun	
On	

JLPT Level

Radikal	
Striche	
Teile	
Kun	
On	

漢

N4 Level Kanji

Radikal	水 (氵, 氺)
Striche	13
Teile	一 二 口 大 汁 艾
Kun	
On	カン

JLPT Level

Radikal	
Striche	
Teile	
Kun	
On	

JLPT Level

Radikal	
Striche	
Teile	
Kun	
On	

JLPT Level

Radikal	
Striche	
Teile	
Kun	
On	

JLPT Level

Radikal	
Striche	
Teile	
Kun	
On	

JLPT Level

Radikal	
Striche	
Teile	
Kun	
On	

JLPT Level

Radikal	
Striche	
Teile	
Kun	
On	

漢 漢 漢

Bedeutung(en): **China, Sino-**

漢	カン	China, Mensch, Han (Dynastie)
漢字	カンジ	chinesisches Schriftzeichen, Kanji
門外漢	モンガイカン	Laie, Außenseiter, Amateur

Bedeutung(en):

Bedeutung(en):

Bedeutung(en):

Bedeutung(en):

Bedeutung(en):

Bedeutung(en):

Bedeutung(en):

Bedeutung(en):

Radikal	
Striche	
Teile	
Kun	
On	

Radikal	
Striche	
Teile	
Kun	
On	

Radikal	
Striche	
Teile	
Kun	
On	

Radikal	
Striche	
Teile	
Kun	
On	

Radikal	
Striche	
Teile	
Kun	
On	

Radikal	
Striche	
Teile	
Kun	
On	

Radikal	
Striche	
Teile	
Kun	
On	

Radikal	
Striche	
Teile	
Kun	
On	

Radikal	
Striche	
Teile	
Kun	
On	

Bedeutung(en):

Bedeutung(en):

Bedeutung(en):

Bedeutung(en):

Bedeutung(en):

Bedeutung(en):

Bedeutung(en):

Bedeutung(en):

Bedeutung(en):

Thank you

Herzlichen Glückwunsch zu Ihren Fortschritten in der japanischen Sprache!

Ich freue mich, dass Sie dieses Buch aus der großen Auswahl an anderen Titeln ausgewählt haben, und hoffe, dass Sie dieses spezielle Buch "Kanji für Anfänger, Band 2" aus der Reihe "Japanisch leicht gemacht" sowohl hilfreich als auch einfach zu benutzen fanden. Ich bin immer bestrebt, meine Bücher mit vielen praktischen Informationen zu füllen, die leicht zu verstehen sind, und den Lesern ein ausgezeichnetes Preis-Leistungs-Verhältnis zu bieten.

Das Schreiben und Veröffentlichen von Büchern im Selbstverlag ist ein harter Prozess, aber diese Reihe ist und bleibt eine Liebesarbeit! Ich genieße jetzt auch den Prozess, meine Werke für deutschsprachige Leser zu übersetzen und zu adaptieren. Bitte verzeih mir, wenn du auf dem Weg dorthin auf problematische Grammatik oder Tippfehler gestoßen bist - *es sind meist die kleinen Details, die übersehen werden!* Lass mich wissen, wenn du Fehler gefunden hast, damit ich sie für zukünftige Leserinnen und Leser umgehend korrigieren kann - und ich danke dir im Voraus für deine Geduld und dein Verständnis.

Zu guter Letzt möchte ich Sie auch um einen Gefallen bitten ...

Es würde mich wirklich glücklich machen, wenn mehr Menschen Japanisch lernen würden, und noch mehr, wenn es mit einem meiner Bücher geschähe. Es wäre wirklich hilfreich, wenn Sie sich einen Moment Zeit nehmen könnten, um eine Rezension und Ihr Feedback auf Amazon zu hinterlassen. Die harte Wahrheit ist, dass wir uns alle auf Rezensionen verlassen, um unsere Kaufentscheidungen zu treffen, und Ihr positives Feedback kann für *"die kleinen Leute"* und Autoren wie mich einen großen Unterschied machen.

Es ist auch unglaublich befriedigend, von Menschen zu hören, die genauso scharf darauf sind, Fremdsprachen zu lernen wie ich! Lassen Sie mich wissen, ob ich meinen Inhalt verbessern kann und ob es etwas gibt, das Sie sich für künftige Folgebücher wünschen. Ich freue mich darauf, Ihre Meinung zu hören!

Bis zum nächsten Mal, *arigatōgozaimasu!*

ありがとうございます!!

Daniel.

DanielAkiyamaJP@gmail.com

Notizen

Kanji leicht gemacht!

BAND 2

Lernen Sie Japanisch lesen, schreiben
und sprechen mit JLPT N4 Kanji

Ein Lehrbuch und integriertes
Arbeitsbuch für Anfänger

Daniel Akiyama

www.ingramcontent.com/pod-product-compliance
Lightning Source LLC
Chambersburg PA
CBHW080405030726
47601CB00004B/259